Jörg-Michael Günther

DER FALL MAX UND MORITZ

Jörg-Michael Günther

DER FALL MAX UND MORITZ

Juristisches Gutachten
über die Umtriebe zweier jugendlicher Straftäter
zur Warnung für Eltern und Pädagogen

Eichborn

Der Abdruck von Wilhelm Buschs *Max und Moritz – Eine Bubengeschichte in sieben Streichen* erfolgt mit freundlicher Genehmigung des Verlages Esslinger und stammt aus der Jubiläumsausgabe

Der Fall Max und Moritz ist auch als E-Book erschienen

FSC
www.fsc.org
MIX
Papier aus verantwortungsvollen Quellen
FSC® C083411

Eichborn Verlag in der Bastei Lübbe AG

Originalausgabe

Textredaktion: Dr. Matthias Auer, Bodman-Ludwigshafen
Umschlaggestaltung: Massimo Peter-Bille
Einband-/Umschlagmotiv: © akg-images
Satz: Helmut Schaffer, Hofheim a.Ts.
Gesetzt aus der Adobe Caslon Pro
Druck und Einband: CPI books GmbH, Leck – Germany

ISBN 978-3-8479-0656-8

5 4 3 2 1

Sie finden uns im Internet unter www.eichborn.de
Bitte beachten Sie auch www.luebbe.de

Inhalt

»Das Gute – dieser Satz steht fest –
ist stets das Böse, was man lässt.«

(Wilhelm Busch)

Geleitwort

»Der Fall Max und Moritz« – das Buch behandelt ausführlich die Taten und legt dabei den Schwerpunkt auf die strafrechtlich-dogmatische Betrachtung. Hier wie generell in den juristischen Fachbereichen der deutschen Universitäten nimmt die Kriminologie bedauerlicherweise nur eine Randposition ein. Dies führt – wie sich auch hier nachvollziehen lässt – dazu, dass sich die Strafrechtler in theoretischer Weise über die absonderlichsten »Probleme« streiten, etliche Aufsätze und Repliken verfassen, aber oft sehr erstaunt sind, wenn sie auf die Wirklichkeit treffen. Nicht anders liegt es hier: Zwei Jugendliche – jedenfalls wollen wir mindestens von der positiven Feststellung von § 3 JGG ausgehen, sonst wäre der ganze Spaß dahin – reihen Straftat um Straftat aneinander und finden zunehmend eskalierende Freude an der Destruktion. Dem Jugendstrafrecht und der Kriminologie sind natürlich die Intensivtäter (etwa fünf Prozent der strafrechtlich auffälligen Klientel im jungen Alter) wohlbekannt: multipel kriminell, es wird kaum ein Delikt ausgelassen, neben Bagatelltaten vor allem mittelschwere bis schwere Delikte in hoher Zahl, wenig wird entdeckt, vieles bleibt im Dunkeln. Sie bringen es trotzdem oft auf eine erstaunliche Anzahl von Taten im Hellfeld, Polizei und Justiz verlieren den Überblick. Sie sind männlich, zu zweit oder gar in größeren Gruppen dreister als allein, greifen mit wachsender körperlicher Kraft zunehmend auch bei den Taten zu Werkzeugen und Waffen und empfinden kaum Mitleid mit ihren Opfern. Sie leben oft im Augenblick, gehen ihren spontanen Bedürfnissen (die oft mit kriminellen Mitteln befriedigt werden) rücksichtslos nach und vernachlässigen dabei die Pflichten. Schule und Hausarbeit sind ihnen ein Graus. Typisch bei diesen Personen ist zudem die Abwesenheit jeder Art elterlicher Kontrolle oder positiver erzieherischer Einwirkung.

Bei Max und Moritz haben wir es geradezu mit Lehrbuchbeispielen der Intensivtäter zu tun. Irgendwann jedoch werden sie geschnappt. Hier kam es nun besonders schlimm, was neue Seiten aufschlägt: Haben Polizei und Justiz versagt, und hätten sie nicht vorher eingreifen müssen, um für alle Schaden abzuwenden? Wo liegt die Verantwortung der Gesellschaft? Wird man etwa bösartig geboren? Das scheint bereits zu Zeiten Cesare Lombrosos überholt, der als Zeitgenosse von Wilhelm Busch merkwürdige kriminalbiologische Theorien vertrat. Oder gab es doch ein Zusammenspiel zwischen persönlichen »Anlagen« (Welche? Darf der Begriff noch benutzt werden?) und der Umwelt? Hat nicht erst die gesellschaftliche Reaktion oder Nichtreaktion zur Entwicklung der beiden Früchtchen (pardon: Beschuldigten – auch schlecht: Tote werden nicht bestraft.) beigetragen? Müßig zu spekulieren, man wird es nicht mehr herausfinden. Was gänzlich fehlt, ist trotzdem die Betrachtung der kriminalpräventiven Wirkungsforschung. Warum hat man hier die Vielzahl der Risikofaktoren, die sich doch längst in Verhaltensauffälligkeiten bei Max und Moritz niederschlug, nicht bemerkt? Wer hat versagt? Wo lagen die präventiven Ansatzpunkte, und warum wurden sie nicht gesehen? Nun – auch das hat sich erledigt. Rückfallüberlegungen sind im Fall Max und Moritz schlicht überflüssig. Deshalb eine kurze Bemerkung zum harten, aber nach Ansicht der Dorfbewohner verdienten Ende: Liegt nicht in der (sich möglicherweise bei vielen Lesern) einstellenden Freude über die ungewöhnliche Nutzung von Schrotmühle und Entenfutter der Keim zur Gewalt, die in uns allen wohnt?

Zahlreiche Fragen also, die sich im Kontext stellen. Ich wünsche Ihnen beim Lesen des Buches viel Vergnügen.

Prof. Dr. Britta Bannenberg

Vorwort

Ach, was muss man oft von bösen
Kindern hören oder lesen!!
Wie zum Beispiel hier von diesen,
welche Max und Moritz hießen;
die, anstatt durch weise Lehren
sich zum Guten zu bekehren,

oftmals noch darüber lachten
und sich heimlich lustig machten. –
– Ja, zur Übeltätigkeit,
ja, dazu ist man bereit! –
– Menschen necken, Tiere quälen,
Äpfel, Birnen, Zwetschgen stehlen – –
Das ist freilich angenehmer
und dazu auch viel bequemer,
als in Kirche oder Schule
festzusitzen auf dem Stuhle. –
– Aber wehe, wehe, wehe!
Wenn ich auf das Ende sehe!! –
– Ach, das war ein schlimmes Ding,
wie es Max und Moritz ging.
– Drum ist hier, was sie getrieben,
abgemalt und aufgeschrieben.

Vorwort

Gott sei Dank! Nun ist's vorbei
Mit der Übeltäterei!!

Mit diesem Aufatmen des ganzen Ortes endet das 1865 erschienene und bis heute berühmteste Kinderbuch aller Zeiten, »Max und Moritz«. Die weltweite Gesamtauflage des Kulturschatzes geht in die Millionen.[1] Zahlreiche Passagen aus dem Werk sind zu geflügelten Worten geworden.[2]

Das zeitlos geniale Buch von Wilhelm Busch (geb. 15.4.1832, gest. 9.1.1908) ist bis heute in rund 300 Sprachen und Dialekte übertragen worden.[3] Zahlreiche Parodien und Interpretationen flankieren wie Schwarmfische das Original.[4] Aus Anlass des 150. Geburtstages der bekannten Sammlung von Streichen hat die Deutsche Post eine Sondermarke von Max und Moritz herausgegeben. Zum 175. Geburtstag von Wilhelm Busch wurde im Jahr 2007 eine deutsche Euro-Gedenkmünze im Nennwert von 10 Euro mit dem Max-und-Moritz-Motiv geprägt.[5] Im Jahr 2018 hat außerdem eine große deutsche Münzhandels-

---

1 Allein vom erstmaligen Erscheinen der Streiche bis zum Tod Wilhelm Buschs 1908 wurden vom »Kinderbuch« rund eine halbe Million Exemplare verkauft.

2 Andere sagen mit einem nicht unberechtigten kritischen Unterton, die Geschichte von Max und Moritz sei gnadenlos komisch, wobei die Betonung auf »gnadenlos« liegt.

3 Einen umfassenden Überblick über die zahlreichen Max-und-Moritz-Fassungen gibt Görlach, Max und Moritz in aller Munde, 1997; besonders gelungen ist die engl. Fassung von W. Arndt, wo es am Schluss zu den in der Mühle kleingeschrotenen Lausbuben heißt:
Here is what the mill releases:
Still themselves, but all in pieces.

4 Zuletzt Pöschl, Max und Moritz 2.0 – Streiche der Neuen Generation, 2017; Braun, Geheimsache Max und Moritz – Wilhelm Buschs bester Streich, 2005; Ludwig Thoma/ Th. Th. Heine, Extra-Nummer Max und Moritz – die bösen Buben, Simplicissimus 15.4.1902.

5 Auf der Basis der §§ 2, 4 und 5 des Münzgesetzes.

gesellschaft eine Silberkollektion von Münzen mit ihren Streichen herausgebracht.

Ganze Generationen von Eltern gaben und geben ihren Kindern die gereimten »Lausbubengeschichten« zum Lesen oder verwenden sie als Gutenachtgeschichte.[6] Gedanken über mögliche psychische Schäden für den Nachwuchs machen sie sich dabei nicht. Dies löst insofern Verwunderung aus, als die Beschreibung der Umtriebe von Max und Moritz aus einer in der Literatur beispiellosen Aneinanderreihung von Straftaten besteht.[7] Wilhelm Busch deutet es schon im Vorwort – übrigens unter Verwendung strafrechtlicher Fachbegriffe – vorsichtig an:

– Ja, zur Übeltäterei,
Ja, dazu ist man bereit! –
– Menschen necken, Tiere quälen,
Äpfel, Birnen, Zwetschgen stehlen –

6 Für die Lehrerinnen und Lehrer unter der Leserschaft sei erwähnt, dass »Max und Moritz« in vierhebigen Trochäen verfasst ist, vgl. Pietzcker, Symbol und Wirklichkeit im Werk Wilhelm Buschs, 2002, S. 26; für diese Leser auch der Hinweis auf Sauerbeck, Max und Moritz für die Schule. Möglichkeiten der praktischen Behandlung im täglichen Unterricht, im Planspiel, im Projekt (Planspiel: Gerichtsverhandlung in Sachen Max und Moritz), 2002.

7 Vgl. zur Kriminalität in der Literatur Kaufmann, Beziehungen zwischen Recht und Novellistik, NJW 1982, 606 – die dort von Kaufmann als Beispiele von Werken mit kriminellen Inhalten angeführten Beispiele wie Schillers »Die Räuber« oder Goethes »Götz von Berlichingen« erreichen bei weitem nicht den strafrechtlichen Gehalt der Geschichte von Max und Moritz; s.a. Jörg-Michael Günther, Der Fall Struwwelpeter, 1989; s. in dem Kontext Remschmidt, Der Zappelphilipp und die Kriminalität, Kriminalistik 1987, 168; Vormbaum/Reiß/Weber, Reale und fiktive Kriminalfälle als Gegenstand der Literatur, 2003; Walter, Über Karl May und sein Werk – einige kriminologische Gedanken, GA 2006, 389; Lüderssen, Produktive Spiegelungen – Recht und Kriminalität in der Literatur, NJW 1992, 1298; Lindenau, Verbrechertypen in der modernen Literatur (William Shakespeare/Thomas Mann/Gerhart Hauptmann), DJZ 1925, 555; Stern, Über den Wert der dichterischen Behandlung des Verbrechens für die Strafrechtswissenschaft, ZStW 26 (1906), 145 ff.; Ladenthin, Recht und Gerechtigkeit in Märchen, NJW 1994, 1928; Diederichsen, Juristische Strukturen in den Kinder- und Hausmärchen der Brüder Grimm, 2008; s. zu den Erfahrungen von Karl May mit Justitia Vogt/Seul, Old Shatterhand vor Gericht, Bamberg 2009.

In den anarchischen Streichen kommt es dann aber zu weitaus schlimmerem kriminellen Unrecht.

Busch hat bei seiner kulturellen Verarbeitung der dörflichen Kriminalität[8] die Straftaten von Max und Moritz ausführlich dokumentiert:

Drum ist hier, was sie getrieben
Abgemalt und aufgeschrieben:

Teile des Werkes könnten Grundlage zu Drehbüchern für moderne Horrorvideos sein, deren Konsum durch Jugendliche oft unabsehbare Folgen hat.[9] Menschliche Tragödien spielen sich vor unseren Augen ab. Die Stars des erfolgreichsten Kinderbuches aller Zeiten sind – auf dem Boden einer rechtlichen Begutachtung – hochgradig delinquente Jugendliche, die – ohne sozialen Halt – zur Belastung für ein ganzes Dorf werden. Wir haben es dabei freilich nicht mit der klassischen, zuweilen schnörkellosen Lehrbuchkriminalität zu tun, sondern mit sehr anschaulich illustrierten Fällen, unter deren literarischem Gewande sich zum Teil schwere Straftaten offenbaren (z. B. das Sprengstoffattentat von Max und Moritz auf ihren Lehrer). Strafjuristen und Kriminologen müssen zu den geliebten Lausbubengeschichten ihre kritische Stimme erheben, auch wenn man sich dadurch nicht unbedingt beliebt macht.[10] Der Autor

8 Grundlegend: Müller-Dietz, Kulturelle Verarbeitung von Kriminalität und Kriminalitätskontrolle, JoJZG 2016, 25.

9 Man denke nur an den grausamen Tod von Max und Moritz in der Mühle; s. zu den Gewalt verursachenden Auswirkungen von Horrorvideos auf Kinder LG Passau, NJW 1997, 1165; Eisenberg, Horror-Video-Konsum und Voraussetzungen von § 3 JGG bzw. §§ 20, 21 StGB, NJW 1997, 116.

10 Heinze, Der ungeliebte Jurist, Baden-Baden 1991; Westermann, Über Unbeliebtheit und Beliebtheit von Juristen, 2. Aufl. 1987; Wengler, Über die Unbeliebtheit des Juristen, NJW 1959, 1705; s. aber Hans Martin Schmidt, Juristen sind gar nicht so, 7. Aufl. 1994.

nimmt seine Rolle als »unbequemer Mahner« an.[11] Er orientiert sich dabei an einem uralten Sprichwort[12]: »Wer zur Gewalt schweigt, verliert sein Recht.«

Es gibt nur wenige Bücher in der Weltliteratur – und schon gar kein »Kinderbuch« –, in denen die Handlung derart konsequent aus der Begehung von Vergehen und Verbrechen besteht.[13] Es verwundert daher nicht, dass auch Kriminalautoren das Werk von Busch verarbeitet haben.[14] Max und Moritz verspürten auf ihrem kurzen »Lebensweg« richtig viel Spaß an ihren Bosheiten. Sie sind Prototypen einer missratenen Jugendgeneration. Man kann bei ihren aggressiven »Streichen« schon von einer überaus beachtlichen Häufung von Normverstößen sprechen, die nach dem Staatsanwalt rufen: Diebstähle, Hausfriedensbrüche, Beleidigungen, Tierquälereien, Sachbeschädigungen, Körperverletzungen und sogar ein versuchtes Tötungsdelikt sind bei den jungen Intensivtätern[15] an der Tagesordnung. Ein wahrhaft erschreckendes Beispiel von Jugenddelinquenz, welches über »jugendtypisches Abenteuerverhalten« entlang von Normgrenzen weit hinausgeht.[16] Die Eskalationsspirale bei den Streichen ist erschreckend.

11 Zu dieser undankbaren Rolle von Juristen Westermann, Über Unbeliebtheit und Beliebtheit von Juristen, S. 48; zwanghafte Versuche, durch zweifelhaften »Juristenhumor«, wie ihn etwa Teubner mit seinem bekannten »Satirischen Rechtswörterbuch« präsentiert, die Unbeliebtheit von Juristen abzumildern, lehnt der Autor vehement ab; s. aber auch Stader, Kurze Einführung in den Juristenhumor, 1996; allgemein zu Juristen: Schmidt/Schmidt (Hrsg.), Juristen im Spiegel ihrer Stärken und Schwächen, 1998.

12 Simrock, Die deutschen Sprichwörter, Nr. 3576.

13 Der Unterschied von »Vergehen« und »Verbrechen« besteht darin, dass Verbrechen mit einer Mindeststrafe von einem Jahr bestraft werden, es also schwerere kriminelle Delikte sind (vgl. § 12 StGB); vgl. zum Verbrechensbegriff Fischer, Kommentar zum StGB, 66. Aufl. 2019, § 12 StGB Rn. 2.

14 Josef Rauch, Rickeracke – Ein »Max und Moritz«-Krimi, 2008.

15 Vgl. Ostendorf, Max und Moritz – Prototypen von Intensivtätern, in: Safferling/Kett-Straub/Jäger/Kudlich, Festschrift f. F. Streng zum 70. Geburtstag, 2017, S. 579.

16 S. Ostendorf a.a.O., unter Hinweis auf Franz Streng, Jugendstrafrecht, 4. Aufl. 2016, Rn. 9; vgl. aber Petra Guder, Da hilft nur noch Knast – Lassen wir unsere Kinder sitzen?,

Man sieht – um es mit dem Titel einer anderen Geschichte von Wilhelm Busch aus dem Jahr 1861 zu sagen – ein »trauriges Resultat einer vernachlässigten Erziehung«. Max und Moritz sind durch ihre bösartigen Taten und ihr konsequentes Leben außerhalb der Legalität allerdings zu einer (auf unrühmliche Weise) bekannten Marke geworden.[17] Dem Grunde nach sind sie für Kriminologen jedoch schlicht »jugendliche Mehrfachtäter«.[18]

Die Erwachsenen des Dorfes, in dem Max und Moritz ihr Unwesen treiben, stellen sich allerdings im Scheinwerfer Justitias keineswegs besser dar.[19] Die grausame Selbstjustiz, die von Bauer Mecke und Meister Müller an Max und Moritz in der Mühle exekutiert wird, ist schließlich der kriminelle Höhepunkt der Geschichte Wilhelm Buschs:

»Her damit!« Und in den Trichter
Schüttelt er die Bösewichter. –
Rickeracke! Rickeracke!
Geht die Mühle mit Geknacke.

Gefahren für das Rechtsgefühl von Kindern und drohende Nachahmungseffekte durch das Lesen der Geschichte von Busch drängen sich förmlich auf. Während viele Märchen der

DVJJ 1998, 140; s. aber den Fall jugendlicher Selbstfindung durch Kriminalität im Jugendroman »Tschick« – vgl. dazu Anja Schiemann, Der Entwicklungsroman »Tschick« und das Jugendstrafrecht, NJW 2018, 739.

17 Osenberg, Markenschutz für urheberrechtlich gemeinfreie Werkteile (Max und Moritz), GRUR 1996, 101.

18 Ostendorf, Max und Moritz – Prototypen von Intensivtätern, in Safferling/Kett-Straub/Jäger/Kudlich, Festschrift f. F. Streng zum 70. Geburtstag, 2017, S. 579; Bannenberg/Rössner, »Ach, was muss man oft von bösen Kindern hören oder lesen!« Wie wird man kriminell und was lässt sich dagegen tun? Vortrag auf dem 12. Deutschen Präventionstag, Wiesbaden 2007.

19 Sauerbeck, Max und Moritz für die Schule, S. 9: »Max und Moritz – keine Frage – machen schlimme Sachen, begehen eine ganze Reihe von Vergehen und Verbrechen. Aber tun dies andere Dorfbewohner nicht in viel abscheulicherer Weise?«

Rechtssozialisation dienen[20], bewirken die kriminellen Botschaften der Streiche von Max und Moritz das Gegenteil. Eine so konzentrierte Lektüre von Gewalttaten und rechtsfeindlichem Verhalten birgt erhebliche Risiken für die Entwicklung junger Menschen. Das Lesen der vermeintlich harmlosen Lausbubenstreiche sollte jedenfalls nicht ohne begleitende juristische Hinweise erfolgen.[21] Es gilt auch für das Werk von Wilhelm Busch ein Zitat von Thomas Bernard: »Die ganze Welt ist eine einzige Jurisprudenz.«[22]

Es war deshalb wichtig und überfällig, den Strafrechtsfall »Max und Moritz« – mit hohem wissenschaftlichen Anspruch – auf seinen kriminellen Gehalt hin zu untersuchen.[23] Im Zusammenhang der Vorauflage »Der Fall Max und Moritz«, von der sich ein Exemplar u. a. auch in den juristischen Bibliotheken der Universitäten von Harvard, Stanford und des Bundesgerichtshofs befindet[24], hat dieser Ansatz in der Fachwelt (z. B.

20 Großfeld/Möhlenkamp, NJW 1996, 1105; Jörg-Michael Günther, Der Fall Rotkäppchen, 1990; sehr lesenswert ist das von Volker Ladenthin 1990 herausgegebene Werk »Märchen von Mördern und Meisterdieben«, welches als Sammelband alle Märchen mit kriminellem Touch zur Verfügung stellt.

21 Vorbildlich war die Volksoper Wien, als das Ballett der Wiener Staatsoper und Volksoper in der Saison 2007/2008 »Max und Moritz« aufführte – im Programmheft (S. 41 f.) wurden auf zwei Seiten die strafrechtlichen Ergebnisse aus dem Werk »Der Fall Max und Moritz« abgedruckt; s.a. Sauerbeck, Max und Moritz für die Schule; s.a. Klingelhöfer, Die Akte Max und Moritz, Theaterstück.

22 Thomas Bernhard, Ist es eine Komödie? Ist es eine Tragödie? in: Prosa, 1967, S. 47.

23 Ähnliche strafrechtliche Gutachten zu literarischen Werken liegen bereits vor: Radbruch, Das Strafrecht der Zauberflöte, 1948; v. Pidde, Richard Wagners »Ring des Nibelungen« im Lichte des deutschen Strafrechts, 1982 – s. dazu auch Eberhard Erwin Wieser, Der Ring des Nibelungen im Licht des Zivilrechts, in: Avenarius/Engelhard/Heussner/Zerzschwitz (Hrsg.), Festschrift für Erwin Stein zum 80. Geburtstag, Bad Homburg 1983, S. 383–394; Hermann Weber, Der Sonnenwirt, der klassische Roman eines klassischen Kriminalfalls, NJW 1982, 619.

24 Vgl. die Nachweise zu dem Buch »Der Fall Max und Moritz« in der weltumspannenden und spannenden Buchsuchmaschine »Karlsruher Virtueller Katalog« (KVK) und in dem »Gemeinsamen Katalog des Bundesgerichtshofs, des Bundesverfassungsgerichts und des Bundesverwaltungsgerichts«; ein Exemplar befindet sich auch in der Bibliothek der University of the West of England und zahlreichen deutschen und europäischen Universitäten.

im Rahmen von Rezensionen) und weit darüber hinaus große Zustimmung gefunden.[25] Eine teilweise vorgenommene Einordnung meines Buches als Literaturparodie[26] bzw. als ein Beispiel für sogenannten »Juristenhumor«[27] weise ich angesichts des ernsten Themas allerdings entschieden zurück. Es entstand schließlich durch mein auch international beachtetes Buch zum Fall Max und Moritz[28] eine intensive wissenschaftliche Diskussion zum Strafrechtsgehalt der Bubengeschichte.[29] Vermutungen in der Neuen Juristischen Wochenschrift (NJW), es handle sich beim vorliegenden Gutachten zu Max und Moritz um eine strafrechtliche Doktorarbeit[30], sind aber unzutreffend. Der umfangreiche Fußnotenapparat des Werkes mag zu der Spekula-

25 Jahn, NJW 1989, 377; Martinek, JuS 1989 (Heft 3), XX; Nordemann, ZUM 1989, 152; Barth, Zentralblatt für Jugendrecht Heft 4/1989; Honig, NJW 2009, 734.

26 Gerhard Sprenger, »Man ist ja von Natur kein Engel« – Recht und Gerechtigkeit bei Wilhelm Busch, in: Sprenger (Hrsg.), Literarische Wege zum Recht, 2012, S. 77.

27 So aber Louis Carlen, Recht zwischen Humor und Spott, Berlin/New York 1993, S. 32; Katharina Towfigh, Nichts zu lachen: Recht – eine ernste Angelegenheit? in: Gordon Kampe (Hrsg.), Zum Brüllen!: Interdisziplinäres Symposium zum Lachen, 2016, S. 88.

28 S. die Nachweise zum Fall Max und Moritz im weltumspannenden Katalog »WorldCat«: z. B. Université de Genève, University oft the West of England Frenchay, University of Ljubljana, Amherst College (USA); University of North Carolina at Chapel Hill.

29 Vgl. stellvertretend Honig, Die Sache mit Max und Moritz, NJW 2009, 734; Ostendorf, Max und Moritz – Prototypen von Intensivtätern, in Safferling/Kett-Straub/Jäger/Kudlich, Festschrift f. F. Streng zum 70. Geburtstag, 2017, S. 579 (im Weiteren immer abgekürzt: Ostendorf, Max und Moritz – Prototypen von Intensivtätern, Seitenangabe); Scheffler, »Max-und-Moritz«-Fall – Materialien zu der Ausstellung der Viadrina-Universität aus dem Jahr 2013 »Kunst und Strafrecht« (Ausstellungstafel Kunst und Gewaltverherrlichung), S. 27–33; vgl. auch die zivilrechtliche Analyse der Geschichte von Max und Moritz von Müssig, DVW 1987, Nr. 6, 25 (Teil 1) und DVW 1988, Nr. 1, 25 (Teil 2).

30 Jahn vermutete in einer Rezension als Grundlage für die 1. Aufl. des vorliegenden Buches eine strafrechtliche Dissertation des Autors zu Max und Moritz, vgl. Jahn, NJW 1989, 377 – dies trifft nicht zu; der Autor hat bei Prof. Dr. Dr. h.c. Klaus Stern zum Baumschutzrecht promoviert, vgl. Jörg-Michael Günther, Baumschutzrecht, München 1994.

tion beigetragen haben.[31] Auf 666 Fußnoten kann und soll auch in dieser Neubearbeitung übrigens nicht verzichtet werden.[32]

Maßgeblich für das Strafrechtsgutachten ist das Strafrecht in Form des aktuellen Strafgesetzbuches (StGB) und des aktuellen Nebenstrafrechts.[33] Die Strafbarkeit der Beteiligten scheitert dabei nicht an § 1 StGB und Art. 103 Abs. 2 Grundgesetz.[34] Nach diesen Vorschriften kann eine Tat »nur bestraft werden, wenn die Strafbarkeit gesetzlich bestimmt war, bevor die Tat begangen wurde«.[35] Das Buch von Wilhelm Busch erschien erstmalig 1865. Die Taten von Max und Moritz und der erwachsenen Dorfbewohner »feierten« deshalb vor einigen Jahren ihr 150-jähriges Jubiläum. Das Strafgesetzbuch hingegen, das in diesem Strafrechtsgutachten zum Fall Max und Moritz angewendet wird, stammt in seiner Ursprungsfassung aus dem Jahr 1871, wobei die heute maßgebliche Neufassung des StGB nach dem 6. Strafrechtsreformgesetz 1998 verabschiedet wurde. Zuletzt ist das von mir angewendete Strafgesetzbuch 2017 geändert worden. Auf den ersten Blick liegt deshalb der Schluss nahe, dass eine Aburteilung nach den aktuellen Strafvorschriften unzulässig ist. Eine solche Auffassung ist aber viel zu eng

31 Spekulationen, ich würde mich so über den »Fußnotennarzissmus« in der Wissenschaft lustig machen, weise ich zurück – Juristen sind humorlos; anderer Ansicht ist aber Stader, Kurze Einführung in den Juristenhumor, 1996.

32 Vgl. zum Thema wissenschaftlichen Zitierens die luziden Ausführungen von Freudjung in seiner Habilitation: Der Zitaterich und sein Überich, Zur Psychopathologie des akademischen Imponiergehabes, Köln 2017; Rieß, Vorstudien zu einer Theorie der Fußnote, Berlin 1983/1984.

33 Strafgesetzbuch in der Fassung der Bekanntmachung vom 13. November 1998 (BGBl. I S. 3322), das zuletzt durch Artikel 1 des Gesetzes vom 30. Oktober 2017 (BGBl. I S. 3618) geändert worden ist.

34 Vgl. dazu die Rezension von Jahn zur Erstauflage des Falles Max und Moritz, NJW 1989, 377: »Vertretbar scheint auch die Prämisse, dass weder das strafrechtliche Rückwirkungsverbot (Art 103 II GG; § 1 StGB) noch der Tod der beiden Lausbuben eine strafrechtliche Begutachtung verbietet.«

35 »Nullum crimen sine lege, nulla poena sine lege«, s. dazu auch Schöckel, Die Entwicklung des strafrechtlichen Rückwirkungsverbotes bis zur Französischen Revolution, 1968.

und würde dazu führen, dass kriminelles Unrecht ungesühnt bliebe. In der Rechtswissenschaft ist zwischenzeitlich anerkannt, dass sich auch literarische Figuren ihrer strafrechtlichen Verantwortung stellen müssen.[36] Niemand kann schließlich bestreiten, dass die Straftaten in der Max-und-Moritz-Geschichte bis zum heutigen Tag zumindest mit jeder öffentlichen Bühnenaufführung der (vermeintlichen) »Lausbubenstreiche« – man denke z. B. an das Theaterstück »Die Akte Max und Moritz«[37] und viele Ballettaufführungen – erneut inszeniert werden.[38] Alle Beteiligten können sich daher auch nicht auf die Verjährung ihrer Taten berufen.[39]

Auch der juristische Grundsatz, dass Verbrechen mit dem Tod getilgt werden, steht einer Bestrafung der jugendlichen Täter nicht entgegen.[40] Man muss zwar den Tod aller Beteiligten, die

36 Die gleiche Ansicht vertritt Ernst v. Pidde für den Ring der Nibelungen, vgl. v. Pidde, Richard Wagners »Ring des Nibelungen« im Lichte des deutschen Strafrechts, S. 13; s. dazu auch: Behme, Der Beitrag der Rechtswissenschaft zum Verständnis der Bühnenwerke Richard Wagners, NJW 2014, 730 f.; Seiler, Das Delikt als Handlungselement in Richard Wagners »Ring des Nibelungen«, Diss. 1993; s. zum Zivilrecht bei Richard Wagners Werken Kirschbaum, Der Ring im »Ring«, NJW 2002, 557; beim Fall Max und Moritz ausdrücklich meiner Position beipflichtend: Wilhelm-Busch-Museum (Hrsg.), Struwwelpeter trifft Max und Moritz, Frankfurt a. M. 1990, S. 51.

37 Franzi Klingelhöfer, Die Akte Max und Moritz, Theaterstück, erschienen im Theaterverlag Braunschweig (Theaterbörse.de).

38 Jedenfalls bei Bühnenaufführungen von »Max und Moritz« auf deutschem Boden, da das deutsche Strafrecht nach § 3 StGB für Taten gilt, die im Inland begangen wurden (Territorialitätsprinzip) – allerdings können nach § 7 StGB in bestimmten Fällen auch Auslandstaten erfasst sein, also z. B. auch Aufführungen in Österreich, da die Taten von Max und Moritz dort ebenfalls mit Strafe bedroht sind, vgl. Ricardo Peyerl / Peter Pisa, »Max und Moritz – eine Prozessgeschichte in 3 Streichen«, in: Wiener Kurier vom 8. Februar 1987, S. 14; zu § 7 StGB s. Reinbacher, ZJS 2/2018, 142; einen Überblick über Bühnenfassungen von »Max und Moritz« gibt Susanne Bär in dem Buch der Wilhelm-Busch-Gesellschaft »125 Jahre Max und Moritz«, 1990, S. 128 (Max und Moritz im Rampenlicht); s.a. die Nachweise zu »Max und Moritz auf Bühne und Leinwand« bei Sauerbeck, Max und Moritz für die Schule, S. 86 ff.

39 Aus den erwähnten Gründen scheidet eine Verjährung nach §§ 78 ff. StGB aus; der Sichtweise des Autors ausdrücklich zustimmend Jahn, NJW 1989, 377.

40 »Crimina morte extinguntur.«

beim Schreiben des Manuskripts im Jahr 1864 als Vorlage für Wilhelm Busch dienten, offen einräumen. Nicht verstorben sind aber die Kunstfiguren, um die es hier geht.[41] Sie leben und müssen sich ihrer strafrechtlichen Verantwortung stellen.[42] Das gilt insbesondere für Max und Moritz, die zur Tatzeit als über 14-Jährige nach § 19 StGB schuldfähig waren.[43]

Nach alledem steht einer strafrechtlichen Begutachtung des »Kinderbuches« von Wilhelm Busch kein zwingender juristischer Grund entgegen. In zivilrechtlicher und in versicherungsrechtlicher Hinsicht wurde der Fall Max und Moritz ebenfalls eingehend untersucht.[44] Wenn das zusätzliche Strafrechtsgutachten dazu beiträgt, den Blick von Eltern, Pädagogen, Juristen und Wilhelm-Busch-Freunden auf die schockierende Liste der dort realisierten Straftaten zu schärfen, hat es seinen Zweck erfüllt.[45] Gleichzeitig soll es auch Max und Moritz in ihrer Opferrolle zu ihrem Recht verhelfen. Möge das Buch insbeson-

41 Sauerbeck, Max und Moritz für die Schule, S. 9: »Und Max und Moritz kommen ja sogar im Laufe der erzählten Geschichten zu Tode. Aber – sind sie wirklich tot? Leben sie nicht alle neu auf, die Figuren des Wilhelm Busch, mit jedem neuen Lesen ihrer Geschichten (…)?«

42 Für die besonders spitzfindigen Leserinnen und Leser sei eingeräumt, dass Max und Moritz allerdings auch als Kunstfiguren (in der Mühle) spektakulär verstorben sind – insoweit hat ihre strafrechtliche Aburteilung zugegebenermaßen einen gewissen fiktiven Anteil; allerdings können wir bei Max und Moritz nie sicher sein, dass sie wirklich tot sind, vgl. Ries, Der Weg des Bösen, in: 125 Jahre Max und Moritz, S. 18: »Lauern Max und Moritz nicht in Schrot und Korn ihrer Auferstehung entgegen, geradeso wie sie sich aus dem gebackenen Brot wieder verlebendigt haben?«

43 Vgl. dazu die Ausführungen und Nachweise bei der strafrechtlichen Beurteilung des ersten Streiches.

44 Vgl. Peter Müssig, Rechtsgutverletzungen und ihre Folgen im Recht der unerlaubten Handlungen – Max und Moritz im Spiegel des Deliktsrechts, DVW 1987, Nr. 6, 25 (Teil 1) und DVW 1988, Nr. 1, 25 (Teil 2) – im Weiteren verkürzt zitiert Müssig, Max und Moritz im Spiegel des Deliktsrechts; vgl. Dirk-Carsten Günther, Max und Moritz in der Sachversicherung, Versicherungs-Betriebswirt 4/2010, 122; s.a. Honig, NJW 2009, 734.

45 Allein im Interesse der Leserinnen- und Leserfreundlichkeit wurde die männliche Sprachform verwendet.

dere auch Leitfaden und Hilfe für Eltern und Pädagogen sein, zukünftige kindliche Leser der Max-und-Moritz-Geschichte mit unserem modernen Straf- und Wertesystem vertraut zu machen.[46] Anschaulicheren und einprägsameren Lernstoff findet man in der gesamten Weltliteratur nicht. So gesehen kann die »Lausbubengeschichte« von Wilhelm Busch zur Schulung des Rechtsgefühls einen hervorragenden Einstieg bilden und außerdem in Zeiten zunehmender Kriminalität Laien den Zugang zum Strafrecht erleichtern.[47] Es geht um Grundprobleme von Recht, Gerechtigkeit, Schuld und Strafe, aber auch darum, wie man vielleicht frühzeitig durch Interventionen die kriminelle Karriere der beiden Lausbuben hätte stoppen können.[48] Schließlich gilt z. B. Tierquälerei, wie wir sie im ersten Streich bei den Hühnern und dem Hahn in schockierender Weise erleben müssen, als bedenkliches Alarmzeichen für eine überaus große Gewaltneigung der Täter.[49] Wer Tiere quält, greift nach den Erkenntnissen der Kriminologie später auch oft Menschen

46 Weiterführende Hinweise können dem umfangreichen Fußnotenapparat entnommen werden – vgl. hierzu allerdings die kritischen Ausführungen von S. G. Freudjung in seiner Habilitation, Der Zitaterich und sein Überich, Zur Psychopathologie des akademischen Imponiergehabes, Köln 2017; s.a. May, Literaturfriedhöfe in Gerichtsentscheidungen, DRiZ 1989, 458; Sauerbeck, Max und Moritz für die Schule; s.a. die Theaterstücke von Franzi Klingelhöfer »Die Akte Max und Moritz« und von Klaus Tröbs »Max und Moritz in der Hölle«.

47 Der Autor hat deshalb auch 2008 im Rahmen seiner langjährigen Tätigkeit für die Kölner Kinderuniversität eine strafrechtliche Vorlesung zu Max und Moritz gehalten – dem Konzept sind erfreulicherweise viele Kinderuniversitäten gefolgt (so u. a. die Hochschulen Heidelberg, Coburg und Pforzheim); Sauerbeck, Max und Moritz für die Schule, S. 9.

48 Insoweit ist Ostendorf, Max und Moritz – Prototypen von Intensivtätern, S. 588, zuzustimmen: »Wenn bei Max und Moritz die ersten Streiche entdeckt worden wären und Verfahren bei der Polizei, beim Jugendamt und soweit verantwortlich bei der Justiz eingeleitet worden wären, wäre vermutlich diese Serie unter- bzw. abgebrochen worden.« Vgl. zur Kriminalprävention auch Britta Bannenberg, Preventing Crime: what works, what doesn't, what's promising? Der »Sherman-Report« und seine Bedeutung für die deutsche Kriminalprävention, ZJJ 2003, 111.

49 Stupperich, Vom Tierquäler zum Serienmörder? Tierquälerei als »rote Flagge«, Kriminalistik 2007, 512.

an. Hier wäre vielleicht die letzte Chance gewesen, den Lausbuben durch sonderpädagogische Förderung Sozialkompetenz und Empathie zu vermitteln, um so die späteren, an krimineller Energie gewinnenden »Streiche« zu verhindern.[50] Diese Chance wurde leider vertan. So muss man den Übeltätern schulmäßig den Prozess machen.[51] Dies dient auch dazu, eine Kultur der Rechtstreue zu fördern und Kindern und Jugendlichen zu vermitteln, dass viele Streiche Straftaten sind.[52]

Angehenden Juristen soll mein Buch als erste Einführung in das Strafrecht oder als letzte Wiederholung vor dem Staatsexamen dienlich sein.[53] Wie heißt es im vierten Streich:

---

50 Vgl. zu den sonderpädagogischen Grundlagen bei Verhaltensstörungen von Kindern und Jugendlichen: Sarah Günther, Musikpädagogisches Konzept für eine Schulband an einer Förderschule, Hamburg 2011, S. 13 ff.; s.a. Winkler, Pädagogik und Kriminalität – Überlegungen zum Sinn der Erziehung bei jungen Mehrfachauffälligen, ZJJ 2014, 16; Wehner-Davin, Kinder- und Jugenddelinquenz – Vorzeichen krimineller Manieren, Kriminalistik 1985, 500; Ostendorf, Justiz und Kinder-/Jugendhilfe im Dienste für eine kooperative Kriminalprävention, ZKJ 2014, 348.

51 Sauerbeck, Max und Moritz für die Schule; Klingelhöfer, Die Akte Max und Moritz, Theaterstück mit Gerichtsverhandlung; Ricardo Peyerl/Peter Pisa, Max und Moritz – eine Prozessgeschichte in 3 Streichen, in: Wiener Kurier vom 8. Februar 1987, S. 14 (Bericht über einen Gerichtsprozess gegen Max und Moritz in Österreich und Kurzgutachten zu einigen ihrer Straftaten nach dem österreichischen StGB).

52 S.a. den Vortrag für Kinder von Bannenberg/Rössner, »Ach, was muss man oft von bösen Kindern hören oder lesen!« Wie wird man kriminell und was lässt sich dagegen tun? Vortrag auf dem 12. Deutschen Präventionstag, Wiesbaden 2007.

53 In zahlreichen mündlichen Staatsexamina und Klausuren war »Der Fall Max und Moritz« Prüfungsgegenstand, vgl. z. B. Frings, Der Sachverhalt geht aus dem Fall nicht heraus, 1996, S. 65–66; da sich das vorliegende Buch auch als Ausbildungslektüre mit Servicecharakter versteht, hier ein Literaturtipp für gescheiterte Jurastudentinnen und Jurastudenten: Unger, Möglichkeiten und Grenzen der Anfechtbarkeit juristischer (Staats-)Prüfungen, Berlin 2016; s. allerdings OLG Hamm, Urt. v. 8.12.2017, 11 U 104/16 (Kein Schadensersatz trotz fehlerhafter Korrekturen im juristischen Staatsexamen); s. ferner Gramm (Hrsg.), Kleine Fehlerlehre für Juristen nach Dr. Julius Knack, 1989; Hans Liermann, Also werd' ich ein Juriste – Briefe an einen angehenden Juristen, 2. Aufl. 1962; s. aber auch Großfeld, Zauber des Rechts, 1999; als Referendar kann man übrigens munter Ausbilder beleidigen (»Sie sind ein provinzieller Staatsanwalt, der nie aus dem Kaff rausgekommen ist, in dem er versauert … Mit Ihrem Leben und Ihrer Person sind Sie so zufrieden wie das Loch im Plumpsklo … Am liebsten hätten Sie mich vergast, aber das ist ja heute out«) und später trotzdem Rechtsanwalt werden, vgl. BVerfG, NJW

Also lautet der Beschluss:
dass der Mensch was lernen muss.

Wenn das Werk zudem eine gewisse »Rechtsfreude« beim Studium des Strafrechts vermittelt, wäre ein weiteres Ziel erreicht.[54] Für gestandene Rechtskundige wie z. B. Strafverteidiger, Jugendrichter und Staatsanwälte möge es eine neue, kurzweilige Beschäftigung mit dem seit Kindestagen vertrauten Werk von Wilhelm Busch sein. Zur Zielgruppe meines Buches zählen außerdem Polizei- und Kriminalbeamte, Mitarbeiter im Jugendstrafvollzug und bei den Jugendämtern. Für sie alle gilt, was Wilhelm Busch einmal schrieb: »Wer der Gerechtigkeit folgen will durch dick und dünn, muss lange Stiefel haben.«

Bedanken möchte ich mich – wie bei der Erstauflage – bei dem 2005 verstorbenen legendären Strafrechtler Prof. Dr. Günter Kohlmann von der Universität Köln. Er hat mich bei dem Projekt immer bestärkt und mir in zahlreichen Gesprächen sehr wertvolle Anregungen zu diesem Buch gegeben. Besonderer Dank für unseren regen fachlichen Gedankenaustausch gilt außerdem meinem Bruder Prof. Dr. Dirk-Carsten Günther.[55] Ich danke ferner Dr. Maximilian Heuger, der sehr gründlich mein Strafrechtsgutachten geprüft hat und mir gerade bei den Tötungsdelikten äußerst wertvolle Formulierungshinweise gab. Ein weiterer Dank richtet sich an Dr. Matthias Auer,

2017, 3704 – ein Schock eines Referendars über das Nichtbestehen der 2. juristischen Staatsprüfung ist aber kein Dienstunfall, vgl. VGH München, Beschl. v. 22.04.2002, 3 C 02.945; s. zur Vermeidung eines Examensschocks Ransiek, Die Examensklausur im Strafrecht, JA 2018, 481.

54 So auch das Ziel von Martinek/Omlor bei ihren zivilrechtlichen Wilhelm-Busch-Fällen, Grundlagenfälle zum BGB für Anfänger, 3. Aufl. 2017.

55 Vgl. auch Dirk-Carsten Günther, Max und Moritz. Eine humorvolle »versicherungsrechtliche« Betrachtung, VersR 2008, 334; ders., Max & Moritz in der Sachversicherung, VB 2010, 121; ders., Die Streiche von Max und Moritz – Was die Sachversicherer womöglich hätten zahlen müssen, VVW 2010, 158.

der als Lektor das Werk in einer Weise betreut hat, die man sich als Autor nur wünschen kann. Mein besonderer Dank für das Geleitwort gilt Frau Prof. Dr. Britta Bannenberg, zu deren Forschungsschwerpunkten die Kriminologie und das Jugendstrafrecht zählen. Last but not least danke ich meinem Doktorvater Prof. Dr. Dr. h.c. mult. Klaus Stern, der mich früh für die Rechtswissenschaften begeistert hat. Vor diesem Hintergrund soll mein Buch auch dem wissenschaftlichen Diskurs dienen. Kritik und Anregungen tatsächlicher und rechtlicher Art sind deshalb jederzeit willkommen. Viele fruchtbare Hinweise für das Update zu Max und Moritz stammen aus Besprechungen der Vorauflage und zahlreichen Leserzuschriften, für die ich ebenfalls großen Dank schulde.

Leichlingen, im März 2019

Dr. jur. utr. Jörg-Michael Günther

Erster Streich

Mancher gibt sich viele Müh'
mit dem lieben Federvieh;
einesteils der Eier wegen,
welche diese Vögel legen,
zweitens: Weil man dann und wann
einen Braten essen kann;
drittens aber nimmt man auch
ihre Federn zum Gebrauch
in die Kissen und die Pfühle,
denn man liegt nicht gerne kühle.

Seht, das ist die Witwe Bolte,
die das auch nicht gerne wollte.

Ihrer Hühner waren drei
und ein stolzer Hahn dabei. –

Max und Moritz dachten nun:
Was ist hier jetzt wohl zu tun? –
– Ganz geschwinde, eins, zwei, drei,
schneiden sie sich Brot entzwei,

in vier Teile, jedes Stück
wie ein kleiner Finger dick.
Diese binden sie an Fäden,
übers Kreuz, ein Stück an jeden,
und verlegen sie genau
in den Hof der guten Frau. –

Kaum hat dies der Hahn gesehen,
fängt er auch schon an zu krähen:
Kikeriki! Kikeriki!! –
Tak, tak, tak! – Da kommen sie.

Hahn und Hühner schlucken munter
jedes ein Stück Brot hinunter.

Aber als sie sich besinnen,
konnte keines recht von hinnen.

In die Kreuz und in die Quer
reißen sie sich hin und her.

Flattern auf und in die Höh',
ach herrje, herrjemineh!

Ach, sie bleiben an dem langen,
dürren Ast des Baumes hangen. –
Und ihr Hals wird lang und länger,
ihr Gesang wird bang und bänger.

Jedes legt noch schnell ein Ei,
und dann kommt der Tod herbei. –

Witwe Bolte in der Kammer
hört im Bette diesen Jammer.

Ahnungsvoll tritt sie heraus.
Ach, was war das für ein Graus!

»Fließet aus dem Aug', ihr Tränen!
All mein Hoffen, all mein Sehnen,
meines Lebens schönster Traum
hängt an diesem Apfelbaum!!«

Tiefbetrübt und sorgenschwer
kriegt sie jetzt das Messer her;
nimmt die Toten von den Strängen,
dass sie so nicht länger hängen.

Und mit stummem Trauerblick
kehrt sie in ihr Haus zurück. –

Dieses war der erste Streich,
doch der zweite folgt sogleich.

Der erste Streich

A. Das Betreten des Hofs der Witwe Bolte

1. Hausfriedensbruch, § 123 StGB

Max und Moritz haben zum Zwecke des Auslegens ihrer Brotfalle den Hof von Witwe Bolte betreten.[56] Da Frau Bolte dies weder wusste noch wollte, könnten sich Max und Moritz nach § 123 Abs. 1 Var. 3 StGB wegen »widerrechtlichen Eindringens in ein befriedetes Besitztum« strafbar gemacht haben.

Befriedet ist ein Besitztum regelmäßig dann, wenn es in äußerlich erkennbarer Weise durch zusammenhängende Schutzwehren gegen das willkürliche Betreten durch andere gesichert ist, z. B. durch Hecken, Drähte oder Zäune.[57] Solche erkennbaren Eingrenzungen sind entbehrlich für die Annahme eines geschützten befriedeten Besitztums, wenn das Besitztum für jedermann erkennbar zu einer Wohnung oder einem Geschäftsraum gehört.[58]

So könnte es in dem von Wilhelm Busch berichteten Fall liegen: Der Hof der Witwe Bolte gehörte zu ihrem Haus. Nach der sogenannten Ausstrahlungstheorie war also der von Max und Moritz zu kriminellen Zwecken betretene Hofraum als

56 Es heißt im Text von Wilhelm Busch zur Brotfalle: »Und verlegten sie genau, in den Hof der guten Frau.«

57 RGSt. 11, 295 (Feldscheune); Amelung, Der Hausfriedensbruch als Missachtung physisch gesicherter Territorialität, ZStW 1998, 355; s. zum Hausfriedensbruch bei öffentlichen Gebäuden Jörg-Michael Günther, DVBl 2015, 1147.

58 OLG Oldenburg, JZ 1986, 247 (Stadtgammler in Kaufhauspassage); gegen die »Gammlerentscheidung« mit Nachdruck: Amelung, JZ 1986, 248; J. Fitzpatrick, My court is my castle, Oxford 1899, S. 123.

Zubehörfläche des Hauses befriedetes Besitztum, in das man nicht widerrechtlich eindringen darf.[59] Gegen die Ausstrahlungstheorie werden aber in der Literatur – nicht zu Unrecht – gewichtige Bedenken vorgebracht.[60] Man kann ihr vorwerfen, sie entferne sich zu weit vom Wortsinn des Begriffs der »Wohnung«.[61] Ob der Hof von Witwe Bolte ein Hof oder rechtlich eine Wohnung war, bedürfte weiterer vertiefter wissenschaftlicher Untersuchungen.[62] Hierfür fehlen Zeit und Raum.[63] Dies schadet jedoch kaum, da eine brusthohe Steinmauer den Hof der Witwe Bolte umgab, um ihn – leider erfolglos – gegen das Betreten durch Unbefugte zu sichern.[64] Der Hof war somit vielleicht im Rechtssinne keine »Wohnung«, aber in jedem Fall ein »befriedetes Besitztum« im Sinne von § 123 StGB. Zu diesem befriedeten Besitz der Witwe Bolte haben sich Max und Moritz zumindest ohne deren Willen Zutritt verschafft und sind damit widerrechtlich eingedrungen. Folglich haben sie objektiv den Tatbestand des Hausfriedensbruchs verwirklicht.[65] Die Störung des Hausfriedens von Witwe Bolte erfolgte auch vorsätzlich (dolus directus 1. Grades), da Max und Moritz zum Angriff auf

59 BayObLG, JR 1969, 466: Wann begeht ein PKW-Fahrer, der sein KFZ in einem fremden Hofraum abstellt, einen Hausfriedensbruch?; mit kritischen Fragen Bernsmann, Tatbestandsprobleme des Hausfriedensbruchs, Jura 1981, 340: »Gartenanlagen als Wohnung?«

60 Vladimir Uranow, Die Ausstrahlungstheorie in der Praxis, Moskau 1987, S. 234 ff.

61 Bernsmann, Jura 1981, 340; grundlegend: Trabandt, Der kriminalrechtliche Schutz des Hausfriedens in seiner geschichtlichen Entwicklung, Diss. 1970.

62 Vgl. zum Suchen der Wissenschaft nach Erkenntnis die an Sokrates erinnernden Reflexionen von Wilhelm Busch in seinem Werk »Tobias Knopp«:
Sokrates, der alte Greis,
Sagte oft in tiefen Sorgen:
»Ach, wie viel ist doch verborgen,
Was man immer noch nicht weiß.«

63 Matill, Zeit und materielles Strafrecht, GA 1965, 129.

64 Dirk-Carsten Günther geht davon aus, dass Max und Moritz sich bei lebensnaher Betrachtung den Zugang zum Grundstück durch Überklettern der Mauer verschafft haben, vgl. Dirk-Carsten Günther, Max & Moritz in der Sachversicherung, VB 2010, 122.

65 So auch Lange/Dittman/Holthausen, Max und Moritz – Eine humorvolle »versicherungsrechtliche« Betrachtung, Karlsruhe 2007, S. 6.

die Hühner und den Hahn bewusst und gezielt ohne Einwilligung von Frau Bolte den Hof betraten.

Grundsätzlich stünde also einer Bestrafung von Max und Moritz wegen Hausfriedensbruchs nichts entgegen.[66] Hierbei bliebe aber unberücksichtigt, dass Wilhelm Busch die zweifelhaften Helden seiner Bildergeschichte ausdrücklich als »Kinder« bezeichnet:

Ach, was muss man oft von bösen
Kindern hören oder lesen!
Wie zum Beispiel hier von diesen,
Welche Max und Moritz hießen.

Kinder unter 14 Jahren sind nach § 19 StGB nicht schuldfähig. Erst Jugendliche ab diesem Alter können strafrechtlich belangt werden.[67] Das wird wegen zunehmender »Kinderkriminalität« rechtspolitisch teilweise in Frage gestellt und eine Herabsetzung der Strafmündigkeit gefordert.[68] Der Gesetzgeber hat bislang – aus guten Gründen – auf diese Diskussion um die Strafmündigkeit nicht reagiert.

Ob Wilhelm Busch den von ihm verwendeten speziellen Begriff »Kinder« rechtstechnisch gemeint hat, ist nicht mehr rekonstruierbar, aber äußerst zweifelhaft.[69] Der Terminus wurde

66 Auf die Notwendigkeit eines Strafantrags ist hinzuweisen (§ 123 Abs. 2 StGB).

67 § 19 StGB Schuldunfähigkeit des Kindes: »Schuldunfähig ist, wer bei Begehung der Tat noch nicht vierzehn Jahre alt ist.«

68 Weber, Kriminelle in kurzen Hosen, Concepte 66, 5 ff.; Hinz, Strafmündigkeit ab vollendetem 12. Lebensjahr?, ZRP 2000, 107; Wolfslast, Strafrecht für Kinder? Zur Frage einer Herabsetzung der Strafmündigkeitsgrenze, Festschrift für Günter Bemmann, 1997, S. 272; krit. zu einer Herabsetzung des Strafmündigkeitsalters Fischer, StGB, § 19 StGB Rn. 3: Übertreibung der Opferperspektive.

69 Zum aktuellen Forschungsstand: Julius Henschel, Die Verwendung juristischer Termini im Werk von Wilhelm Busch – Eine wissenschaftliche Chimäre?, Köln 2015.

sicher von ihm nicht juristisch gemeint.[70] Darauf kommt es aber nicht entscheidend an. Maßgeblich sind die erst kürzlich wieder aufgetauchten Taufurkunden von Max und Moritz aus dem Jahr 1850, die sich im Nachlass von Pater Filucius fanden.[71] Als sie ihre kriminelle Karriere 1864 begannen, über die Wilhelm Busch uns 1865 erstmalig seinen Bericht vorlegte, waren Max und Moritz also bereits mindestens 14 Jahre alt. Teile der rechtswissenschaftlichen Literatur, die dies anzweifeln[72], sind nicht auf dem neuesten Stand der Max-und-Moritz-Forschung. So hat z. B. eine Dokumentenprüfung durch das Kriminaltechnische Institut des Bundeskriminalamts die Echtheit der Taufurkunden von Max und Moritz bestätigt.[73] § 19 StGB steht der Bestrafung der jugendlichen Intensivtäter folgerichtig nicht entgegen.[74]

Eine Bestrafung der Lausbuben könnte aber an § 3 Jugendgerichtsgesetz (JGG) scheitern.[75] Jugendliche werden nach dem

70 S. auch Scheffler, »Max-und-Moritz«-Fall, S. 16, Rn. 60: »Bei Busch liest man nur, die Knaben seien ›Kinder‹ gewesen, sicherlich jedoch nicht als juristischer Terminus zu verstehen.«

71 Auch das Heinrich-Hoffmann-Museum sieht in den Taufurkunden von Max und Moritz einen unwiderlegbaren Altersbeleg, vgl. Heinrich-Hoffmann-Museum (Hrsg.), Struwwelpeter trifft Max und Moritz, 1990, S. 50; Pater Filucius mochte übrigens – verständlicherweise – nie Wilhelm Buschs Buch »Der heilige Antonius von Padua« – dort wird vom Klerus ein äußerst negatives Bild gezeichnet.

72 Honig, Die Sache mit Max und Moritz, NJW 2009, 739: »(…) wohl noch unter 14 Jahre alt.« Ostendorf bemüht in spekulativer Form die »gezeichnete Physiognomie« von Max und Moritz, die für ein Alter unter 14 Jahren spreche, vgl. Ostendorf, Max und Moritz – Prototypen von Intensivtätern, S. 585; vermittelnd Scheffler, »Max-und-Moritz«-Fall, S. 16, Rn. 60: »16-jährig oder gar älter darf man sich Max und Moritz sicher nicht vorstellen.«

73 Bundeskriminalamt Wiesbaden (Hrsg.), Highlights der Arbeit des Kriminaltechnischen Institutes des BKA – von der Untersuchung des Turiner Grabtuchs bis zur Dokumentenprüfung der Taufurkunden von Max und Moritz, Wiesbaden 2017.

74 So auch Honig, Die Sache mit Max und Moritz, NJW 2009, 734; vgl. zum Alter von Max und Moritz im Hinblick auf ihre zivilrechtliche Deliktsfähigkeit Müssig, DVW 1988, Nr. 1, 26–27.

75 § 3 JGG Verantwortlichkeit: »Ein Jugendlicher ist strafrechtlich verantwortlich, wenn er zur Zeit der Tat nach seiner sittlichen und geistigen Entwicklung reif genug ist, das

Willen des Gesetzes nicht als strafmündig betrachtet, wenn sie nach ihrer Verstandes- und ethischen Reife Recht und Unrecht nicht auseinanderhalten können. Geistig und sittlich reif zur Einsicht in das Unrecht ist derjenige Jugendliche, dem bewusst ist, dass er etwas Verbotenes tut.[76] Nur bei außerordentlich schlechter Erziehung und bei ganz besonders schlechten Vorbildern in Haus und Umwelt wird diese Voraussetzung nicht gegeben sein.[77] Auch medizinische Aspekte können in den Blick rücken. Im Theaterstück »Die Akte Max und Moritz« von Franzi Klingelhöfer wird im Rahmen einer Gerichtsverhandlung spekuliert, Max habe ADS gehabt (Aufmerksamkeitsdefizitsyndrom).[78] Belege gibt es aber dafür nicht, geschweige denn ein medizinisches Gutachten. Bei Moritz liegen etwas konkretere Hinweise vor, dass bei ihm Fetale Alkoholspektrumstörungen (FASD) vorlagen, also seine Mutter – mit Schadensfolgen für das Embryo – in der Schwangerschaft Alkohol getrunken hat. In einer Broschüre des Stadtjugendamtes der Stadt München heißt es dazu[79]:

Unrecht der Tat einzusehen und nach dieser Einsicht zu handeln.« S. zu der Norm Eisenberg, Kommentar zum JGG, 20. Aufl. 2018, § 3 JGG Rn. 3 ff.; Lemm, Die strafrechtliche Verantwortlichkeit jugendlicher Rechtsbrecher, 2000.

76 BGH, GA 59, 47; s.a. Gunther Klosinski, Zu den Voraussetzungen des § 3 JGG aus jugendpsychiatrischer Sicht, INFO 2008, 7; vgl. zur Einsichtsfähigkeit Jugendlicher in das Unrecht Diemer/Schatz/Sonnen, Jugendgerichtsgesetz, 7. Aufl. 2015, Rn. 3–9.

77 Brunner/Dölling, Kommentar zum JGG, 3. Aufl. 2018, § 3 JGG Rn. 5; grundlegend in diesem Kontext: J. J. Rousseau, Emil oder über die Erziehung, Paderborn 1983, S. 72.

78 Klingelhöfer, Die Akte Max und Moritz, S. 13; vgl. auch Brunner/Dölling, Kommentar zum JGG, Einführung Rn. 18: »Aufmerksamkeitsdefizit-/Hyperaktivitätsstörungen (ADHS) erhöhen das Risiko dissozialen Verhaltens.«

79 S. den Pflegeelternrundbrief I/2017, Pflege und Adoption, »Fetale Alkoholspektrumstörungen (FASD)«, der Landeshauptstadt München, Stadtjugendamt, S. 21; zum Verdacht, dass Moritz ein FAS-Kind war, s. auch Reinhold Feldmann, Das fetale Alkoholsyndrom in der Kunstgeschichte, Zeitschrift für praktische Augenheilkunde, Heft 1/2011, 21–22.

Wilhelm Busch zeichnete mit dem Moritz in ›Max und Moritz‹ bereits 1865 das erste Bildnis eines Jungen mit Fetaler Alkoholspektrumstörung. Moritz' Gesicht besitzt alle Auffälligkeiten eines Kindes mit FAS, die kleineren Augen mit schmalen Lidspalten, die aufgeworfene Nase, das verlängerte Philtrum und das schmale Oberlippenrot. Moritz nimmt als Mitläufer an den Streichen von Max teil und denkt vermutlich nicht über die Folgen seines Handelns nach. ›Max hat schon mit Vorbedacht eine Angel mitgebracht‹, während Moritz sich seinen Plänen anschließt. Dies trifft auf viele Kinder mit FASD zu, die sich zu Streichen und auch zu Straftaten verleiten lassen, weil sie dazugehören wollen und die Tragweite ihres Handelns nicht abschätzen können.

Diese Einschätzung von Moritz' Verhalten, die bei genauer Betrachtung auf einer nicht wirklich belastbaren medizinischen Ferndiagnose beruht, wird hier nicht geteilt. Als Max und Moritz (als Mittäter) den Hof der Witwe Bolte betraten, um dort die heimtückische Brotfalle für das Federvieh auszulegen, wussten sie – wie bei allen ihren Streichen – ganz genau, dass sie damit etwas Verbotenes taten.[80] Dies gilt speziell auch für Moritz; er ist für sein Handeln – unabhängig von einer sicher schweren Kindheit und gegebenenfalls problematischen embryonalen Entwicklung – voll verantwortlich.[81] Es war beiden Tätern in ihrer Gedankenwelt sogar ein ganz besonderes Vergnügen, Unrecht zu tun und Normen zu brechen.[82] Sie waren bei allen ihren Streichen sowohl bei der Planung als auch bei der Durchführung sehr gerissen und gefielen sich in ihrer Rolle

80 Daher wird für alle Streiche von dem Vorliegen der Voraussetzungen des § 3 JGG ausgegangen – so auch Ostendorf, Max und Moritz – Prototypen von Intensivtätern, S. 585.

81 Allein in entwicklungsbedingten Einschränkungen der Handlungsreife eines Jugendlichen liegt kein Hindernis für eine strafrechtliche Verantwortlichkeit nach § 3 S. 1 JGG, vgl. BGH, Urt. v. 13.12.2012, 4 StR 271/12.

82 Metzger, Vom Sinn der strafbaren Handlung, Zeitschrift für Jugenddelinquenz 2017, 35.

als jugendliche Outlaws.[83] Nicht umsonst heißt es schon im Vorwort von Max und Moritz:

– Ja, zur Übeltätigkeit,
Ja, dazu ist man bereit! –

Sie waren insofern »reif genug«, zu erkennen, dass sie ein Unrecht begingen – es war sogar Teil ihres Vergnügens. Besonders deutlich wird dies im dritten Streich, wo Max und Moritz lachen, als Schneider Böck wegen der angesägten Brücke in Todesgefahr gerät. Die Voraussetzungen des § 3 JGG liegen nach Einzelfallprüfung durchgehend bei den gesamten Streichen vor.

Ergebnis:
Max und Moritz haben sich jeweils durch das heimliche Betreten des Hofs der Witwe Bolte des Hausfriedensbruchs nach § 123 Abs. 1 Var. 1 StGB schuldig gemacht.[84]

Für die Verfolgung der Tat ist gemäß § 123 Abs. 2 StGB ein Strafantrag des Verletzten erforderlich, hier also der Witwe Bolte als Inhaberin des Hausrechts.[85]

83 Ostendorf, Max und Moritz – Prototypen von Intensivtätern, S. 585; s. zum Denk- und Kombinationsvermögen als Prüfgesichtspunkt bei § 3 JGG Diemer/Schatz/Sonnen, Jugendgerichtsgesetz, § 3 JGG Rn. 17; grundlegend: Bohnert, Strafmündigkeit und Normkenntnis, NStZ 1988, 249.

84 Für die präzisere Bezeichnung »Hoffriedensbruch« plädiert H. Tibulski-Schribbeneck, Haus und Hof im Schutze des deutschen Strafrechts, Rotenburg ob der Tauber 2016.

85 Vgl. dazu auch Ostendorf, Max und Moritz – Prototypen von Intensivtätern, S. 585.

B. Das Auslegen der Brotfalle[86]

1. Sachbeschädigung, § 303 StGB

Max und Moritz könnten sich zulasten der Witwe Bolte wegen (gemeinschaftlicher) Sachbeschädigung strafbar gemacht haben, weil die Hühner (legereife Hennen der Art Gallus gallus domesticus) und der Hahn durch ihre Brotfalle elendig am Apfelbaum zu Tode kamen.[87]

Die Hühner und der Hahn müssten dafür zunächst geeignete Tatobjekte einer Sachbeschädigung sein.[88] Eine Sache ist ein körperlicher Gegenstand im Sinne von § 90 BGB. Trotz ihrer Körperlichkeit sind Tiere allerdings kraft der gesetzlichen Ausschlussregelung in § 90a S. 1 BGB keine Sachen.[89] Gleichwohl sind auf sie gemäß § 90a S. 3 BGB die für Sachen geltenden zivilrechtlichen Vorschriften entsprechend anzuwenden. Dies schlägt auch auf das Strafrecht durch.[90] Die Hühner und der Hahn sind als Tiere strafrechtlich geschützte »Sachen« im

86 Möglicherweise haben sich Max und Moritz bei ihrer Brotfalle an einem gleichartigen Streich von Eulenspiegel orientiert, vgl. Hermann Bote, Ein kurzweiliges Buch von Till Eulenspiegel, 1510/11, Neudruck 2. Aufl. 1981, Frankfurt a. M. – »Die 8. Historie sagt, wie Eulenspiegel es machte, dass sich die Hühner des geizigen Bauern um die Lockspeise zerren.«

87 § 303 StGB Sachbeschädigung: »Wer rechtswidrig eine fremde Sache beschädigt oder zerstört, wird mit Freiheitsstrafe bis zu zwei Jahren oder mit Geldstrafe bestraft.«

88 S. zur rechtlichen Einordnung von Vögeln Hertel, Von Kanarienvögeln und Schnapsdrosseln, Jura 2011, 391 (Übungsklausur).

89 Bei Palandt, Kommentar zum BGB, 77. Aufl. 2018, § 90a BGB Rn. 1 heißt es: »Im Ergebnis ist § 90a BGB eine gefühlige Deklamation ohne rechtlichen Inhalt.« Vgl. auch Hamann, Juristische Kuriositäten – ein Spaziergang durch den Paragrafendschungel, NJW 2009, 728; s.a. Graul, Zum Tier als Sache im Sinne des StGB, JuS 2000, 215; Gergen, Tiere in der deutschen Rechtsgeschichte und im geltenden bürgerlichen Recht, NuR 2007, 463.

90 Fischer, StGB, § 303 StGB Rn. 2; Palandt, § 90a BGB Rn. 1; Graul, Zum Tier als Sache im Sinne des StGB, JuS 2000, 215; Küper, Die »Sache mit den Tieren« oder: Sind Tiere strafrechtlich noch Sachen? JZ 1993, 435.

Sinne des § 303 StGB.[91] Diese »Sachen« waren angesichts ihrer »Domestizierung« weder wilde Tiere im Sinne von § 960 BGB und damit herrenlos, noch standen sie im Alleineigentum von Max und Moritz. Vielmehr gehörte das brotgierige Federvieh der Witwe Bolte und war damit für Max und Moritz fremd:

Seht, da ist die Witwe Bolte,
Die das auch nicht gerne wollte.
Ihrer Hühner waren drei
Und ein stolzer Hahn dabei.[92]

Zu prüfen bleibt, ob Max und Moritz die Hühner und den Hahn zerstört haben. Eine Sache ist zerstört, wenn sie infolge der körperlichen Einwirkung des Täters vernichtet oder so wesentlich beschädigt wird, dass sie ihre bestimmungsgemäße Brauchbarkeit völlig verliert.[93] Hierunter fällt insbesondere auch das Töten eines Tieres.[94] Die Hühner und der Hahn sind

---

91 RGSt. 37, 412 (»Kitzligmachen« eines Pferdes durch Vorspielen nervtötender Opernmusik stellt eine tierische Sachbeschädigung dar); dagegen aber Konrad Lorenz, Gesammelte Werke, Band 5 (Gänse und ihre Prägung auf Menschen – Chancen und Risiken), Wien 1985, S. 112; Graul, Zum Tier als Sache i.S. des StGB, JuS 2000, 215; s.a. Wolfgang Wohlers, Tierschutz durch Strafrecht? – zur Legitimation tierschutzstrafrechtlicher Normen, RW 2016, 416.

92 Die Haltung des Federviehs durch Witwe Bolte verstieß nicht gegen die Tierschutz-Nutztierhaltungsverordnung und Baurecht: vgl. TierSchNutztV, BGBl. 2006, S. 2044 – nach § 12 TierSchNutztV gelten die in § 13 TierSchNutztV geregelten Anforderungen an Haltungseinrichtungen für Legehennen nur für Legehennen, die zu Erwerbszwecken gehalten werden, nicht bei sogenannten »Liebhaberzwecken«; ein Hühnerstall für einen Hahn und zehn Hühner ist z. B. in einem Dorfgebiet planungsrechtlich zulässig, vgl. VG Neustadt (Weinstraße), Urt. v. 23.10.2017, 4 K 419/17.NW; zum Verbot der Haltung von mehr als 40 Stück Geflügel BayVGH, Beschluss v. 6.12.2017, 9 ZB 15.2234; grundlegend: Schindler, Die Henne, das Ei und die europäische Kulturordnung, NJW 1996, 1802.

93 Schönke/Schröder/Stree/Hecker, StGB, 29. Aufl. 2014, § 303 StGB Rn. 14.

94 Nach einer Mindermeinung in der Literatur soll sogar schon das Fliegenlassen eines fremden (Käfig-)Vogels als solches eine Sachbeschädigung sein – ablehnend Maurach-Schroeder, Strafrecht BT, Band 1, 2009, S. 455; RGSt. 74, 14 (Fliegenlassen eines Vogels als Sachbeschädigung).

aufgeflogen und am Ast des Apfelbaumes durch die Auswirkungen der Brotfalle zu Tode gekommen.[95] Sie sind nunmehr – außer als Objekte zum Essen – zu nichts mehr zu gebrauchen, also zerstört.

Dies bedeutet indes noch nicht automatisch, dass Max und Moritz Täter einer Sachbeschädigung sind. Immerhin stand es in der freien Entscheidung des Federviehs, das Brot zu verzehren (und damit in die Falle zu gehen) oder auch nicht.[96]

Tatbestandsmäßig haben Max und Moritz nur dann gehandelt, wenn sie den Tod der Tiere zurechenbar verursacht haben. Grundvoraussetzung hierfür ist nach der herrschenden Bedingungstheorie (Conditio-sine-qua-non-Formel), dass ihr Handeln auf dem Hof der Witwe Bolte nicht hinweggedacht werden kann, ohne dass der eingetretene »Erfolg« (Tod des Federviehs) entfiele.[97]

Hätten Max und Moritz nicht ihre Brotfalle konstruiert und im Hof ausgelegt, dann hätte das Hühnerquartett das an den Fäden befestigte Brot nicht verschluckt und wäre nicht panikartig in die Luft geflattert. Es wäre dann nicht am dürren Ast des Apfelbaumes hängengeblieben und dort erstickt. Nach der Theorie der notwendigen Bedingung besteht kein Zweifel, dass Max und Moritz den Tod des Federviehs verursacht haben. Die nicht durch Würgereflexe zu beseitigenden Brotbrocken, die Max und Moritz auf dem Hof platzierten, hatten die Atmung

95 Vgl. dazu H. Hippokrates, Max & Moritz als Patienten, 1991, S. 23.

96 K. v. Linne, Systema Naturae, Edition LX. (1758), Faksimile-Nachdruck, Brit. Museum, London 1956; a. A. Emma Henschel, Tierischer Hunger – Jenseits von Freiheit und Würde, Köln 2017, S. 34 ff.

97 Grundlegend dazu Buri, Ueber Causalität und deren Verantwortung, 1873; s.a. den luziden Beitrag von Nolting/Renzikowski, Eine metaphysische Theorie der Kausalität: Michael Moores »Causation and Responsibility«, Rechtswissenschaft 2011, 452.

des Federviehs blockiert, so dass bei den Tieren die Sauerstoffsättigung im Blut dramatisch absank, eine Luftnot eintrat und am Ende die Erstickung folgte.

Die Bedingungstheorie ist aber nicht unbestritten.[98] In Teilen der Literatur wird auch die sogenannte Adäquanztheorie vertreten.[99] Nach dieser Strafrechtstheorie ist Ursache nur diejenige Bedingung, die allgemein nach der Lebenserfahrung geeignet ist, den tatbestandsmäßigen Erfolg herbeizuführen. Das Auslegen einer Brotfalle, wie sie von Max und Moritz als Tatmittel verwendet wurde, ist allerdings auch nach der allgemeinen Lebenserfahrung geeignet, zum (Erstickungs-)Tod von hungrigem Geflügel auf die von Wilhelm Busch berichtete Art und Weise zu führen.[100] Der Tod des Federviehs von Witwe Bolte ist demgemäß nach beiden Kausalitätstheorien Max und Moritz zuzurechnen.[101]

Zu klären ist schließlich noch, wie es sich auswirkt, dass die Tiere nicht unmittelbar an dem verschluckten Brot verstorben sind, sondern der Erstickungstod erst dadurch eingetreten ist, dass sie aufgeflattert und am Apfelbaum hängengeblieben sind. Der damit angesprochene Zurechnungszusammenhang zwischen dem Auslegen der Brotfalle und dem konkret eingetre-

98 Wehrenberg, Die Conditio-sine-qua-non-Formel – eine pleonastische Leerformel?, MDR 1971, 900; sehr polemisch in seiner Kritik Hein-Fritz Teufel, Conditio sine qua non – was ist das schon?, in: Der kritische Kausalist, Berlin 1968, Heft 1, S. 12 ff.

99 Engisch, Die Kausalität der strafrechtlichen Tatbestände, 1931, S. 44; mahnend: Heinrich Lange, Herrschaft und Zerfall der Lehre vom adäquaten Kausalzusammenhang, AcP 156, 114.

100 Diese Tötungsart wird z. B. detailliert beschrieben von George McCruel in seinem Buch »Fifty ways to kill a hen«, Arizona 1967, S. 589 ff.

101 Für die maßvolle Beibehaltung des Erfordernisses der Kausalität: Schröder-Schönke, Kausal, nicht-kausal, egal? Die Kausalitätstheorien und das Problem ihrer Beachtung in der täglichen Praxis überforderter Strafgerichte, in: Festschrift für G. Hermanski, Leverkusen 2016, S. 278.

tenen Erfolg wäre jedoch nur dann zu verneinen, wenn sich im Tod des Federviehs letztlich ein anderes Risiko realisiert hätte als das, welches Max und Moritz durch ihr Handeln gesetzt haben. Das Auslegen der Brotfalle begründete indes nicht nur die Gefahr, bereits am Verschlucken des Brotköders zu ersticken, sondern war auch dazu geeignet, dass das Hühnerquartett erst infolge einer Panikreaktion aufgrund seiner untrennbaren Verbindung an einem Hindernis hängenbleiben und sich damit letztlich selbst schädigen würde. Dieses der Handlung gleichsam innewohnende Risiko hat sich verwirklicht, so dass der eingetretene Erfolg Max und Moritz auch objektiv zurechenbar ist.

Die beiden haben auch vorsätzlich gehandelt, da das Auslegen der Brotfalle nach ihrem gemeinschaftlichen Tatplan zum Tod der Tiere führen sollte.[102] An der Rechtswidrigkeit des Handelns von Max und Moritz bestehen genauso wenig Zweifel wie an ihrer Schuld: Die Hühner und der Hahn hatten Max und Moritz nichts getan.[103]

---

102 S. dazu den Staatsanwalt in der Gerichtsverhandlung von Sauerbeck, Max und Moritz für die Schule, S. 32: »Max und Moritz gingen ausgesprochen brutal gegen die Hühner vor, man kann geradezu von Lust am Quälen sprechen.« S.a. Klingelhöfer, Die Akte Max und Moritz, Theaterstück, S. 6 ff.

103 Eventuelle tierische Geräuschbelästigungen waren von den Lausbuben hinzunehmen, vgl. LG Kiel, Urteil vom 14.5.1965, 8 S 37/65 LG: »Die Hühner gackern zwar gelegentlich, dieses Geräusch von 4 Hühnern ist aber nicht wesentlich.« Kritisch zu derartiger Poesie in Urteilen Putzo, NJW 1987, 1426; a. A. und vehement für poetische Urteile plädierend: Jörg-Michael Günther, BGB in Reimen, 1994 – dort ist neben Hinweisen auf gereimte Gesetze wie § 923 Abs. 2 BGB auch das berühmte gereimte Oldenburger Schweinemasturteil abgedruckt, s. a.a.O., S. 132–134:
Um Kleinigkeiten streit' man nicht,
zieh' jedenfalls nicht vor Gericht,
Sonst kann Gerechtigkeit auf Erden,
ganz unerfreulich teuer werden!

Ergebnis:

Max und Moritz haben sich durch die Tötung der Hühner und des Hahns zulasten der Witwe Bolte wegen gemeinschaftlicher Sachbeschädigung nach §§ 303 Abs. 1, 25 Abs. 2 StGB strafbar gemacht.[104]

2. Jagdwilderei, § 292 StGB

Als »Huhn« sind nur das Rebhuhn, Blässhuhn, Wildtruthuhn und das Alpenschneehuhn jagdbar (§ 1 Abs. 1 S. 1 BJagdG i.V.m. § 2 Abs. 1 BJagdG). Bei den getöteten Hühnern und dem Hahn handelte es sich also nicht um wild lebende Tiere, die dem Jagdrecht unterliegen.[105] Max und Moritz haben deshalb mit der Tötung des Federviehs der Witwe Bolte keine Jagdwilderei begangen.

3. Verstoß gegen § 17 Tierschutzgesetz

Bei der legendären Brotfalle ist ferner ein Verstoß gegen das Tierschutzgesetz (TierSchG) zu prüfen. Nach § 17 Nr. 1 TierSchG wird bestraft, wer ein Wirbeltier »ohne vernünftigen Grund tötet«.[106] Vernünftig ist der verständige und darum beachtliche triftige Grund.[107] Das sogenannte Hähneköppen

104 So im Ergebnis auch Ostendorf, Max und Moritz – Prototypen von Intensivtätern, S. 580; ein an sich zur Strafverfolgung nach §§ 303c, 77 StGB erforderlicher Strafantrag der Witwe Bolte als Eigentümerin des Federviehs ist nicht belegt, aber wegen des besonderen öffentlichen Interesses an der Strafverfolgung der jugendlichen Intensivtäter nach dieser Vorschrift nicht notwendig, da ein Einschreiten von Amts wegen geboten ist.

105 Vgl. zum Katalog bejagbarer Tiere: Schuck, Bundesjagdgesetz, 2. Aufl. 2015, § 2 BJagdG Rn. 16 ff.

106 S. dazu Kant, Kritik der reinen Vernunft, Hamburg 1955, S. 23–189; Caspar, Der vernünftige Grund im Tierschutzgesetz, NuR 1997, 577; s.a. den Übungsfall von Hertel, Von Kanarienvögeln und Schnapsdrosseln, Jura 2011, 391; s. zum Gänsetöten bei der seit dem 16. Jahrhundert bestehenden Tradition des sogenannten Gänsereitens VG Gelsenkirchen, B. v. 04.02.2016, 16 L 221/16.

107 Das Töten von Kaninchen als Kunstaktion ist z. B. kein vernünftiger Grund, vgl. KG Berlin, NStZ 2010, 175.

als Volksbrauch bei Kirchweihfesten fällt anerkanntermaßen nicht darunter, das Abschießen von vier Amseln zum Schutz von Kirschen nach einem Urteil des OLG Stuttgart schon.[108] Soweit im konkreten Fall von Wilhelm Busch die Tötung der Hühner und des Hahns erfolgte, um Witwe Bolte zu ärgern, lag nach dem Tierschutzgesetz ein solcher vernünftiger Grund nicht vor.[109]

Max und Moritz dürften aber von Anfang an bei ihrem Tatplan als Endziel den späteren Verzehr des Geflügels im Auge gehabt haben.[110] Die Tötung von Tieren zu Ernährungszwecken ist als (noch) ungebrochene kulturelle Tradition grundsätzlich ein wirklich vernünftiger Grund im Sinne des § 17 Nr. 1 TierSchG.[111] Die Nutzung von Tieren kommt vor dem Schutz.[112] Dem steht auch Art. 20a GG mit seiner Staatszielbestimmung »Tierschutz« nicht entgegen.[113] Den Stimmen, die aus tierethischen Gründen einen kompletten Verzicht auf Brathühner und Brathähnchen fordern und das Tierschutzgesetz folgerichtig als »Text über das Töten« bezeichnen[114], wird

108 OLG Stuttgart, NuR 1986, 347 – zustimmend Caspar, NuR 1997, 580; zur Tötung von Tauben Schönfelder, Gehn' mer Tauben vergiften im Park? Zum Umgang mit Tauben aus strafrechtlicher Sicht, NuR 2017, 26; s.a. Stucki, Die Nutzung kommt vor dem Schutz – und andere Lehren aus der neuen Küken-Rechtsprechung, RW 2016, 521.

109 Bregenzer, Tierisches Sittlichkeits- und Rechtsgefühl, Separatdruck aus: Deutscher Tierfreund, Jahrgang 1901, Heft 5, Leipzig 1901.

110 Grundlegend zu Tiertötungen Joachimides/Milling/Müllner/Töne (Hrsg.), Opfer Beute Hauptgericht – Tiertötungen im interdisziplinären Diskurs, 2016.

111 Lorz, Kommentar zum Tierschutzgesetz, § 17 TierSchG Rn. 19; Caspar, NuR 1997, 582: »Da die ›Nutztiere‹ ihre Existenz ausschließlich der Nahrungsmittelproduktion verdanken, ist die Dauer ihres Lebens von Anfang an durch eine rationale Zweckbindung überlagert.«; OLG Hamm, NStZ 2016, 488; s. aber Iburg, Mängel des geltenden Tierschutzstrafrechts aus der Sicht der Staatsanwaltschaft, NuR 2010, 395.

112 Stucki, Die Nutzung kommt vor dem Schutz – und andere Lehren aus der neuen Küken-Rechtsprechung, RW 2016, 521.

113 Spranger, ZRP 2000, 285.

114 Vgl. dazu Richard David Precht, Tiere denken. Vom Recht der Tiere und den Grenzen des Menschen, 2. Aufl. 2016, S. 327; s. aber die differenzierte Position von Wilhelm Busch: »(...) das Messer blitzt, die Schweine schrein/man muss sie halt benutzen,/Denn

hier nicht gefolgt.[115] Voraussetzung einer straflosen Tötung eines Tieres zu Ernährungszwecken ist allerdings eine möglichst schmerzlose und fachgerechte Tötung von Tieren (§ 4 Abs. 1 S. 1 TierSchG).[116] Die Tierschutz-Schlachtverordnung macht genaue Vorgaben für Tötungsvorgänge.[117] Bei der von Max und Moritz praktizierten grausamen Tötungsart »Brotfalle« lagen die gesetzlichen Voraussetzungen für eine tierschutzgerechte Schlachtung nicht vor.[118] Allenfalls ein schnelles und vollständiges Abtrennen der Köpfe wäre bei Geflügel tierschutzkonform gewesen. Max und Moritz haben mit ihrer Brotfalle tierschutzwidrig gehandelt.[119] Es wurde gegen § 17 Nr. 2 a) TierSchG verstoßen, weil sie dem Federvieh vor dessen Ableben aus Rohheit erhebliche Schmerzen und Leiden zugefügt haben.

Ergebnis:

Max und Moritz haben sich durch die Brotfalle zulasten von drei Hühnern und einem Hahn gemäß § 17 Nr. 2 a)

jeder denkt: Wozu das Schwein,/wenn wir es nicht verputzen?/Und jeder schmunzelt, jeder nagt/Nach Art der Kannibalen,/Bis man dereinst ›Pfui Teufel!‹ sagt/Zum Schinken aus Westfalen.«

115 Vgl. zu gastronomischen Höchstleistungen bei der Fleischzubereitung: Jörg-Michael Günther, Rechtlicher Spielraum bei Gastronomiebewertungen – zwischen Meinungsfreiheit und Schmähkritik, NJW 2013, 3275.

116 Hirt/Maisack/Moritz, Kommentar zum Tierschutzgesetz, § 17 TierSchG Rn. 11.

117 Verordnung zum Schutz von Tieren im Zusammenhang mit der Schlachtung oder Tötung und zur Durchführung der Verordnung (EG) Nr. 1099/2009 des Rates (Tierschutz-Schlachtverordnung – TierSchlV).

118 Vgl. § 4 Abs. 1 S. 1 TierschG: »Ein Wirbeltier darf nur unter wirksamer Schmerzausschaltung (Betäubung) oder sonst, soweit nach den gegebenen Umständen zumutbar, nur unter Vermeidung von Schmerzen getötet werden.« Für das Schlachten von Geflügel können durch Rechtsverordnung Ausnahmen von der Betäubungspflicht gemacht werden, vgl. § 4b S. 1 Nr. 3 TierSchG.

119 So auch Ostendorf, Max und Moritz – Prototypen von Intensivtätern, S. 580; s. zur Frage der Tierschutzwidrigkeit der Störung des Wohlbefindens eines Wellensittichs bei einer Kunstperformance (Setzen des Wellensittichs in ein Goldfischglas mit Eimasse und anschließende Reinigung verklebter Federn): OLG Frankfurt, NJW 1992, 1639.

TierSchG strafbar gemacht.[120] Witwe Bolte ist als Halterin der Tiere aber nicht Verletzte i.S.d. des § 172 StPO, da ihre menschlichen Interessen (sogenannter anthropozentrischer Tierschutz) nicht durch das Tierschutzgesetz geschützt werden.[121]

C. Die drei zerbrochenen Eier

1. Sachbeschädigung, § 303 StGB

Die drei Hühner der Witwe Bolte legten im Todeskampf am dürren Ast des Apfelbaumes ihre (aller)letzten Eier; die Eier fielen zu Boden.[122] Ob sie beim Aufprall zerstört und damit eine weitere Sachbeschädigung in Betracht kommt, verschweigt Wilhelm Busch seiner Leserschaft. Es muss daher ermittelt werden, was mit den Eiern geschah. Soweit der Hahn solidarisch ein ovales Stückchen Hühnerkot als das ihm einzig mögliche »Ei« legte, ist dies im vorliegenden Kontext für die strafrechtliche Prüfung irrelevant.[123]

Schon die Höhe, aus der die Eier der Hühner auf den Boden fielen, legt die Annahme ihrer Zerstörung nahe.[124] Entschei-

120 Die Ordnungswidrigkeit nach § 18 Abs. 1 Nr. 5 TierschG wegen nicht fachgerechter Tötung eines Wirbeltieres (§ 4 Abs. 1 TierschG) hat neben der Straftat von Max und Moritz nach § 17 Nr. 2 a) TierschG keine besondere Relevanz.

121 OLG Celle, NStZ 2007, 483.

122 Vgl. dazu A. Einstein, Die Relativitätstheorie und ihre praktische Anwendung für den Geflügelzüchter – Chancen und Gefahren, in: Unser Geflügel und Wir, Jahrgang 1953, Heft 11, 5-25; s.a. Barbara Lotze/Dieter P. Lotze, Durchweg lebendig – Wilhelm Busch und die Physik, in: Wilhelm-Buch-Jahrbuch 1985, Hannover 1986, S. 7 ff.; grundlegend Schindler, Die Henne, das Ei und die europäische Kulturordnung, NJW 1996, 1802.

123 Man kann das Abkoten des Hahns im Todeskampf allerdings als Indiz für die Tierquälerei i.S.v. § 17 TierSchG betrachten.

124 A. Einstein, Die Relativitätstheorie und ihre praktische Anwendung für den Geflügelzüchter – Chancen und Gefahren, in: Unser Geflügel und Wir, Jahrgang 1953, Heft 83, 5; s.a. Barbara und Dieter P. Lotze, Durchweg lebendig – Wilhelm Busch und die Phy-

dend ist aber schließlich die naheliegende Erwägung, dass Witwe Bolte unversehrte Eier sicherlich mit ins Haus genommen hätte. Es ist nach einem Urteil des LG Flensburg unter Hinweis auf den von Wilhelm Busch geschilderten Fall gerichtsbekannt, dass Hühner und Hühnereier als Nahrungsmittel dem Verzehr dienen.[125] Jemand, der wie Witwe Bolte optimalen Nutzen aus ihrem Federvieh zog, hätte kulinarisch verwertbare, unbeschädigte Eier nicht einfach im Hof liegen lassen.[126] Es ist daher auch nach der allgemeinen Lebenserfahrung von einer Zerstörung der drei Eier auszugehen.

Die zerstörten Eier waren für Max und Moritz fremde Sachen, da sie als »Früchte« der Hühner (§ 99 Abs. 1 BGB)[127] direkt nach ihrem Austritt (Abflug) aus dem Körper der Tiere nach § 953 BGB in das Eigentum der Witwe Bolte übergingen.[128] Diese Rechtslage spiegelt sich schon in einem alten deutschen

---

sik, in: Wilhelm-Busch-Jahrbuch 1985, Hannover 1986, S. 7- 8; s. ferner Leo Geißbock, Eierlegen in jeder Lage – Hinweise zur Optimierung der Eierproduktion bei der Legehennenhaltung, in: Die Legehenne, Heft 5 2017, S. 28 ff.

125 LG Flensburg, Urt. v. 1. April 1956, 12 Qs 40/56, MDR 1956, 374: zur Frage des Mundraubs beim Diebstahl von drei Hühnern aus einem Hühnerstall – es erfolgte unter Hinweis auf den Witwe-Bolte-Streich ein Freispruch; s. dazu auch die Nordsee-Zeitung vom 9.7.1956 (Schlagzeile: »Max und Moritz entlasten Hühnerdieb – Landgericht entdeckt Wilhelm Busch als Mundraubkommentator«); s. ferner zu dieser Wilhelm-Busch-Entscheidung des LG Flensburg Beaumont, Rechthabereien, 1997, S. 180-183; s.a. die ausführliche Darstellung des Wilhelm-Busch-Urteils des LG Flensburg bei Jörg-Michael Günther, Justitia in Verlegenheit, 1995, S. 14-17; s. zum Eierlegen von Hühnern auch ausführlich BGH, GRUR 1961, 544 – der BGH differenziert dort virtuos zwischen »Legegegacker« von Hühnern und deren allgemeinem Gegacker.

126 *Mancher gibt sich viele Müh*
Mit dem lieben Federvieh;
Einesteils der Eier wegen,
welche diese Vögel legen ...

127 Vgl. Palandt, BGB, § 99 BGB Rn. 2: »Unmittelbare Sachfrüchte sind die Erzeugnisse der Sache, d. h. alle natürlichen Tier- und Bodenprodukte, wie etwa Eier.«

128 § 99 BGB: »Früchte einer Sache sind Erzeugnisse der Sache und die sonstige Ausbeute, welche aus der Sache ihrer Bestimmung gemäß gewonnen wird.«

Rechtssprichwort wider: »Ist die Henne mein, so gehören mir auch die Eier.«[129]

Angesichts des tierisch ungewöhnlichen Kausalverlaufs würden aber Strafverteidiger von Max und Moritz – nicht ganz zu Unrecht – nach der Adäquanztheorie[130] die Frage aufwerfen, ob das Verhalten von Max und Moritz überhaupt ursächlich für die Zerstörung der Eier war. Dem braucht nicht weiter nachgegangen zu werden, da die beiden jedenfalls nicht den Vorsatz zur Zerstörung der Eier hatten. Obwohl Max und Moritz – wie bereits ihre Brotfalle zeigt – mit bemerkenswerter (leider krimineller) Phantasie ausgestattet waren, haben sie das Eierlegen im Todeskampf nicht vorhergesehen.[131] Sie wollten die Hühner töten, nicht deren erst noch zu legende Eier beschädigen.[132]

Ergebnis:

Max und Moritz sind im Hinblick auf die zerstörten drei Eier nicht wegen Sachbeschädigung zu bestrafen.

129 Simrock, Die deutschen Sprichwörter, Nr. 4565.

130 Vgl. dazu Fischer, StGB, vor § 13 StGB Rn. 23; krit. zur Adäquanztheorie Lange, Herrschaft und Verfall der Lehre vom adäquaten Kausalzusammenhang, AcP 156, 114; gegen diese Kritik aber Weitnauer, Zur Lehre vom adäquaten Kausalzusammenhang – Versuch einer Ehrenrettung, Festg. für K. Oftinger, 1969, S. 231 ff.; zum aktuellen Sachstand beim Theorienstreit (Adäquanztheorie/Äquivalenztheorie/Relevanztheorie) vgl. Joecks/Jäger, Studienkommentar StGB, 12. Aufl. 2018, vor § 13 StGB Rn. 23 ff.; s. zur Zerstörung der drei Eier aus versicherungsrechtlicher Sicht Dirk-Carsten Günther, Max & Moritz in der Sachversicherung, VB 4/2010, 123.

131 Ein auch in veterinärmedizinischen und bäuerlichen Fachkreisen weithin unbekanntes Phänomen: vgl. Prof. Friedhelm Jäger, Unterschiedliches Legeverhalten von unter verschiedenen Bedingungen gehaltenen Legehennen, Vortrag auf der 28. Jahrestagung der Europäischen Vereinigung für Geflügelzucht und Eierproduktion, Tagungsband Brüssel/Düsseldorf 2018, S. 111 ff.

132 Dem Ergebnis zustimmend Dirk-Carsten Günther, Max & Moritz in der Sachversicherung, VB 4/2010, 123.

D. Die Trauer der Witwe Bolte um ihr getötetes Federvieh

1. Vorsätzliche Körperverletzung, § 223 StGB

Witwe Bolte brach unter dem Eindruck des gewaltsamen Todes ihres geliebten Federviehs »tiefbetrübt und sorgenschwer« in Tränen aus; immerhin hing der schönste Traum ihres Lebens am Apfelbaum.[133] Die Zerstörung des Lebenstraums könnte sich strafrechtlich als eine von Max und Moritz vorsätzlich begangene Körperverletzung darstellen.[134]

Max und Moritz haben nicht unmittelbar auf den Körper von Witwe Bolte eingewirkt. Allerdings kann eine Gesundheitsbeschädigung auch durch seelische Einwirkungen in strafwürdiger Weise verursacht werden.[135] Dazu müssen diese Einwirkungen zu einer mehr als nur unerheblichen Beeinträchtigung des körperlichen Wohlbefindens beim Opfer geführt haben.[136] Eine solche Beeinträchtigung wird von der Rechtsprechung bei einem Schock, Herzanfall oder Nervenzusammenbruch angenommen.[137] Dann stellt sich auch die Frage der zivilrechtlichen

---

133 *Fließet aus dem Aug, ihr Tränen!*
All mein Hoffen, all mein Sehnen,
Meines Lebens schönster Traum
Hängt an diesem Apfelbaum!

134 Vgl. dazu auch die grundsätzliche Darstellung zu (Lebens-)Träumen durch Sigmund Freud, Die Traumdeutung, Leipzig/Wien 1922 (Erstveröffentlichung 1900) – dazu krit. J. vom Scheidt, Freud und das Kokain – die Selbstversuche als Anstoß zur »Traumdeutung«, München 1973.

135 Fischer, StGB, § 223 StGB Rn. 12; zu zivilrechtlichen Folgen psychischer Gesundheitsverletzungen BGH, JA 2018, 706.

136 S. dazu Joecks/Jäger, Studienkommentar StGB, § 223 StGB Rn. 5-7.

137 OLG Stuttgart, NJW 1959, 831 (Schock, der das Maß kleinerer Unannehmlichkeiten des Lebens übersteigt); LG Aachen, NJW 1950, 759 (Nervenzusammenbruch).

Haftung für solche »Schockschäden«.[138] Der Bundesgerichtshof hat es allerdings 2012 ausdrücklich abgelehnt, bei psychischen Gesundheitsbeeinträchtigungen von Tierhaltern wegen Tötung ihres Tieres einen ersatzfähigen Schockschaden anzunehmen.[139] Die Hundebesitzerin hatte in diesem Fall wegen des Überfahrens ihres 14 Monate alten tierischen Lieblings durch einen Traktor eine schwere depressive Episode erlitten. Dies sei aber nicht mit dem Schock bei Tötung eines geliebten Menschen vergleichbar, meinte das Gericht und lehnte ein Schmerzensgeld ab.[140] Auch die Literatur warnt vor einer Vergeistigung der Körperverletzung.[141] Prof. Peter Müssig hat in seiner zivilrechtlichen Betrachtung des Falles Max und Moritz einen Schock von Witwe Bolte verneint.[142]

Bei Witwe Bolte ist in der Tat äußerst fraglich, ob bei ihr als sogenanntem Sekundäropfer überhaupt eine pathologisch fassbare Gesundheitsbeeinträchtigung vorlag.[143] Schließlich war sie unmittelbar nach der Zerstörung ihres Lebenstraums in

138 Vgl. dazu Müssig, Max und Moritz im Spiegel des Deliktsrechts, DVW 1987, Nr. 6, 27; vgl. zu Schockschäden für die vorübergehende Besitzentziehung von Hunden OLG Hamm, NJW-RR 2016, 91 (Sorge um Wohlergehen der eigenen Tiere gehört zum allgemeinen Lebensrisiko).

139 BGH, Urt. v. 20.3.2012, VI ZR 114/11, JR 2013, 77 (14 Monate alter Hund wurde bei Spaziergang mit Halterin vom Traktor überrollt); KreisG Cottbus, NJW-RR 1994, 804 (Kein Schmerzensgeld beim Schock wegen Todes des eigenen Hundes durch Bisse fremden Hundes – der Hund ist kein Angehöriger); s.a. die Übungsklausur von Gaul/Haseloff/Zapf, »Ende eines Hundelebens«, JA 2011, 672; Obergfell, Tiere als Mitgeschöpfe im Zivilrecht. Zwischen Rechtsobjektivität und Schadensregulierung, RW 2016, 388; allgemein zu Schockschäden BSG, B. v. 25.09.2017, B 9 V 30/17 B; zu Schockschäden durch Personalgespräche Jörg-Michael Günther, ZBR 2015, 404.

140 S. zu Schmerzensgeldfragen Arntz, Das Schmerzensgeld im Lichte der empirischen Glücksforschung, NJW 2017, 3329.

141 Ruppert, Zur Vergeistigung der Körperverletzung – Schutz der Psyche auf Grundlage eines uferlosen Körperverletzungstatbestandes? JR 2016, 686; s.a. Sowada, Die Zurechenbarkeit von Schockschäden im Strafrecht, Festschrift für Beulke 2015, 283.

142 Müssig, Max und Moritz im Spiegel des Deliktsrechts, DVW 1987, Nr. 6, 27.

143 Zurückhaltend bei Körperverletzungen durch psychische Einwirkungen ist der BGH, NStZ 1997, 123.

der Lage, »die Toten von den Strängen zu nehmen«. Sie dachte sogar alsbald an eine sachgerechte Verwertung des Federviehs durch Verzehr. Der Appetit und die Denkfähigkeit der Witwe Bolte hatten also genauso wenig wie ihre praktischen Fertigkeiten gelitten.[144] Sie konnte in ihrer Trauerphase sogar sehr zeitnah ihre auf tierquälerische Weise verstorbenen Tiere geschickt bratfertig machen und sich ohne erkennbare Mühen in den Keller begeben, um sich zur Erhöhung des kulinarischen Genusses eine Portion Sauerkohl als Beilage zu holen. Angesichts dieser Umstände, die z. B. gegen eine posttraumatische Belastungsstörung sprechen, wird man nicht sagen können, dass der (nachvollziehbare) Kummer der Witwe Bolte Krankheitswert hatte.[145] Psychopathologische Ausfälle von einiger Dauer sind schließlich bei Witwe Bolte nicht erkennbar.[146] Diese Einschätzung wird auch in der zivilrechtlichen Fachliteratur zum Fall Max und Moritz geteilt. Im Zusammenhang mit der Trauer der Witwe Bolte wird eine unerlaubte Handlung nach § 823 Abs. 1 BGB verneint.[147] Müssig verweist in einem umfassenden Gutachten mit Recht zusätzlich auch auf die Eingangszeilen des zweiten Streiches, wo davon die Rede ist, dass sich »die gute Witwe Bolte (…) von ihrem Schmerz erholte«.[148] Witwe Boltes seelisches Wohlbefinden nach dem Tod ihres Geflügels war also nur kurzfristig gestört. Eine relevante Körperverletzung ist bei ihr nicht eingetreten.

---

144 Man denke im Quervergleich nur an den Fall BGH, VersR 2015, 590 (Schock nach schwerem Unfall des eigenen Kindes mit langjähriger Essstörung); Müssig, Max und Moritz im Spiegel des Deliktsrechts, DVW 1987, Nr. 6, 27–28.

145 Ebenso H. Hippokrates, Max & Moritz als Patienten, S. 29 ff.

146 S. in dem Kontext auch Schmitt, Neue Erkenntnisse der Psycho-Traumatologie 2004, 49 (Mainzer Schriften zur Situation von Kriminalitätsopfern, Band 37).

147 Müssig, Max und Moritz im Spiegel des Deliktsrechts, DVW 1987, Nr. 6, 27; s. zu Schockschäden bei Tierhaltern wegen Tötung oder Verletzung ihres Tieres OLG Hamm, NJW-RR 2016, 91; Gaul/Haeloff/Zapf, »Ende eines Hundelebens«, JA 2011, 672.

148 A.a.O.

Ergebnis:

Max und Moritz sind für die Trauer der Witwe Bolte um ihr totes Federvieh strafrechtlich nicht zur Verantwortung zu ziehen. Sie haben keine Körperverletzung der Tierhalterin begangen.[149]

E. Strafrechtliches Gesamtergebnis des ersten Streiches

Max und Moritz haben einen Hausfriedensbruch, eine Sachbeschädigung und eine Tierquälerei begangen.[150] Da mehrere Straftaten zusammentreffen, stellt sich die Frage, in welchem Verhältnis sie zueinander stehen (sogenannte Konkurrenz).[151] Max und Moritz quälten und töteten die Hühner und den Hahn durch ein und dieselbe Handlung (Brotfalle für vier Tiere). Da sie zu deren Vornahme notwendig das Grundstück der Witwe Bolte betreten mussten, ist in Bezug auf alle drei Taten Idealkonkurrenz im Sinne des § 52 Abs. 1 Var. 1 StGB anzunehmen.[152] Es wird nur auf eine Strafe erkannt.

149 Mangels Körperverletzung der Witwe Bolte scheidet auch eine fahrlässige Tat von Max und Moritz nach § 230 StGB aus.

150 Der Umstand, dass insgesamt vier Tiere misshandelt und getötet wurden, führt nicht zur Annahme von vier Sachbeschädigungen bzw. Tierquälereien; da es sich bei den Tieren nicht um höchstpersönliche Rechtsgüter handelt, findet insoweit schon auf der Ebene der Gesetzeskonkurrenz eine Zusammenfassung der Taten zu einer Sachbeschädigung bzw. einer Tierquälerei statt, vgl. Frister, Strafrecht AT, Kap. 31, Rn. 26 f.

151 § 52 StGB Tateinheit: »Verletzt dieselbe Handlung mehrere Strafgesetze oder dasselbe Strafgesetz mehrmals, so wird nur auf eine Strafe erkannt.« S. dazu auch Kühl, Das leidige Thema der Konkurrenzen, JA 1978, 475.

152 Dazu näher Puppe, Die Lehre von der Tateinheit, JuS 2017, 503; die Annahme von Tatmehrheit in Bezug auf den Hausfriedensbruch ist auch vertretbar, vgl. BGHSt. 18, 32; Fischer, StGB, § 123 StGB Rn. 45.

Zweiter Streich

Als die gute Witwe Bolte
sich von ihrem Schmerz erholte,
dachte sie so hin und her,
dass es wohl das Beste wär,
die Verstorb'nen, die hienieden
schon so frühe abgeschieden,
ganz im Stillen und in Ehren
gut gebraten zu verzehren. –
– Freilich war die Trauer groß,
als sie nun so nackt und bloß
abgerupft am Herde lagen,
sie, die einst in schönen Tagen
bald im Hofe, bald im Garten
lebensfroh im Sande scharrten. –

Ach, Frau Bolte weint aufs Neu,
und der Spitz steht auch dabei.

Max und Moritz rochen dieses;
»Schnell aufs Dach gekrochen!«, hieß es.

Durch den Schornstein mit Vergnügen
sehen sie die Hühner liegen,

die schon ohne Kopf und Gurgeln
lieblich in der Pfanne schmurgeln. –

Eben geht mit einem Teller
Witwe Bolte in den Keller,
dass sie von dem Sauerkohle
eine Portion sich hole,
wofür sie besonders schwärmt,
wenn er wieder aufgewärmt. –

– Unterdessen auf dem Dache
ist man tätig bei der Sache.
Max hat schon mit Vorbedacht
eine Angel mitgebracht. –
Schnupdiwup! Da wird nach oben
schon ein Huhn heraufgehoben.
Schnupdiwup! Jetzt Num'ro zwei;
Schnupdiwup! Jetzt Num'ro drei;
und jetzt kommt noch Num'ro vier:
Schnupdiwup! Dich haben wir!! –
Zwar der Spitz sah es genau
und er bellt: Rawau! Rawau!

Aber schon sind sie ganz munter
fort und von dem Dach herunter. –

– Na! Das wird Spektakel geben,
denn Frau Bolte kommt soeben;
angewurzelt stand sie da,
als sie nach der Pfanne sah.

Alle Hühner waren fort –
»Spitz!!« – das war ihr erstes Wort. –

»Oh, du Spitz, du Ungetüm!!
Aber wart! Ich komme ihm!!!«
Mit dem Löffel, groß und schwer,
geht es über Spitzen her;

laut ertönt sein Wehgeschrei,
denn er fühlt sich schuldenfrei. –

– Max und Moritz im Verstecke,
schnarchen aber an der Hecke,
und vom ganzen Hühnerschmaus
guckt nur noch ein Bein heraus.

Dieses war der zweite Streich,
doch der dritte folgt sogleich.

Der zweite Streich

A. Das Angeln und Verspeisen der gebratenen Hühner und des gebratenen Hahns der Witwe Bolte

1. Diebstahl, § 242 StGB

Max und Moritz könnten sich durch das Angeln und Verspeisen[153] des gebratenen Federviehs eines gemeinschaftlichen Diebstahls schuldig gemacht haben.[154] Das Herausangeln der Tiere aus der Küche durch den Schornstein müsste dann strafrechtlich als Wegnahme fremder Sachen zu werten sein. Unter einer Wegnahme versteht man den Bruch fremden und Begründung neuen, nicht notwendig tätereigenen Gewahrsams.[155] Das gebratene Geflügel schmurgelte lieblich in einer Pfanne auf dem Herd der Witwe Bolte und unterstand damit ihrer tatsächlichen Sachherrschaft. Als Max und Moritz die Hühner und den Hahn heimlich aus dem Schornstein herausangelten, haben sie diesen – für sie fremden – Gewahrsam unberechtigt aufgehoben, also gebrochen.[156] Neuen Gewahrsam haben sie spätestens begründet, als sie das gebratene Geflügel in ihrem

153 »Alles, was sich regt und lebt, das sei eure Speise, wie das grüne Kraut habe ich's euch alles gegeben.« Genesis 9,3.

154 § 242 StGB Diebstahl: »Wer eine fremde bewegliche Sache einem anderen in der Absicht wegnimmt, dieselbe sich rechtswidrig zuzueignen, wird mit Freiheitsstrafe bis zu fünf Jahren oder mit Geldstrafe bestraft.«

155 Vgl. dazu den Gänsebuchtfall des Reichsgerichts, RGSt. 48, 58: »Wegnahme liegt vor, wenn ein Täter die in einer fremden Gänsebucht befindlichen und einem anderen gehörenden Gänse heraustreibt.« Fischer, StGB, § 242 StGB Rn. 10.

156 BGH, MDR 1955, 145; einen erfolgreichen Gewahrsamsbruch wird man spätestens annehmen können, als die Lausbuben unbemerkt das Grundstück unter Mitnahme ihrer Beute verließen.

Versteck hinter der Hecke genüsslich verspeisten.[157] Jedenfalls im Augenblick des Verzehrs wurde Witwe Bolte als Gewahrsamsinhaberin von jedem weiteren Einfluss auf ihr gebratenes Federvieh ausgeschlossen.[158] Max und Moritz handelten dabei auch vorsätzlich und mit der für einen Diebstahl erforderlichen Zueignungsabsicht, weil jeder von ihnen die gebratenen Tiere – genau wie eigentlich die Eigentümerin Bolte – verspeisen wollte.[159] Ihr Handeln war nicht gerechtfertigt. Max und Moritz haben zudem schuldhaft gehandelt. Dass sich die Erlangung von Brathähnchen zum sofortigen Verzehr mildernd auszuwirken hat, ist vom Bundesgerichtshof entschieden.[160]

Wenn es um geringwertige Sachen ginge, wäre nach § 248a StGB ein Strafantrag der Witwe Bolte notwendig. Bei einem (lebenden) Huhn im Wert von damals 5 DM hat der Bundesgerichtshof 1954 Geringwertigkeit angenommen, obwohl damals breite Kreise der Bevölkerung nicht in der Lage waren, »sich den Luxus eines Huhns zu leisten«.[161] Die Grenze der Geringwertigkeit liegt heute bei etwa 25 Euro.[162] Teilweise werden 50 Euro

---

157 Nach der Rechtsprechung erlangt man nämlich spätestens mit der physischen Einverleibung von Lebensmitteln Gewahrsam an ihnen, vgl. OLG Köln, NJW 1986, 392 (Schnapsfall).

158 OLG Köln, NJW 1986, 392 (Schnapsfall): »In dem Augenblick des Schnapstrinkens wurde der bisherige Gewahrsamsinhaber von jedem Einfluss auf diesen Teil seiner Ware ausgeschlossen. In jenem Moment war dieser Teil der Ware nach der Lebensauffassung eindeutig der Herrschaftssphäre des Täters zuzuordnen.«

159 Vgl. zur Zueignungsabsicht beim Diebstahl BGH, NStZ 1981, 63.

160 Vgl. BGH, NStZ-RR 1996, 133: »Unter Zugrundelegung dieser Maßstäbe ist die Annahme eines minder schweren Falls im Sinne des § 316a Abs. 1 Satz 2 2. Halbs. StGB nicht zu beanstanden (...) Zutreffend wertet das Landgericht auch, dass mit der Tat lediglich die Erlangung einiger Brathähnchen zum sofortigen Verzehr erstrebt und die dabei von dem Angeklagten T. angewendete Gewalt nicht übermäßig war.«

161 BGH Strafs. bei Dallinger, MDR 1954, 336 (Huhnfall): »Ein Huhn im Wert von 5 DM ist ein Gegenstand von geringem und unbedeutendem Wert.«

162 Für einen höheren Wert OLG Frankfurt, Beschl. v. 28.10.2016, 1 Ss 80/16 (50 Euro) – s. dazu Schulz-Merkel, Grenze der Geringwertigkeit einer Sache, juris-PR-StrafR 2/2017 Anm. 5; Henseler, StV 2007, 323: 50 Euro.

angenommen.[163] Preise für gebratene Hühner sind dem Autor nicht bekannt. Legt man für die gebratenen Hühner als Verkehrswert die gerichtsbekannten Preise für gebratene Hähnchen zugrunde, wie sie in Grillstuben durchschnittlich verlangt werden, wird bei dem gestohlenen gebratenen Federvieh der Witwe Bolte selbst der niedrigere Grenzwert für Geringwertigkeit nicht überschritten.[164] Die speziellen Affektionsinteressen der Witwe Bolte, die sich tierisch auf den kulinarischen Höhepunkt des Tages freute, haben nach dem erklärten Willen des Gesetzgebers bei der Geringwertigkeitsfrage außer Betracht zu bleiben.[165] Ein wegen der Geringwertigkeit des Diebstahlguts notwendiger Strafantrag der Bolte ist nicht aktenkundig.[166] Es liegt aber bei den Intensivtätern Max und Moritz ein besonderes öffentliches Interesse an der Strafverfolgung vor, so dass ein Einschreiten von Amts wegen geboten ist. In solchen Fällen ist nach § 248a StGB ausnahmsweise kein Strafantrag notwendig.[167]

Ergebnis:

Max und Moritz haben sich durch das Angeln und Verspeisen des gebratenen Federviehs der Witwe Bolte des gemeinschaftlichen Diebstahls nach §§ 242, 25 Abs. 2

163 OLG Frankfurt, Beschl. v. 28.10.2016, 1 Ss 80/16.

164 Anderer Meinung Honig, NJW 2009, 736: »(…) der an seine Stelle getretene § 248a StGB mit dem Erfordernis eines Strafantrags scheidet auch hier aus, da man vier lecker gebratene Hühner wohl nicht mehr als ›geringwertige Sache‹ bezeichnen kann.«

165 Bundestags-Drucksache 7/1261, 27; s. zu kulinarischen Höhe- und Tiefpunkten meine Darstellung in der NJW 2013, 3275 (Rechtlicher Spielraum bei Gastronomiebewertungen – zwischen Meinungsfreiheit und Schmähkritik).

166 Bolte ging von einer Täterschaft des Spitz aus und hat den »Diebstahl« folgerichtig nicht angezeigt.

167 § 248a StGB: »Der Diebstahl und die Unterschlagung geringwertiger Sachen werden in den Fällen der §§ 242 und 246 nur auf Antrag verfolgt, es sei denn, dass die Strafverfolgungsbehörde wegen des besonderen öffentlichen Interesses an der Strafverfolgung ein Einschreiten von Amts wegen für geboten hält.« Vgl. OLG Frankfurt, Beschl. v. 28.10.2016, 1 Ss 80/16; vgl. zur Geringwertigkeit auch die hochwertigen Ausführungen von Kudlich/Noltensmeier/Schuhr, Die Behandlung geringwertiger Tatobjekte im Strafrecht, JA 2010, 342.

StGB schuldig gemacht.[168] Eine Einziehung des Tatertrags bei den Tätern (§ 73 Abs. 1 StGB) scheidet wegen des Verzehrs des Diebesgutes aus.[169] Straftaten dürfen sich aber nicht lohnen.[170] § 73c StGB sieht deshalb vor, dass dann das zuständige Gericht die Einziehung des Wertes der Taterträge (Verkehrswert des gestohlenen gebratenen Federviehs der Witwe Bolte) anordnet. Die Vorschrift zur Gewinnabschöpfung gilt auch bei der Anwendung von Jugendstrafrecht.[171] Allerdings wird das Jugendgericht wegen der Geringwertigkeit des Diebesgutes von der prozessualen Möglichkeit Gebrauch machen, bei solcher Kleinkriminalität von der Vermögensabschöpfung abzusehen (vgl. § 421 Abs. 1 Nr. 1 StPO).[172] Die von Max und Moritz verwendete Angel ist hingegen als Tatmittel nach § 74 Abs. 1 StGB einzuziehen.[173] Da die Einziehung solcher »instrumenta sceleris« (Werkzeuge des Verbrechens) Strafcharakter hat, ist sie im Rahmen der Strafzumessung mit zu berücksichtigen.[174]

2. Wohnungseinbruchdiebstahl, §§ 242, 244 Abs. 1 Nr. 3, Abs. 4 StGB

Eine juristische Delikatesse liegt in der Frage, ob das Herausangeln der gebratenen Tiere aus Witwe Boltes Haus sogar als Wohnungseinbruchdiebstahl im Sinne des § 244 Abs. 1 Nr. 3

168 Simrock, Die deutschen Sprichwörter, Sprichwort Nr. 1577: »Wer einmal stiehlt, heißt allzeit Dieb.« Ebenso Sauerbeck, Max und Moritz für die Schule, S. 36.

169 Krit. zur Rechtslage: Bohne/Boxleitner, Eins vor und zwei zurück. Wie das deutsche Recht Straftätern weiterhin die Tatbeute belässt, NStZ 2007, 552.

170 Köhler, Die Reform der strafrechtlichen Vermögensabschöpfung, NStZ 2017, 498.

171 BGH, NJW 2010, 3106; BGH, NStZ 2000, 609; vor einer Einziehung muss ein gerichtlicher Hinweis erfolgen, vgl. OLG Koblenz, NJW 2018, 2505.

172 Bei § 421 StPO liegt die Wertgrenze bei 30 Euro, vgl. Meyer-Goßner/Schmitt, § 421 StPO Rn. 4.

173 Es wird davon ausgegangen, dass die mitgebrachte Angel Max und Moritz gehörte.

174 Vgl. dazu Fischer, § 73 StGB Rn. 5 ff.; s. auch BGH, NStZ-RR 2018, 241 und BGH, NStZ 2018, 526.

StGB zu qualifizieren ist.[175] Hiernach wird ein Täter, der zum Zwecke des Diebstahls in eine Wohnung einbricht oder einsteigt, schärfer bestraft.[176] Hintergrund ist der Umstand, dass das Eindringen eines Diebes in den Kernbereich des Privatlebens einen besonderen Unwert hat. Unproblematisch stellt ein Einfamilienhaus wie das von Witwe Bolte strafrechtlich eine »Wohnung« dar.[177] Um darin einzusteigen, muss der Täter jedoch mit einem großen Teil seines Körpers in den geschützten Raum eindringen. Ein Hineinlangen ist demgegenüber noch kein »Einsteigen«.[178]

Max und Moritz angelten das gebratene Geflügel durch den Schornstein der Küche heraus, ohne mit einem größeren Teil ihres Körpers überhaupt auch nur in den Schornstein einzudringen. Die Beurteilung ihrer Tat als Wohnungseinbruchdiebstahl – einem Verbrechen (vgl. § 244 Abs. 4, § 12 Abs. 1 StGB) – lässt sich daher nicht begründen. Die einschlägige Rechtsprechung zu vergleichbaren »Anglerfällen« bestätigt das Ergebnis.[179] Ein wirklicher Zugang zu dem Wohnraum der Witwe Bolte und ein Eindringen in ihre häusliche Privatsphäre

175 § 243 StGB wird grundsätzlich durch § 244 StGB verdrängt, vgl. Fischer, StGB, § 244 StGB Rn. 64; vgl. in dem Kontext grundlegend Furtner, Der schwere, besonders schwere und minder schwere Fall im Strafrecht, JR 1969, 11 ff.

176 § 244 StGB Diebstahl mit Waffen; Bandendiebstahl; Wohnungseinbruchdiebstahl: »Mit Freiheitsstrafe von sechs Monaten bis zu zehn Jahren wird bestraft, wer (...) 3. Einen Diebstahl begeht, bei dem er zur Ausführung der Tat in eine Wohnung einbricht, einsteigt (...).« Vgl. dazu Mitsch, Strafrechtsverschärfung bei Wohnungseinbruchsdiebstahl, KriPoZ 2017, 21; ders., Besorgter Brief an einen künftigen Wohnungseinbrecher, KriPoZ 2017, 180.

177 BT-Drs. 18/12359, 7.

178 BGHSt. 10, 132 (Schuppenfall); BayObLG, JZ 1973, 324 (Reifenanglerfall); RGSt. 4, 175; Dirk-Carsten Günther, Max & Moritz in der Sachversicherung, VB 4/2010, 123 f.

179 BayObLG, JZ 1973, 324 (Reifenanglerfall): »Bei der gegebenen Sachlage, bei der die Täter die zu stehlende Sache nur ›herausangeln‹, selbst aber außerhalb des Raumes bleiben wollten, liegen diese Voraussetzungen (des Einsteigediebstahls; Anmerkung des Autors) nicht vor.« BGH, NJW 1968, 1887 (Radio-Angel-Fall).

sind mit dem Angeln eben nicht erfolgt.[180] Der Fall ähnelt einem »Angel-Fall« des Bundesgerichtshofs aus dem Jahr 1968, wo sich ein Täter von einem Fenster aus mit einer Drahtschlinge in ein Ladenlokal gebeugt hatte, um sich ein Radio zu angeln.[181] Das Gericht verneinte seinerzeit einen Einsteigediebstahl.[182] Zum gleichen Ergebnis kommt man hier: Max und Moritz sind der Witwe Bolte nur auf das Dach gestiegen, nicht aber bei ihr *ein*gestiegen.[183]

Ergebnis:

Max und Moritz haben sich durch das Angeln und Verspeisen des gebratenen Federviehs der Witwe Bolte nicht wegen Wohnungseinbruchdiebstahls nach §§ 242, 244 Abs. 1 Nr. 3, Abs. 4 StGB strafbar gemacht.

3. Diebstahl mit Waffen oder anderen gefährlichen Werkzeugen, §§ 242, 244 Abs. 1 Nr. 1 a) StGB

Da Max und Moritz bei ihrer Tat eine Angel mitführten, ist zu prüfen, ob sie einen Diebstahl mit »Waffen oder anderen gefährlichen Werkzeugen« begangen haben. Eine »Waffe« hat den primären Zweck, im Wege des Angriffs oder der Verteidigung zur Bekämpfung anderer Menschen eingesetzt zu werden, und muss der Art nach objektiv zur Verursachung schwerwiegender Verletzungen bestimmt sein.[184] Eine Angel hat diesen Zweck allenfalls bezogen auf Fische, ist also keine »Waffe« im

180 Vgl. auch den Fall BayObLG, JZ 1973, 324.

181 BGH, NJW 1968, 1887 (Radio-Angel-Fall).

182 A.a.O.

183 Dem Ergebnis ausdrücklich zustimmend Dirk-Carsten Günther, Max & Moritz in der Sachversicherung, VB 4/2010, 124.

184 BVerfG, NJW 2008, 3627; Fischer, StGB, § 244 StGB Rn. 8; Studierende der Rechtswissenschaften sollten unbedingt den Meinungsstreit um den »Waffenbegriff« in § 244 StGB kennen, vgl. dazu Krüger/Ströhlein, JA 2018, 401; s. zur Frage, ob ein Schlüssel ein gefährliches Werkzeug ist, BGH, Urt. v. 12.07.2017, 2 StR 160/16.

Strafrechtssinne.[185] Eine Angel kann aber wie ein Stock als Schlag- oder Stoßwerkzeug – auch peitschenartig – verwendet werden und ernsthafte Verletzungen verursachen.[186] Eine solche konkret gefährliche Verwendung der Angel lag aber Max und Moritz fern. Sie wollten die Angel nur zum Angeln von gebratenem Geflügel verwenden und nicht außerdem als gebrauchsbereite Waffe bei sich führen. In solchen Fällen liegt kein Diebstahl mit einem gefährlichen Werkzeug vor.[187]

Ergebnis:

Max und Moritz haben trotz der Mitnahme einer Angel keinen Diebstahl mit Waffen oder anderen gefährlichen Werkzeugen im Sinne von §§ 242, 244 Abs. 1 Nr. 1 a) StGB begangen.

4. Bandendiebstahl, §§ 242, 244 Abs. 1 Nr. 2 StGB

Max und Moritz könnten sich jedoch eines Bandendiebstahls gemäß §§ 242, 244 Abs. 1 Nr. 2 StGB schuldig gemacht haben. Im Hinblick darauf, dass die beiden neben dem Diebstahl des gebratenen Geflügels beim sechsten Streich süße Zuckersachen beim Bäcker entwenden wollten[188], könnten sie nach § 244 Abs.

185 Sonst wäre ein Angler »Waffenträger«.

186 S. zu einem Besenstiel BGH, NStZ-RR 1999, 135; die Expertise des Autors ergibt sich daraus, dass er Schwarzgurtträger in der koreanischen Waffenkunst »Hanguldo« ist.

187 Vgl. KG, StraFo 2016, 123, wonach der Täter des § 244 Abs. 1 Nr. 1a) StGB bei Tatbegehung das aktuelle Bewusstsein darüber haben muss, ein funktionsbereites, gefährliches Werkzeug zur Verfügung zu haben, das geeignet ist, erhebliche Verletzungen zu verursachen, sogenanntes »parates Wissen«; vgl. auch Fischer, StGB, § 244 StGB Rn. 24 a. E. und die dortigen Beispiele keiner gefährlichen Werkzeuge: »Beil beim Tannenbaum-Diebstahl; Bolzenschneider beim Fahrraddiebstahl«; zum Ganzen: Krüger/Ströhlein, JA 2018, 14; s.a. Eisele, Strafrecht BT: Beisichführen eines gefährlichen Werkzeugs, JuS 2017, 369; Magnus, JR 2018, 437; § 244 Abs. 1 Nr. 1b) StGB scheidet mangels Vorsatzes von Max und Moritz aus.

188 Sechster Streich:
Doch der Bäcker, mit Bedacht,
hat das Backhaus zugemacht.
Also, will hier einer stehlen,
muss er durch den Schlot sich quälen.

1 Nr. 2 StGB eine Bande zur Begehung von fortgesetzten Diebstählen gebildet haben. Dann müssten sie die Absicht zur Begehung wiederholter Diebstähle freilich schon bei ihrem zweiten Streich gefasst haben. Ob dies der Fall und ihnen nachzuweisen ist, kann indes auf sich beruhen, wenn eine Strafbarkeit wegen Bandendiebstahls schon an der Bandeneigenschaft scheitert. Zur Annahme einer »Bande« reichte früher eine Verbindung von zwei Personen (»Zweierbande«).[189] Der Bundesgerichtshof hat aber 2001 seine Rechtsprechung geändert und den Bandenbegriff neu interpretiert.[190] Die Mindestzahl der Bandenmitglieder wurde auf drei erhöht, womit Zweipersonenverhältnisse wie bei Max und Moritz aus dem Anwendungsbereich der Bandendelikte herausfallen.[191]

Ergebnis:

Max und Moritz haben keinen Bandendiebstahl nach § 244 Abs. 1 Nr. 2 StGB begangen.[192]

5. Unterschlagung, § 246 StGB

Der Verzehr der Hühner und des Hahns sind nach herrschender Meinung in der Literatur außerdem eine Unterschlagung, die aber als mitbestrafte Nachtat neben dem Diebstahl nicht gesondert zum Ansatz kommt.[193] Der Bundesgerichtshof hält

189 Dessecker, Zur Konkretisierung des Bandenbegriffs im Strafrecht, NStZ 2009, 184; BGH, NStZ 2005, 230.

190 BGH, Beschl. v. 22.3.2001, GSSt 1/00; Erb, Die Neuinterpretation des Bandenbegriffs und des Mitwirkungserfordernisses beim Bandendiebstahl – Eine Besprechung von BGH, Beschluss vom 22.3.2001 – GSSt 1/00, NStZ 2001, 561; vgl. dazu Dessecker, NStZ 2009, 184; die Bandeneigenschaft ist darüber hinaus ein besonderes persönliches Merkmal i.S.d. § 28 Abs. 2 StGB.

191 Ständige Rechtsprechung, vgl. BGH, NStZ 2005, 230; Fischer, StGB, § 244 StGB Rn. 34.

192 Vgl. zur Frage, ob Max und Moritz eine kriminelle Vereinigung nach § 129 StGB gebildet haben, die folgenden Prüfergebnisse unter Punkt 9.

193 Mitsch, JuS 1998, 312 (sogenannte Konkurrenzlösung); s.a. Joecks/Jäger, Studienkommentar StGB, § 246 StGB Rn. 31–33.

eine Unterschlagung von vornherein nicht für möglich, wenn Täter wie Max und Moritz an den Tatobjekten bereits zuvor auf strafbare Weise Eigenbesitz begründet haben (sogenannte Tatbestandslösung).[194]

Ergebnis:

Eine (zusätzliche) Bestrafung von Max und Moritz wegen Unterschlagung der geflügelten Leibspeisen der Witwe Bolte scheidet aus.

6. Sachbeschädigung, § 303 StGB

Der bestimmungsgemäße Verbrauch von Sachen – wie hier der Verzehr von tierischen Lebensmitteln – ist keine Sachbeschädigung.[195]

Ergebnis:

Der Hühnerschmaus ist keine strafbare Sachbeschädigung.

7. Hehlerei, § 259 StGB

Eine Strafbarkeit wegen Hehlerei gemäß § 259 StGB scheidet bei täterschaftlicher Beteiligung an der Vortat aus. Mit anderen Worten: Der Stehler ist kein Hehler.[196]

8. Hausfriedensbruch, § 123 StGB

Zur Verwirklichung ihrer kriminellen Pläne sind die beiden Lausbuben der Witwe Bolte auf das Dach gestiegen. Sie haben damit den schon im ersten Streich begangenen Hausfriedensbruch aufgrund eines neuen Tatentschlusses fortgesetzt.

194 BGHSt. 14, 38.

195 Fischer, StGB, § 303 StGB Rn. 12a.

196 BGHSt. 7, 135; BGHSt. 8, 392; s. in dem Kontext Oellers, »Der Hehler ist schlimmer als der Stehler«, GA 1967, 6; s.a. Weiß, Die Hehler, KriminalAbh. 1930, Heft 13, S. 23.

Ergebnis:

Max und Moritz haben einen Hausfriedensbruch begangen, 123 Abs. 1 StGB.[197]

9. Bildung einer kriminellen Vereinigung, § 129 StGB

Wie schon im zweiten Streich erkennbar wird, war das ganze Verhalten von Max und Moritz auf die gemeinsame Begehung von Straftaten gerichtet. Sie bildeten aber trotzdem keine kriminelle Vereinigung nach § 129 StGB. Kennzeichen einer solchen »Vereinigung« ist nämlich nach dem Wortlaut von § 129 Abs. 2 StGB der Zusammenschluss von mindestens drei Personen.[198]

Ergebnis:

Max und Moritz bildeten keine kriminelle Vereinigung nach § 129 StGB.

197 Anderer Ansicht ist Ostendorf, Max und Moritz – Prototypen von Intensivtätern, S. 581: »Für einen Hausfriedensbruch gibt die Geschichte des zweiten Streiches keine hinreichenden Hinweise.«

198 S. die Definition einer kriminellen Vereinigung in § 129 Abs. 2 StGB: »Eine Vereinigung ist ein auf längere Dauer angelegter, von einer Festlegung von Rollen der Mitglieder, der Kontinuität der Mitgliedschaft und der Ausprägung der Struktur unabhängiger organisierter Zusammenschluss von mehr als zwei Personen zur Verfolgung eines übergeordneten gemeinsamen Interesses.«

B. Die von Witwe Bolte praktizierte Prügelstrafe für Spitz

I. Strafbarkeit der Witwe Bolte

1. Sachbeschädigung, § 303 StGB

Indem Witwe Bolte mit einem großen und schweren Löffel auf Spitz einschlug, könnte sie sich zunächst wegen Sachbeschädigung gemäß § 303 Abs. 1 StGB strafbar gemacht haben. Die Vorschrift stellt indes nur die Beschädigung »fremder« Sachen unter Strafe. Spitz stand jedoch im Eigentum der Witwe Bolte, so dass sie ihren eigenen Hund – vorbehaltlich des Tierschutzrechts – beschädigen durfte, wie sie wollte.[199] Eine strafbare Sachbeschädigung ihres Hundes scheidet aus.

Ergebnis:

Witwe Bolte hat sich durch das Prügeln ihres Hundes Spitz keiner Sachbeschädigung nach § 303 Abs. 1 StGB schuldig gemacht.

2. Verstoß gegen das Tierschutzgesetz, § 17 TierSchG

Allerdings könnte Witwe Bolte, indem sie auf die von Wilhelm Busch geschilderte Weise wutentbrannt auf Spitz einschlug, sich nach § 17 Abs. 2 Nr. 2 a) TierSchG strafbar gemacht ha-

199 Krit. dazu aber Spitaler, Wie können wir das Elend von Kettenhunden lindern? Recht der Tiere. Heft 1/2 1996, S. 8; Brehm, Dein Hund im Recht, Diss. Bonn 2018, S. 523 ff.; Müssig hat nachgewiesen, dass der unschuldig in Verdacht geratene Spitz gegen die ihn vertrimmende Witwe Bolte keine Rechte aus unerlaubter Handlung geltend machen kann – er sei »nicht Träger der in § 823 I BGB bezeichneten Rechte bzw. Rechtsgüter, er ist nicht ›anderer‹ i.S.d. § 823 I BGB, d. h. kein Ersatzberechtigter«, vgl. Müssig, DVW 6/1987, 28; eine Bestrafung von Witwe Bolte wegen falscher Verdächtigung des Spitz als »Dieb« der gebratenen tierischen Speisen scheidet schließlich schon deshalb aus, weil § 164 StGB nur Menschen schützt.

ben.[200] Danach wird mit Freiheitsstrafe bis zu drei Jahren oder Geldstrafe bestraft, »wer einem Wirbeltier aus Rohheit erhebliche Schmerzen oder Leiden zufügt«.

Spitz ist von Witwe Bolte mit den Schlägen des schweren Löffels physisch und psychisch (»laut ertönt sein Wehgeschrei,/ denn er fühlt sich schuldenfrei«) erheblich misshandelt worden.[201] Problematisch ist die Frage, ob die Bolte »aus Rohheit« gehandelt hat. Immerhin bestand nach den äußeren Tatumständen gegen Spitz der dringende Verdacht, mit tierischem Vergnügen unerlaubt die gebratenen Hühner und den gebratenen Hahn verzehrt zu haben.

Roh ist eine Misshandlung nur, wenn sie einer gefühllosen Gesinnung entspringt. Das ist dann nicht der Fall, wenn ein Täter mit der von ihm als notwendig erachteten Maßnahme einen vernünftigen, berechtigten Zweck – wie z. B. die Züchtigung eines Tieres zu Erziehungszwecken[202] – verfolgt.[203] Witwe Bolte wollte mit den Schlägen Spitz dazu erziehen, sich zukünftig nicht »nochmals« an einer ihrer Mahlzeiten zu vergreifen. Berücksichtigt man zudem, dass die noch um ihr Federvieh trauernde Witwe Bolte aus einer augenblicklichen Erregung heraus zuschlug, kann insgesamt von einem rohen Handeln nicht gesprochen werden.[204] Eine Strafbarkeit nach § 17 Nr. 2a) Tier-

200 Tallarek, Wie sieht der Jurist das Tierschutzgesetz bei Erziehungsmaßnahmen?, in: Unser Rassehund, Heft 2/2017, S. 23 ff.

201 Vgl. dazu Tilbulski-Schribbeneck, Hundeerziehung oder Tierfolter – animalische Strafmaßnahmen für tierisches Fehlverhalten und die Grenze zur Strafbarkeit, Leichlingen 2017.

202 Vgl. zur Hundeerziehung Baumert, Der wirkliche Hund, in: Hucko (Hrsg.), Warum heißt der Palandt Palandt?, Köln 1994, S. 73 ff.

203 Lorz, Kommentar zum TierSchG, § 17 TierSchG Rn. 32.

204 Vgl. BGHSt. 3, 105.

SchG scheidet demnach aus. Gleiches gilt für § 17 Nr. 2 b) TierSchG, da Witwe Bolte Spitz nicht quälerisch misshandelte.[205]

Ergebnis:

Witwe Bolte hat sich durch das Schlagen des Spitz mit dem schweren Löffel nicht nach § 17 TierSchG strafbar gemacht.[206]

II. Strafbarkeit von Max und Moritz

1. Sachbeschädigung in mittelbarer Täterschaft, §§ 303 Abs. 1, 25 Abs. 1, 2. Alt. StGB

Max und Moritz könnten sich wegen Sachbeschädigung in mittelbarer Täterschaft strafbar gemacht haben, wenn sie Witwe Bolte als ihr Werkzeug zum Schlagen des Spitz einsetzten.[207] Witwe Bolte kann grundsätzlich Tatmittlerin von Max und Moritz gewesen sein, weil sie sich über die Verantwortlichkeit des Spitz für das Abhandenkommen des gebratenen Geflügels irrte und sich selbst wegen des Verprügelns des eigenen Hundes nicht strafbar gemacht hat.[208] Max und Moritz hatten aber nicht den notwendigen Vorsatz, als mittelbare Täter den Spitz durch Witwe Bolte mit dem Löffel zu schlagen. Wie ihr Verhalten nach dem erfolgreichen Angeln zeigt, kam es ihnen

205 Anderer Ansicht: B. Grzimek in seinem Geleitwort zu Ennulat/Zoebe, Das Tier im neuen Recht, Stuttgart u. a. 1973, S. 3.

206 Eine andere Sichtweise erscheint durchaus vertretbar.

207 § 25 Abs. 1 StGB Täterschaft: »Als Täter wird bestraft, wer die Tat selbst oder durch einen anderen begeht.« S. zur mittelbaren Täterschaft Schroeder, Wie hat sich Jago strafbar gemacht?, JZ 2016, 1050 (Schroeder untersucht in dem lesenswerten Beitrag die Strafbarkeit des Jago in Shakespeares Stück »Othello« wegen Mordes in mittelbarer Täterschaft); von der Meden, Objektive Zurechnung und mittelbare Täterschaft, JuS 2015, 22; Koch, Grundfälle zur mittelbaren Täterschaft, § 25 I Alt. 2 StGB, JuS 2008, 399.

208 Vgl. zu den Voraussetzungen der mittelbaren Täterschaft Fischer, StGB, § 25 StGB Rn. 6 ff.

nur auf die gebratenen Hühner und den gebratenen Hahn an. Wenn sie wirklich Prügel für Spitz gewollt hätten, wären sie sicher länger am Schornstein auf dem Dach geblieben und hätten sich diebisch über dessen Wehgeschrei gefreut.[209]

Ergebnis:

Max und Moritz haben sich keiner Sachbeschädigung des Spitz schuldig gemacht.

C. Strafrechtliches Gesamtergebnis des zweiten Streiches

Max und Moritz haben sich neben einem Hausfriedensbruch auch wegen eines Diebstahls von drei gebratenen Hühnern und einem gebratenen Hahn strafbar gemacht. Der Diebstahl steht vorliegend im Verhältnis zum Hausfriedensbruch in Idealkonkurrenz.[210] Witwe Bolte hat keine Straftat zulasten ihres Hundes Spitz begangen.

209 Vgl. auch Sauerbeck, Max und Moritz für die Schule, S. 37: »Dass Spitz für ihre Tat würde büßen müssen, konnten die Knaben nicht ahnen.«

210 § 52 Abs. 1 StGB; s.a. Kowalski, Handbuch der Konkurrenzen im deutschen Strafrecht, München/Köln/New York 2015, Band XII, S. 125.

Dritter Streich

Jedermann im Dorfe kannte
einen, der sich Böck benannte. –

Alltagsröcke, Sonntagsröcke,
lange Hosen, spitze Fräcke,
Westen mit bequemen Taschen,
warme Mäntel und Gamaschen. –
Alle diese Kleidungssachen
wusste Schneider Böck zu machen. –

Oder wäre was zu flicken,
abzuschneiden, anzustücken,
oder gar ein Knopf der Hose
abgerissen oder lose. –
Wie und wo und was es sei,
hinten, vorne, einerlei. –

Alles macht der Meister Böck,
denn das ist sein Lebenszweck. –
– Drum so hat in der Gemeinde
jedermann ihn gern zum Freunde. –
– Aber Max und Moritz dachten,
wie sie ihn verdrießlich machten. –

Nämlich vor des Meisters Hause
floss ein Wasser mit Gebrause.

Übers Wasser führt ein Steg
und darüber geht ein Weg. –

Max und Moritz, gar nicht träge,
sägen heimlich mit der Säge,
Ritzeratze! Voller Tücke,
in die Brücke eine Lücke. –

Als nun diese Tat vorbei,
hört man plötzlich ein Geschrei:
»He, heraus! Du Ziegen-Böck!
Schneider, Schneider,
meck, meck, meck!!« –

– Alles konnte Böck ertragen,
ohne nur ein Wort zu sagen;
aber wenn er dies erfuhr,
ging's ihm wider die Natur.

Schnelle springt er mit der Elle
über seines Hauses Schwelle,
denn schon wieder ihm zum Schreck
tönt ein lautes: »Meck, meck, meck!!«

Und schon ist er auf der Brücke,
Kracks! Die Brücke bricht in Stücke.
Wieder tönt es: »Meck, meck, meck!«
Plumps! Da ist der Schneider weg!

Grad als dieses vorgekommen,
kommt ein Gänsepaar geschwommen,

welches Böck in Todeshast
krampfhaft bei den Beinen fasst.

Beide Gänse in der Hand,
flattert er auf trocknes Land. –

Übrigens bei alle dem
ist so etwas nicht bequem.
Wie denn Böck von der Geschichte
auch das Magendrücken kriegte.

Hoch ist hier Frau Böck zu preisen!
Denn ein heißes Bügeleisen,
auf den kalten Leib gebracht,
hat es wieder gut gemacht.

– Bald im Dorf hinauf, hinunter,
hieß es: Böck ist wieder munter!

Dieses war der dritte Streich,
doch der vierte folgt sogleich.

Der dritte Streich

A. Das Sägen einer Lücke in die Brücke vor dem Haus des Schneiders Böck[211]

1. Sachbeschädigung, § 303 StGB

Max und Moritz haben nach einem gemeinsamen Tatplan eine Lücke in die fremde Brücke gesägt.[212] Diese brach unter dem Gewicht des auf sie gelockten Schneiders Böck – wie geplant – in Stücke. Damit wurde ihre Gebrauchsfähigkeit völlig aufgehoben, also die Sache zerstört.

Ergebnis:

Max und Moritz haben sich als Mittäter[213] einer Sachbeschädigung nach § 303 StGB Abs. 1 schuldig gemacht.

---

211 Max und Moritz könnten sich beim Tatplan an einem Streich von Eulenspiegel orientiert haben, vgl. zu dem Streich Eulenspiegels Hermann Bote, Ein kurzweiliges Buch von Till Eulenspiegel, 1510/11, Neudruck 2. Aufl. 1981, Frankfurt a. M., S. 97: »Die 32. Historie sagt, wie Eulenspiegel die Stadtwächter in Nürnberg munter machte, die ihm über einen Steg nachfolgten und ins Wasser fielen.« Eulenspiegel hatte heimlich drei Bohlen aus dem Steg gebrochen und nachts die Wächter (ähnlich wie im Fall Max und Moritz) zum Betreten des Stegs provoziert: »Hoho, wo bleibt ihr denn, ihr verzagten Bösewichter?«; die Wegnahme einer Bohle von einer Brücke ist eine Sachbeschädigung, vgl. RGSt. 20, 353.

212 Vgl. dazu aus kriminologischer Sicht John B. McDonalds, Juvenile Crime against Bridges, in: Journal of Research in Crime and Delinquency, Vol. 4, 2013, 345; Hugo M. Wüterich, Kriminologische Studien über die Tatwerkzeuge Hammer, Meißel und Säge, in: Der kritische Kriminologe, Heft 7 1998, 23 ff.

213 Auf dem Bild sägt allerdings nur Max, so dass Moritz eventuell »nur« strafbare psychische Beihilfe zur Zerstörung der »Brücke« leistete (vgl. dazu Fischer, StGB, § 27 StGB Rn. 9 f.); Moritz hatte aber nach dem Gesamtbild ebenfalls Tatherrschaft und ist (Mit-)Täter (hierfür spricht auch der gemeinsame Tatplan: »Aber Max und Moritz dachten,/ Wie sie ihn verdrießlich machten«); vgl. dazu auch Dirk-Carsten Günther, Max & Moritz in der Sachversicherung, VB 4/2010, 124, der davon ausgeht, dass »Moritz zumindest im Wege der psychischen Beihilfe« an der Tat mitwirkte; vgl. auch BGH, NStZ 2018,

2. Gemeinschädliche Sachbeschädigung, § 304 StGB[214]

Die Brücke vor dem Haus des Schneiders Böck könnte dem »öffentlichen Nutzen« gedient haben, so dass ihre Zerstörung verschärft zu bestrafen ist.[215] Die Brücke war keine »Privatbrücke« auf dem Grundstück des Schneiders Böck, sondern stand ersichtlich bis zu ihrer Zerstörung der Allgemeinheit zur Verfügung.[216] Alle Dorfbewohner hatten die Möglichkeit, sie zu nutzen, um die Werkstatt von Schneider Böck zur Vergabe von Schneideraufträgen aufzusuchen. Max und Moritz wussten um diese Zweckbestimmung der Brücke und ihren öffentlichen Nutzen.[217]

Ergebnis:

Max und Moritz haben gemeinsam eine gemeinschädliche Sachbeschädigung nach §§ 304, 25 Abs. 2 StGB begangen.[218]

144 (Mittäterschaft erfordert nicht zwingend Mitwirkung am Kerngeschehen) und BGH NStZ-RR 2018, 40 (gemeinsame Auswahl des Tatopfers und Mitwirkung an unmittelbarer Tatausführung spricht für Mittäterschaft); für Mittäterschaft von Max und Moritz bei allen Streichen s. Müssig, Max und Moritz im Spiegel des Deliktsrechts, DVW 1/1988, 26.

214 § 304 StGB Gemeinschädliche Sachbeschädigung: »Wer rechtswidrig Gegenstände (...), welche zum öffentlichen Nutzen oder zur Verschönerung öffentlicher Wege, Plätze oder Anlagen dienen, beschädigt oder zerstört, wird mit Freiheitsstrafe bis zu drei Jahren oder mit Geldstrafe bestraft.«

215 S. zu Gefahren für öffentliche Brücken durch massenhaftes Anhängen sogenannter Liebesschlösser Jörg-Michael Günther/Britta Höwer, Zivil- und strafrechtliche Fragen beim Befestigen sogenannter Liebesschlösser an Brücken, apf 2012, 114.

216 Es heißt im Sachverhalt »übers Wasser führt *ein* Steg« und nicht »übers Wasser führt *sein* Steg«; hätte der Steg allein Schneider Böck gehört, hätte es nahegelegen, ihn als solchen zu kennzeichnen – beim Haus des Schneiders Böck ist Wilhelm Busch jedenfalls so verfahren (»Meisters Haus«/»*seines* Hauses«); gegen die Annahme einer Privatbrücke von Schneider Böck auch Honig, Die Sache mit Max und Moritz, NJW 2009, 737: »Dafür, dass es sich um einen Privatsteg des Schneiders Böck gehandelt hätte, bestehen keine Anhaltspunkte.« Müssig, Max und Moritz im Spiegel des Deliktsrechts, DVW 6/1987, 31 Rn. 22: »Wem das Eigentum an der Brücke zusteht, ist nicht genau ersichtlich; möglicherweise gehört sie der Gemeinde.«

217 S. dazu auch Cuno Radbruch, Der »öffentliche Nutzen« – Erkundungen zu einem amorphen Thema, in: Schöngeist (Hrsg.), Der Staat sind Wir, Gelsenkirchen 1989, S. 25 f.

218 So auch Honig, Die Sache mit Max und Moritz, NJW 2009, 737.

3. Zerstörung von Bauwerken, § 305 StGB

Nach § 305 Abs. 1, 3. Var. StGB wird mit Freiheitsstrafe bis zu fünf Jahren oder mit Geldstrafe bestraft, wer rechtswidrig eine in fremdem Eigentum befindliche Brücke ganz oder teilweise zerstört. Da Max und Moritz nach den Akten »(i)n die Brücke eine Lücke« sägten, wäre demnach der Tatbestand erfüllt.

Man sollte aber bedenken, dass eine Brücke i.S.d. § 305 StGB ein Bauwerk von einiger Erheblichkeit sein muss, d. h. von einer gewissen Größe, inneren Festigkeit und nicht ganz unbedeutenden Tragfähigkeit.[219] Ob dies bei der von Max und Moritz angesägten Konstruktion der Fall war, ist sehr zweifelhaft. Die »Brücke« wird von Wilhelm Busch nämlich nicht nur als solche, sondern auch als »Steg« bezeichnet:

Übers Wasser führt ein Steg,
und darüber geht der Weg.

Bei einem Steg handelt es sich definitionsgemäß um eine sehr schmale, einfache Brücke, die anerkanntermaßen gerade nicht unter den Schutz des § 305 StGB fällt.[220] Die Bezeichnung als »Steg«, das konkrete äußere Erscheinungsbild und die Umstände der Zerstörung (Max und Moritz sägten ohne Mühe mit einer einfachen Säge eine Lücke in die »Brücke«) sprechen dafür, dass es sich nur um eine einfache hölzerne Konstruktion für Fußgänger handelte. Max und Moritz haben also im Strafrechtssinne kein (Brücken-)Bauwerk zerstört.[221]

---

219 Fischer, StGB, § 305 StGB Rn. 3; aus technischer Sicht W. Koch, Brückenbau – Massiv- und Stahlvollwandbalkenbrücken, Düsseldorf 1969, S. 114 ff.

220 Fischer, StGB, § 305 StGB Rn. 3: »(…) nicht erfasst sind provisorische Hänge- oder Pontonbrücken, Fußgängerstege u. a.« Adalbert Wassermann, Brett, Steg, Brücke – eine Gesetzeslücke? ZRP 2012, 147 f.

221 S. auch Popp in: Leipold/Tsambikakis/Zöller, Anwaltskommentar StGB, 2. Aufl. 2015, § 305 StGB Rn. 5: »Eine Brücke setzt ebenfalls eine gewisse Größe und Stabilität voraus.

Ergebnis:

Max und Moritz habe keine Straftat nach § 305 StGB begangen.

4. Beschädigung wichtiger Anlagen, § 318 StGB

Wer Brücken, die zu den schützenswerten wichtigen Anlagen zählen, beschädigt oder zerstört und dadurch Leib oder Leben eines anderen Menschen gefährdet, ist nach § 318 StGB strafbar. Die Gefahr für eine Person reicht aus.[222] Wie bei § 305 StGB erfüllt der von Max und Moritz zersägte »Steg« aber in tatsächlicher Hinsicht nicht den gesetzlichen Begriff der »Brücke«.

Ergebnis:

Max und Moritz haben sich wegen des Zersägens des Stegs nicht nach § 318 StGB strafbar gemacht.

5. Gefährlicher Eingriff in den Straßenverkehr, § 315b Abs. 1 Nr. 1 StGB[223]

In der strafrechtlichen Literatur zu Max und Moritz wird ganz vereinzelt angenommen, die beiden hätten sich mit dem Zerstören des Stegs, der offenkundig mindestens für den (Fußgänger-)Verkehr freigegeben war, eines gefährlichen Eingriffs in den Straßenverkehr strafbar gemacht (»Verkehrswegsabotage«).[224] Dies ist eine verfassungsrechtlich bedenkliche Über-

›Hängebrücken‹ sind davon nicht grundsätzlich ausgeschlossen, Pontons und (kleine) Fußgängerstege hingegen schon.«

222 Fischer, StGB, § 318 StGB Rn. 6a.

223 § 315b StGB Gefährliche Eingriffe in den Straßenverkehr: »(1) Wer die Sicherheit des Straßenverkehrs dadurch beeinträchtigt, dass er 1. Anlagen oder Fahrzeuge zerstört, beschädigt oder beseitigt (…) und dadurch Leib oder Leben eines Menschen oder Sachen von bedeutendem Wert gefährdet, wird mit Freiheitsstrafe bis zu fünf Jahren oder mit Geldstrafe bestraft.«

224 So die Einschätzung von Scheffler, »Max-und-Moritz«-Fall, S. 22; vgl. zum Begriff des öffentlichen Straßenverkehrs Fischer, StGB, § 315b StGB Rn. 3.

dehnung des Begriffs des »Straßenverkehrs« und außerdem zu sehr konstruiert.[225] Die übrige Strafrechtswissenschaft folgt diesem Ansatz deshalb beim Fall Max und Moritz mit Recht nicht. Nirgendwo sonst wird beim dritten Streich eine Bestrafung nach § 315b StGB auch nur geprüft.[226] Wegen des Bestrebens des Autors um die möglichst komplette Abbildung des Standes der schon 1907 begründeten strafrechtlichen Forschung zu »Max und Moritz«[227] war aber hier die Mindermeinung[228] im Fall Böck aufzuführen. Abschließend sei angemerkt, dass mit der Bestrafung von Max und Moritz wegen gemeinschädlicher Sachbeschädigung der Unrechtsgehalt des Zersägens der »Brücke« hinreichend gewürdigt sein dürfte.

Ergebnis:

Max und Moritz haben sich nicht nach § 315b Abs. 1 Nr. 1 StGB strafbar gemacht.[229]

225 Vgl. in der Querbetrachtung die Fallbeispiele bei Fischer, StGB, § 315b StGB Rn. 3; außer von Scheffler wird – soweit ersichtlich – nirgendwo in der Strafrechtswissenschaft eine Bestrafung von Max und Moritz nach § 315b StGB auch nur geprüft, vgl. Ostendorf, Max und Moritz – Prototypen von Intensivtätern, S. 579; Honig, Die Sache mit Max und Moritz, NJW 1990, 734.

226 Ostendorf, Max und Moritz – Prototypen von Intensivtätern, S. 579; Honig, Die Sache mit Max und Moritz, NJW 1990, 734.

227 Dem Autor ist es wichtig zu betonen, dass er ungeachtet dessen, dass er Schefflers Mindermeinung zu § 315b StGB im Fall Böck nicht teilt, dessen Beitrag zur strafrechtlichen Max-und-Moritz-Forschung äußerst verdienstvoll findet – die grundlegenden Ausführungen von Scheffler zur Frage der Gewaltverherrlichung durch die Lausbubengeschichte (§ 131 StGB) seien jedermann zur Lektüre wärmstens empfohlen und sind in mein Gutachten eingeflossen, vgl. Scheffler, »Max-und-Moritz«-Fall, S. 28 ff.

228 Scheffler, »Max-und-Moritz«-Fall, S. 22.

229 Anders Scheffler a.a.O.

B. Das Locken des Schneiders Böck auf die angesägte Brücke durch Schmährufe

1. Beleidigung, § 185 StGB

In alten Sprichwörtern schneiden Schneider als Berufsgruppe sehr schlecht ab[230]:

Der Schneider mit der Scher
Meint, er sei ein Herr.

Strafrechtlich sind aber Schneider deswegen kein Freiwild und verdienen wie jedermann den Schutz ihrer Ehre. Max und Moritz haben Schneider Böck unter Verballhornung seines Namens als »Ziegen-Böck« bezeichnet, entsprechende Tierlaute abgegeben (»meck, meck, meck«) und ihn in der Du-Form angeredet (»Du Ziegen-Böck«).[231] Das Vorliegen einer strafbaren Beleidigung ist bei einer solchen Missachtung naheliegend.[232] Ob eine Äußerung ehrverletzenden Charakter hat, ist unter Berücksichtigung sämtlicher Begleitumstände festzustellen.[233] Der kommunikative Kontext ist zu betrachten.

Bereits durch das Wortspiel mit seinem Namen gaben Max und Moritz Schneider Böck spöttisch zu erkennen, dass sie ihn auf eine Stufe mit einem Ziegenbock stellen.[234] Ein solches

230 Simrock, Die deutschen Sprichwörter, Nr. 9149a – s. dort auch das Sprichwort Nr. 9149b: »Das wär' einer, sagte der Teufel, da kriegt' er einen Schneider bei den Beinen.«

231 Vgl. zu einem anderen Fall der beleidigenden Verballhornung eines Namens OLG Celle, NStZ 1998, 88 (»Herr Schmalspur«).

232 Ein provokativer Beitrag stammt von Britz, Schafft die Beleidigung ab! jM 2016, 436; lesenswert: Hohnel, »Doppelvogel« und andere Beleidigungen – Ungebührliches vor Gericht. Eine Auswahl von Entscheidungen zu § 185 StGB, 1997.

233 OLG Karlsruhe, Beschl. v. 18.09.2015 – 1 (8) Ss 654/14 – AK 249/14.

234 S. zur Relevanz von Spott Wolf, Spötter vor Gericht, Diss. 1996.

Verhalten geht über straflose Unhöflichkeiten, Taktlosigkeiten, Foppereien und Beweise schlechter Kinderstube deutlich hinaus.[235] Böck wird in seinem sittlichen (moralischen), personalen und sozialen Geltungswert betroffen. Die Bezeichnung als Ziegenbock war – ähnlich wie die »berühmte« Bezeichnung einer Fernsehansagerin als »Ziege«, bei deren Anblick einem die Milch sauer werde[236] – ein ehrverletzender Angriff. In der Anrede in Du-Form liegt eine weitere Missachtung der Person des Schneiders Böck.[237] Max und Moritz handelten zudem vorsätzlich[238], rechtswidrig und schuldhaft.[239]

Ergebnis:

Max und Moritz haben gegenüber dem Schneider Böck nach § 185 StGB eine Beleidigung begangen.[240] Sie wird nur auf Antrag verfolgt (§ 194 Abs. 1 S. 1 StGB).

235 Man hat auch zu berücksichtigen, dass man ausweislich einschlägiger Literatur Max und Moritz sogar unterstellen kann, dass sie mit ihren Äußerungen über den Schneider »Ziegen-Böck« auf das zur damaligen Zeit verbreitete Gerücht anspielten, Schneider würden mit Ziegen Unzucht betreiben, vgl. Scheffler, »Max-und Moritz«-Fall, S. 23.

236 BGHZ 39, 124 (Bezeichnung einer Fernsehansagerin als »frisch ausgemolkene Ziege«); weitere Fälle tierischer Beleidigungen: OLG Hamburg, MDR 1967, 146 (Bezeichnung eines Ministers als »Esel«); HansOLG Hamburg, JZ 1985, 343 (Karikatur eines Richters als Schwein); LG Hamburg, Beschl. v. 17.05.2016 – 324 O 255/16 (Fall Böhmermann: Bezeichnung eines Staatspräsidenten als »dumme Sau«); LG Oldenburg, NJW-RR 2013, 927 (Scheiß Bullenschwein); keine Beleidigung ist die Bezeichnung eines Falschparkers als »Parkplatzschwein«, vgl. AG Rostock, NJW 2013, 799, oder die Bezeichnung eines Polizisten als »Herr Oberförster«, so AG Berlin-Tiergarten, NJW 2008, 3233.

237 OLG Düsseldorf, Ent. v. 10.8.1989, 2 Ss 281/89 – 49/89 III; Keller, Beleidigung mit der Anrede »Du«, JR 1990, 345; s. ferner Roellecke, Das Du im Recht, NJW 1999, 999.

238 Animus iniurandi.

239 Soweit in der Bezeichnung als »Ziegen-Böck« nach § 193 StGB (Wahrnehmung berechtigter Interessen) ein tadelndes Urteil über die gewerblichen Leistungen des Böck als Schneider liegen sollte – was angesichts seiner im ganzen Dorf allgemein gepriesenen handwerklichen Fähigkeiten unwahrscheinlich ist –, ergibt sich jedenfalls aus der Form und den äußeren Umständen der Äußerung (kriminelles Ziel des Lockens auf die angesägte Brücke) eine strafbare Beleidigung.

240 Ein Strafantrag des Böck nach § 194 StGB liegt vor; zustimmend zur Annahme einer Beleidigung s. Bannenberg/Rössner, »Ach, was muss man oft von bösen Kindern hören oder lesen!«. Wie wird man kriminell und was lässt sich dagegen tun? Vortrag auf dem 12. Deutschen Präventionstag, Wiesbaden 2007; vgl. auch Müssig, Max und Moritz im

2. Versuchter Totschlag bzw. Mord, §§ 212 Abs. 1, 211, 22, 23 Abs. 1 StGB

Eine Bestrafung von Max und Moritz wegen versuchten Totschlags bzw. versuchten Mordes an Meister Böck würde voraussetzen, dass die beiden mit Tötungsvorsatz die Brücke ansägten und Schneider Böck auf die Brücke lockten.[241] Hiervon kann aber keine Rede sein, da Max und Moritz den Böck nachgewiesenermaßen nur »verdrießlich« machen, nicht aber töten wollten.[242] Für eine billigende Inkaufnahme eines etwaigen Todes des Böck im Bach (sogenannter »dolus eventualis«) gibt es bei den beiden keine überzeugenden Indizien.[243]

Ergebnis:

Max und Moritz haben sich keines versuchten Totschlags oder Mordes an Schneider Böck strafbar gemacht.

3. Gefährliche Körperverletzung, §§ 223, 224 StGB

Meister Böck hat durch den von Max und Moritz vorsätzlich verursachten plötzlichen Sturz in den schnell fließenden Bach Magendrücken bekommen. Bei ihm ist also eine Gesundheitsbeschädigung i.S.d. § 223 Abs. 1 StGB eingetreten. Es könnte

---

Spiegel des Deliktsrechts, DVW 6/1987, 28: »Max und Moritz haben damit Schneider Böck zutiefst beleidigt.«

241 Vgl. zu vorsätzlich verursachten Wassertoden Neugebauer, Mord durch Ertränken, Kriminalistik 1959, S. 63 ff.; s. zum Wassertod auch v. Pidde, Richard Wagners »Ring des Nibelungen« im Lichte des deutschen Strafrechts, S. 66.

242 *Aber Max und Moritz dachten,*
wie sie ihn verdrießlich machten.

243 Näher zu der Vorsatzform v. Liszt, Die Behandlung des dolus eventualis im Strafrecht, Ges. Aufsätze, 1898, Band II, S. 251; s. zu den aktuellen Theorien zum dolus eventualis Joecks/Jäger, Studienkommentar StGB, § 15 StGB Rn. 12 ff.; der BGH bringt bei Abgrenzungsfällen den Gedanken der besonderen Hemmschwelle für Tötungsdelikte ins Spiel (Hemmschwellentheorie), vgl. den Fall Karolina, BGH, NStZ 1984, 19 und BGH, NJW 2012, 1524; gegen die Annahme eines versuchten Tötungsdelikts zulasten des Schneiders Böck auch Ostendorf, Max und Moritz – Prototypen von Intensivtätern, S. 581.

sogar eine gefährliche Körperverletzung gemäß § 224 StGB vorliegen. Sie kommt vorliegend unter drei Gesichtspunkten in Betracht, nämlich als Körperverletzung des Schneiders Böck:

1. mittels eines hinterlistigen Überfalls (§ 224 Abs. 1 Nr. 3 StGB);
2. mit einem anderen Beteiligten gemeinschaftlich (§ 224 Abs. 1 Nr. 4 StGB);
3. mittels einer das Leben gefährdenden Behandlung (§ 224 Abs. 1 Nr. 5 StGB).

Ein hinterlistiger Überfall scheidet indes aus, weil Max und Moritz Schneider Böck von Anfang an zu erkennen gegeben haben, dass sie ihm Böses wollten. Ihm wurde lediglich aus nachvollziehbaren tätertaktischen Gründen die genaue Art des ihm drohenden Übels verschwiegen. Das Verhalten von Max und Moritz war listig, aber eben nicht »hinterlistig«.[244]

Es kommt eine verschärfte Bestrafung wegen der von Max und Moritz zusammen begangenen Körperverletzung des Schneiders Böck in Betracht. Es fehlt aber in der konkreten Tatsituation am spezifischen Gefährlichkeitsmoment einer gemeinschaftlichen Körperverletzung.[245] Die Opfersituation wurde in keiner Weise verschlechtert. Für Schneider Böcks »Abwehrchancen« war es nämlich gänzlich unerheblich, wie viele Täter auf der anderen Seite des Baches standen bzw. wie viele Täter den Steg angesägt hatten.[246]

244 Als Musterbeispiel für Hinterlist gilt ein Angriff nach vorgetäuschter Friedfertigkeit: BGH Strafs. bei Dallinger, MDR 1956, 526 (»Guten Abend, Iwan«); BGH, NStZ 2004, 93 (plötzlicher Angriff, obwohl das Opfer zuvor »von Freundlichkeit umgarnt« worden war); siehe zum hinterlistigen Überfall auch Fischer, StGB, § 224 StGB Rn. 22.

245 Vgl. dazu Stree, Gefährliche Körperverletzung, Jura 1980, 289 f.

246 So auch Ostendorf, Max und Moritz – Prototypen von Intensivtätern, S. 581.

Verwirklicht ist aber eine Körperverletzung des Schneiders Böck »mittels einer das Leben gefährdenden Behandlung«.[247] Meister Böck befand sich nach dem Sturz mit nahezu seinem gesamten Körper einschließlich der lebenswichtigen Atmungsorgane unter Wasser und konnte sich nur durch beherztes Ergreifen der Gänse vor dem sonst offenbar unausweichlichen Ertrinken retten.[248] Max und Moritz haben auch vorsätzlich gehandelt, weil sie alle Umstände kannten, die allgemein eine Bewertung ihres Tuns als lebensgefährlich rechtfertigen.[249] Darauf, ob es tatsächlich zu einer Lebensgefahr für Schneider Böck gekommen ist – worauf seine »Todeshast« hindeutet –, kommt es insoweit nicht an.

Ergebnis:

Max und Moritz haben sich wegen gefährlicher Körperverletzung des Schneiders Böck nach §§ 223 Abs. 1, 224 Abs. 1 Nr. 5 StGB strafbar gemacht.

247 Anderer Ansicht, aber mit nicht fundierter Begründung, Ostendorf, a.a.O., S. 581: »Für eine ›das Leben gefährdende Behandlung‹ im Sinne des § 224 Abs. 1 Nr. 5 StGB gibt es nicht genügend Hinweise, auch wenn Schneider Böck in ›Todeshast‹ die phantastische Hilfe der Gänse in Anspruch nimmt. Es kommt auf die Tiefe des Wassers an.« – Ostendorf verkennt, dass Böck direkt nach dem Sturz mindestens bis fast zu den Knien senkrecht mit dem Kopf im Wasser ist, sich vor dem Ergreifen der Gänsebeine nahezu mit dem gesamten Körper (einschließlich fast des gesamten Kopfes, jedenfalls der lebenswichtigen Atemorgane) unter Wasser befindet und es sich um ein schnelles Fließgewässer handelt, in das er zudem überraschend gefallen ist; s.a. die Anklage gegen Max und Moritz wegen gefährlicher Körperverletzung bei Sauerbeck, Max und Moritz für die Schule, S. 42.

248 Vgl. auch RGSt. 6, 282 (ein Stoß ins tiefe Wasser ist eine lebensgefährliche Behandlung); für die Annahme einer konkreten Lebensgefahr für Schneider Böck auch Scheffler, »Max- und Moritz«-Fall, S. 22.

249 Dies bedeutet aber nicht automatisch, dass für eine Tötung des Böck ein dolus eventualis bei Max und Moritz vorlag – vgl. zur Abgrenzungsproblematik bei § 224 Abs. 1 Nr. 5 StGB zur Tötung mit bedingtem Vorsatz Joecks/Jäger, Studienkommentar StGB, § 224 StGB Rn. 50: »(…) wenn der Täter sich der Herbeiführung der konkreten Lebensgefahr bewusst ist, liegt auch ein bedingter Vorsatz der Tötung nicht fern.«

4. Unterlassene Hilfeleistung, § 323c StGB[250]

Max und Moritz haben ungerührt bzw. amüsiert zugeschaut, als Meister Böck in dem Bach offenbar in Todesgefahr geriet. Auf den Gedanken, ihm in seiner Not Hilfe zu leisten, kamen sie nicht. Eine Bestrafung wegen unterlassener Hilfeleistung scheidet aber aus, da sie schon wegen der Herbeiführung des »Unglücksfalls« zur Verantwortung gezogen werden.[251]

Ergebnis:

Max und Moritz haben sich nicht der unterlassenen Hilfeleistung nach § 323c StGB schuldig gemacht.

5. Versuchter Totschlag durch Unterlassen, §§ 212 Abs. 1, 13, 22, 23 Abs. 1 StGB

Max und Moritz könnten sich eines versuchten Totschlags durch Unterlassen schuldig gemacht haben, indem sie Meister Böck in der von ihnen verursachten Todesgefahr sich selbst überließen. Dann müssten sie als Unterlassungstäter eine besondere Rechtspflicht zum Handeln gehabt haben, eine sogenannte Garantenstellung.[252] Eine solche kommt hier unter dem Gesichtspunkt des für Meister Böck gefährlichen Vorverhaltens[253] von Max und Moritz in Betracht. Wenn man eine Garantenstellung der beiden bejaht – wofür viel spricht –, bliebe u. a. die Frage,

250 § 323c StGB Unterlassene Hilfeleistung; Behinderung von hilfeleistenden Personen: »(1) Wer bei Unglücksfällen oder gemeiner Gefahr oder Not nicht Hilfe leistet, obwohl dies erforderlich und ihm den Umständen nach zuzumuten, insbesondere ohne erhebliche eigene Gefahr und ohne Verletzung anderer wichtiger Pflichten möglich ist, wird mit Freiheitsstrafe bis zu einem Jahr oder mit Geldstrafe bestraft.
(2) Ebenso wird bestraft, wer in diesen Situationen eine Person behindert, die einem Dritten Hilfe leistet oder leisten will.«

251 BGHSt. 39, 166; Fischer, StGB, § 323c StGB Rn. 38; verfehlt ist daher die Ansicht von Sauerbeck (Sauerbeck, Max und Moritz für die Schule, S. 41), dass Max und Moritz wegen unterlassener Hilfeleistung anzuklagen wären.

252 Vgl. dazu Rönnau, Grundwissen – Strafrecht: Garantenstellungen, JuS 2018, 526.

253 Sogenannte Ingerenz – vgl. dazu Rönnau, JuS 2018, 529; Joecks/Jäger, Studienkommentar StGB, § 13 StGB Rn. 54 ff.

ob in der konkreten Situation wirklich Tötungsvorsatz bei den beiden vorlag. Nach dem ursprünglichen Tatplan wollten Max und Moritz Meister Böck nur »verdrießlich« machen, also nicht töten.[254] Es ist nicht erkennbar bzw. den beiden Lausbuben jedenfalls nicht nachweisbar, dass sie später nach dem »planmäßigen« Sturz des Opfers in den Bach dessen Tod dann doch etwa billigend in Kauf nahmen, als sie Hilfsmaßnahmen unterließen und sich vom Tatort entfernten.

Ergebnis:

Ein versuchter Totschlag durch Unterlassen kann im Fall des Meisters Böck Max und Moritz nicht angelastet werden.

6. Sachbeschädigung, § 303 StGB

Die Kleidung des Schneiders ist durch seinen von Max und Moritz herbeiführten »Wasserfall« komplett durchnässt worden. Damit ist aber nicht ohne weiteres eine Substanzverletzung verbunden.[255] Die Nässe ist ein relativ schnell vorübergehender Zustand, der in der Regel zu keinem Schaden an einer Kleidung führt. Es liegt kein wirklich schädigender Eingriff in die Sachen des Schneiders Böck vor.

Ergebnis:

Max und Moritz haben keine Sachbeschädigung der Kleidung von Schneider Böck begangen.

254 Vgl. zur Frage des Tötungsvorsatzes beim dritten Streich auch S. 84.

255 Müssig, Max und Moritz im Spiegel des Deliktsrechts, DVW 6/1987, 29; s. aber den Fall, wo einem Polizisten bewusst Bier auf das Diensthemd geschüttet wurde, OLG Frankfurt, NJW 1986, 1276 (strafbare Sachbeschädigung).

C. Das Hinauseilen des Schneiders Böck mit der Elle

1. Versuchte gefährliche Körperverletzung, §§ 223, 224 Abs. 1 Nr. 2, 22, 23 Abs. 1 StGB

Der Schneider Böck wollte offensichtlich auf die erlittenen Beleidigungen als »Ziegenböck« unter Verwendung der Elle als Waffe mit Schlägen gegen die jugendlichen Provokateure reagieren:

Schnelle springt er mit der Elle[256]
Über seines Hauses Schwelle,
Denn schon wieder ihm zum Schreck
Tönt ein lautes: »Meck, meck, meck!«

Da er mit der (Holz-)Elle ein gefährliches Werkzeug für etwaige geplante Körperverletzungen der jugendlichen Beleidiger mit sich führte, kommt der Versuch der gefährlichen Körperverletzung in Betracht.[257] Unabhängig von der Frage, ob Schneider Böck zur schlagkräftigen Notwehr gegenüber den fortdauernden tierischen Schmähungen[258] berechtigt war, müsste er als Täter nach § 22 StGB nach seiner Vorstellung zur Körperverletzung unmittelbar angesetzt haben.[259] Anderenfalls

256 Gemeint ist die sogenannte Schneiderelle, ein Längenmaß von ca. 50 cm, das oft in Form eines Holzstabs verwendet wurde.

257 Den Prüfbedarf für diesen Straftatbestand hat die übrige Strafrechtswissenschaft erstaunlicherweise bisher komplett übersehen, obwohl sich mit der Abgrenzung strafloser Vorbereitungshandlungen zum strafbaren Versuch eine köstliche juristische Delikatesse bietet.

258 Vgl. zur Beleidigung mit Tierbezeichnungen Jörg-Michael Günther, Der Fall Aschenputtel, in: Der Fall Rotkäppchen, S. 120 und Fn. 280 (»Dumme Gans«); OLG Hamburg, MDR 1967, S. 146: Bezeichnung eines Ministers als »Esel«.

259 Es stellt sich die Frage der Abgrenzung zur straflosen Vorbereitungshandlung, vgl. dazu den Pfeffertütenfall (BGH, NJW 1952, 514) und die sogenannten Klingelfälle (BGH,

läge nur eine straflose Vorbereitungshandlung vor.[260] In der Literatur zu Max und Moritz ist davon die Rede, dass der Schneider »rachedürstend« aus seinem Haus geeilt sei.[261] Allein aus dem Umstand, dass der Schneider Böck mit seinem (gefährlichen) Werkzeug drohend in Richtung Max und Moritz lief, kann aber nicht hinreichend sicher geschlossen werden, dass er nach seinem Vorstellungsbild die Münder der beiden wirklich durch Gewalt verschließen wollte.[262] Er war zudem noch außerhalb der Schlagdistanz. Sein Handeln stellt sich – selbst wenn er tatsächlich zur Verabreichung von Schlägen mit der Elle auf Max und Moritz entschlossen war – im Zweifel also nur als straflose Vorbereitungshandlung dar.

Ergebnis:

Schneider Böck hat sich nicht wegen versuchter gefährlicher Körperverletzung von Max und Moritz strafbar gemacht.[263]

NStZ 2013, 579 m. Anm. Jäger, JA 2013, 949).

260 Sehr instruktiv dazu Joecks/Jäger, Studienkommentar StGB, § 22 StGB Rn. 28 ff.

261 Honig, Die Sache mit Max und Moritz, NJW 2009, 735.

262 Wilhelm Busch berichtet übrigens in seiner 1861 erschienenen Kriminalgeschichte »Trauriges Resultat einer vernachlässigten Erziehung« von einem Schneider Böckel, der durch den Spottruf des siebenjährigen Knaben Fritz (»Meck, Meck, meck!«) dazu getrieben wird, diesen mit einer Schere zu ermorden – vgl. dazu Heinrich-Hoffmann-Museum (Hrsg.), Struwwelpeter trifft Max und Moritz, S. 14.

263 Bei anderer Ansicht wäre natürlich Notwehr gegen die erlittenen Beleidigungen zu prüfen; s. in dem Kontext auch § 199 StGB (wechselseitig begangene Beleidigungen).

D. Das Ergreifen der Gänsebeine durch Schneider Böck

1. Verstoß gegen das Tierschutzgesetz, § 17 Nr. 2 a) TierSchG

Ansatzpunkte für eine Bestrafung des Schneiders Böck nach dem Tierschutzgesetz erscheinen fraglich. Es gibt erstaunlich wenig Hinweise, dass es bei der phantastischen Rettung des Schneiders zu einer erheblichen Störung des tierischen Wohlbefindens der Gänse gekommen ist. Im Übrigen könnte Schneider Böck die Gänsebeine im entschuldigenden Notstand ergriffen haben, als er »in Todeshast« das Gänsepaar »krampfhaft bei den Beinen fasst« (§ 35 StGB).[264] Ihn träfe dann keine Schuld, falls das Gänsepaar bei der Rettungsaktion doch erhebliche Schmerzen erlitten und Leiden erfahren haben sollte.

§ 35 Abs. 1 S. 2 StGB bestimmt allerdings, dass jemand nicht in den Genuss dieses Schuldausschlusses kommt, wenn er die Gefahr selbst verursacht hat. Die bloße Gefahrverursachung als solches, wie sie hier im Betreten des Stegs durch Schneider Böck lag, ist aber ein völlig schuldindifferenter Vorgang und kann ihm nicht angelastet werden.[265] Das provokationsbedingte unbewusste Hineinbegeben in die Gefahr führt bei Böck nicht zum Ausschluss des § 35 Abs. 1 S. 1 StGB. Nach alledem hat Schneider Böck eine etwaige Quälerei der »Rettungsgänse« jedenfalls schuldlos begangen.[266]

---

264 § 35 StGB Entschuldigender Notstand: »(1) Wer in einer gegenwärtigen, nicht anders abwendbaren Gefahr für Leben, Leib oder Freiheit eine rechtswidrige Tat begeht, um die Gefahr von sich (…) abzuwenden, handelt ohne Schuld.«

265 Joecks/Jäger, Studienkommentar StGB, § 35 StGB Rn. 14.

266 Vgl. zu Notstandshandlungen auch den berühmten Schulfall »Das Brett des Karneades« – s. dazu Koriath, Zum entschuldigenden Notstand, JA 1998, 250; allgemein zu Entschuldigungstatbeständen Jean Pardon, Le Grand Malheur, Paris 2015, S. 176.

Ergebnis:
Schneider Böck hat sich durch das Ergreifen der Beine des Gänsepaares nicht nach § 17 TierSchG strafbar gemacht. Jedenfalls kann er sich auf § 35 StGB berufen.[267]

E. Das heiße Bügeleisen auf dem kalten Leib des Schneiders Böck

I. Strafbarkeit der Frau Böck

1. Körperverletzung mittels eines gefährlichen Werkzeugs, §§ 223, 224 Abs. 1 Nr. 2 StGB

Frau Böck könnte eine gefährliche Körperverletzung zulasten des Schneiders Böck begangen haben, weil sie bei ihm »ein heißes Bügeleisen auf den kalten Leib gebracht« hat. Ein so zweckentfremdetes Bügeleisen ist auf nackter Haut normalerweise geeignet, ganz erhebliche und schmerzhafte Brandverletzungen bei dem »gebügelten« Menschen hervorzurufen.[268] Das Bügeleisen war bei dem Humanexperiment also objektiv ein »gefährliches Werkzeug« im Sinne des § 224 Abs. 1 Nr. 2 StGB.[269] Ob Frau Böck allerdings auch vorsätzlich handelte und erkannte, dass ihr Bügeleisen für ihren Mann an sich unter normalen

267 Auch die Voraussetzungen des § 34 StGB dürften zugunsten von Schneider Böck vorgelegen haben; s.a. Lorz, Kommentar zum Tierschutzgesetz, § 17 TierSchG Rn. 11 ff.

268 Magdalena Rowenta, Brandverletzungen durch Bügeleisen – Eine empirische Studie über Ursache, Anzahl und Auswirkungen, in: Schriften des Instituts für angewandte Hauswirtschaft, Köln 2011, Band IV, S. 4711 ff.

269 Vgl. in dem Kontext schon RGStrafs. GA 62, 321 (Überschütten des Opfers mit kochender Flüssigkeit); zu Schulungszwecken sei auf einen instruktiven Abgrenzungsfall verwiesen (Ist ein künstliches Gebiss ein gefährliches Werkzeug?), den Stree in Jura 1980, 283 behandelt – er kommt zu einem überzeugenden Fazit: »Der Biss mit künstlichen Zähnen kann zu keiner höheren Strafe führen als der Biss mit natürlichen Zähnen.«

Umständen gefährlich ist, erscheint fraglich.[270] Dies braucht auch nicht entschieden zu werden. Das Bügeleisen hat nämlich bei Meister Böck zu keinen nennenswerten Brandverletzungen geführt. Durch die ungewöhnliche »Therapie« seiner liebevollen Frau, die als extreme medizinische Außenseitermethode oder Paramedizin bezeichnet werden muss, wurden die Magenschmerzen des Schneiders Böck sogar erfolgreich beseitigt:

– Bald im Dorf hinauf, hinunter,
Hieß es, Böck ist wieder munter.[271]

Ein solcher gelungener »Heilangriff«[272] mit einem heißen Bügeleisen, der erstaunlicherweise den Körperzustand nicht verschlechtert, sondern fast wie eine Wunderheilung[273] sogar bessert, stellt nach einem Teil der Literatur schon tatbestandlich

270 Vgl. zum subjektiven Tatbestand bei § 224 StGB Fischer, StGB, § 224 StGB Rn. 32 (bedingter Vorsatz ausreichend).

271 Das Ganze grenzt an ein medizinisches Wunder – zweifelnd gegenüber Wundern AG München, NJW 1987, 1426: »Wunder kommen aber in aller Regel nur in Lourdes vor, wenn beispielsweise ein Blinder wieder sehen oder ein Lahmer wieder gehen kann.« Schneider-Danwitz/Glaeske, Die schillernde Welt der Wunderheiler und Scharlatane – Unkonventionelle Heilmethoden in der Krankenversicherung, ErsK 1996, 353; grundlegend: Katrin Schumacher, Alternativmedizin. Arzthaftungsrechtliche, arzneimittelrechtliche und sozialrechtliche Grenzen ärztlicher Therapiefreiheit, Diss. 2017; Katzenmeier/Achterfeld, Referendarexamensklausur – Zivilrecht: Neue Behandlungsmethode, JuS 2018, 601; Oberhauser, Außenseitermethoden in der ärztlichen Behandlung, PKR 2015, 79.

272 Der Autor hatte angesichts der Tatumstände bei Frau Böck schon bei der Erstauflage 1988 den neuen Begriff »Heil*an*griff« entwickelt – die wissenschaftliche Diskussion firmierte zuvor nur unter dem Stichwort »ärztlicher Heil*ein*griff«; der Begrifflichkeit des Autors nunmehr folgend: Ziemann/Ziethen, Der ärztliche Heileingriff als »Heilangriff« – die medizinische Außenseitermethode als gefährliche Körperverletzung, HRRS 2011, 394; vgl. zum Heileingriff Heinz Zipf, Probleme eines Straftatbestandes der eigenmächtigen Heilbehandlung (dargestellt anhand von § 110 des österreichischen StGB), in: Festschrift für Hilde Kaufmann, S. 577; Duttge, Zum Unrechtsgehalt des kontraindizierten ärztlichen »Heileingriffs«, MedR 2005, 706; s. zur »Tatbestandslösung« der herrschenden Meinung Fischer, StGB, § 223 StGB Rn. 19.

273 S. dazu Schneider-Danwitz/Glaeske, Die schillernde Welt der Wunderheiler und Scharlatane. Unkonventionelle Methoden in der Krankenversicherung, ErsK 1996, 353.

keine Körperverletzung dar. Das Gegenteil einer Körperverletzung liege vor nach dem Motto: »Wer heilt, hat recht!« Die Rechtsprechung geht hingegen seit jeher davon aus, dass jede in die körperliche Unversehrtheit eingreifende medizinische Behandlungsmaßnahme objektiv eine Körperverletzung ist.[274] Sie kommt aber ebenfalls zu keiner Bestrafung, wenn – wie hier – das »Opfer« eingewilligt hat.[275]

In dem Zusammenhang ist auch auf § 630d Abs. 1 S. 1 BGB zu verweisen: »Vor Durchführung einer medizinischen Maßnahme, insbesondere eines Eingriffs in den Körper oder die Gesundheit, ist der Behandelnde verpflichtet, die Einwilligung des Patienten einzuholen.« Eine solche liegt vor. Nachdem seine Eigenbehandlung auf dem heißen Ofen fehlgeschlagen war, hatte sich Böck zum Bügeln freiwillig auf den Tisch gelegt. Er hat so seiner Ehefrau konkludent sein Einverständnis zur ungewöhnlichen »Bügeleisentherapie« erklärt. Die Einwilligung führt nach § 228 StGB zur Rechtmäßigkeit der Bügeltherapie, es sei denn, darin würde ein Verstoß gegen die guten Sitten liegen.[276] Derartiges könnte man z. B. nur annehmen, wenn Schneider Böck in die Durchführung sogenannter Brandings[277] – das Einbrennen von Schmucknarben auf die Haut als eine Form der Body Modification – durch seine Frau eingewilligt hätte.

274 Seit RGSt. 25, 375; BGH, NStZ 1996, 132 mit Anm. von Ulsenheimer; BGH, NStZ 2007, 340.

275 Grundlegend: Putzke, Körperverletzungen mit Zustimmung des Geschädigten im Lichte der Strafbarkeit nach den §§ 223 ff. StGB – unter besonderer Berücksichtigung ärztlicher Heileingriffe, RpflStud 2012, 65.

276 Anhaltspunkte, dass die Einwilligung gegen die guten Sitten verstieß (§ 228 letzter Halbs. StGB), gibt es nicht; vgl. zur sittenwidrigen Einwilligung Fischer, StGB, § 228 StGB Rn. 10.

277 Vgl. zu Brandings Jörg-Michael Günther, Die freie Entfaltung der Persönlichkeit im Dienst – »Piercings«, ein (Schein-)Problem des öffentlichen Dienstrechts?, ZBR 2000, 401; vgl. zur Sittenwidrigkeit bei implantativer Gestaltung grotesker Schönheitsideale Fischer, StGB, § 228 StGB Rn. 10.

Hierfür bietet der von Wilhelm Busch geschilderte Sachverhalt keine Ansatzpunkte. Es ist auch nicht erkennbar, dass Meister Böck etwa wegen eines Schocks möglicherweise temporär einwilligungsunfähig gewesen wäre.

Man könnte allerdings die Frage aufwerfen, ob Frau Böck ihn über die Risiken der (theoretisch) brandgefährlichen medizinischen Behandlungsmethode hätte aufklären müssen.[278] Der Bundesgerichtshof hat dies im berühmten »Zitronensaftfall« bei gefahrträchtigen medizinischen Außenseitermethoden verlangt.[279] Da beim Bügeleisen aber die Risiken von Brandverletzungen ganz offen auf der Hand lagen und Schneider Böck in seiner Not jedes Risiko einzugehen bereit war, bedurfte es keiner (Risiko-)Aufklärung des Schneiders Böck durch seine Frau.[280]

Ergebnis:

Frau Böck hat sich mit ihrer »Bügeleisentherapie« keiner gefährlichen Körperverletzung des Schneiders Böck schuldig gemacht.

278 Vgl. dazu Katzenmeier/Achterfeld, Referendarexamensklausur – Zivilrecht: Neue Behandlungsmethode, JuS 2018, 601; s. in dem Kontext auch § 630e BGB (Aufklärungspflichten).

279 BGH, NStZ 2011, 635 (Behandlung einer Operationswunde mit unsterilem Zitronensaft); s. dazu Ziemann/Ziethen; HRRS 2011, 394; Schiemann, Der »Zitronensaftfall« – Die ärztliche Aufklärungspflicht bei der Anwendung von Außenseitermethoden, NJW 2011, 1046; Spickhoff, Medizinische Aufklärungspflicht bei Anwendung einer »Außenseitermethode«, MedR 2008, 89.

280 Schneider Böck hatte sich zudem zuvor beim Versuch seiner Eigentherapie auf den heißen Ofen gesetzt, goutierte also in seiner Not auch gefährliche medizinische Außenseitermethoden; wegen der rechtswirksamen Einwilligung liegt auch keine versuchte Körperverletzung zulasten des Schneiders Böck vor; vgl. in dem Kontext auch § 630e BGB (Aufklärungspflichten).

F. Strafrechtliches Gesamtergebnis des dritten Streiches

Max und Moritz haben den Tatbestand der gemeinschädlichen Sachbeschädigung, der gefährlichen Körperverletzung und der Beleidigung erfüllt. Diese Delikte stehen zueinander im Verhältnis der Realkonkurrenz, § 53 StGB. Die von ihnen ebenfalls verwirklichte einfache Sachbeschädigung tritt im Wege der Gesetzeskonkurrenz hinter die gemeinschädliche Sachbeschädigung zurück.

Vierter Streich

Also lautet ein Beschluss:
dass der Mensch was lernen muss. –
– Nicht allein das A-B-C
bringt den Menschen in die Höh';
nicht allein im Schreiben, Lesen
übt sich ein vernünftig Wesen;
nicht allein in Rechnungssachen
soll der Mensch sich Mühe machen;
sondern auch der Weisheit Lehren
muss man mit Vergnügen hören. –

Dass dies mit Verstand geschah,
war Herr Lehrer Lämpel da. –

– Max und Moritz, diese beiden,
mochten ihn darum nicht leiden;
denn wer böse Streiche macht,
gibt nicht auf den Lehrer acht. –

Nun war dieser brave Lehrer
von dem Tobak ein Verehrer,
was man ohne alle Frage
nach des Tages Müh und Plage
einem guten, alten Mann
auch von Herzen gönnen kann. –

– Max und Moritz, unverdrossen,
sinnen aber schon auf Possen,
ob vermittelst seiner Pfeifen
dieser Mann nicht anzugreifen. –

– Einstens, als es Sonntag wieder
und Herr Lämpel brav und bieder
in der Kirche mit Gefühle
saß vor seinem Orgelspiele,
schlichen sich die bösen Buben
in sein Haus und seine Stuben,
wo die Meerschaumpfeife stand;

Max hält sie in seiner Hand;
Aber Moritz aus der Tasche
zieht die Flintenpulverflasche,
und geschwinde, stopf, stopf, stopf!
Pulver in den Pfeifenkopf. –
Jetzt nur still und schnell nach Haus,
denn schon ist die Kirche aus. –

Eben schließt in sanfter Ruh'
Lämpel seine Kirche zu;
und mit Buch und Notenheften,
nach besorgten Amtsgeschäften,

lenkt er freudig seine Schritte
zu der heimatlichen Hütte,

und voll Dankbarkeit sodann,
zündet er sein Pfeifchen an.

»Ach!« – spricht er – »die größte Freud'
ist doch die Zufriedenheit!! –«

Rums!! – Da geht die Pfeife los
mit Getöse, schrecklich groß.
Kaffeetopf und Wasserglas,
Tabaksdose, Tintenfass,
Ofen, Tisch und Sorgensitz –
alles fliegt im Pulverblitz. –

Als der Dampf sich nun erhob,
sieht man Lämpel, der gottlob
lebend auf dem Rücken liegt;
doch er hat was abgekriegt.

Nase, Hand, Gesicht und Ohren
sind so schwarz als wie die Mohren,
und des Haares letzter Schopf
ist verbrannt bis auf den Kopf. –

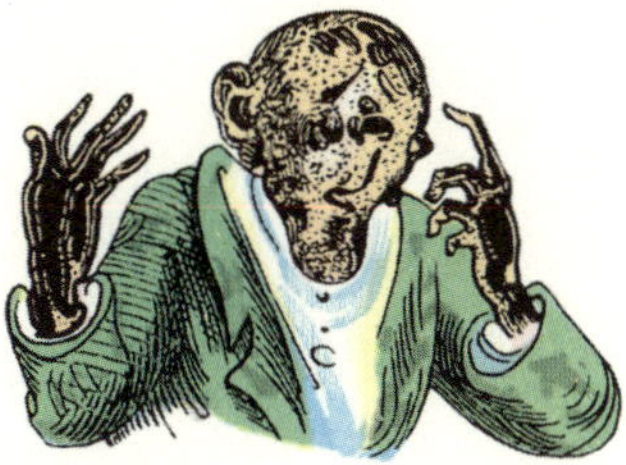

Wer soll nun die Kinder lehren
und die Wissenschaft vermehren?
Wer soll nun für Lämpel leiten
seine Amtestätigkeiten?

Woraus soll der Lehrer rauchen,
wenn die Pfeife nicht zu brauchen??

Mit der Zeit wird alles heil,
nur die Pfeife hat ihr Teil.

Dieses war der vierte Streich,
doch der fünfte folgt sogleich.

Der vierte Streich

A. Das heimliche Betreten der Wohnräume von Lehrer Lämpel

1. Hausfriedensbruch, § 123 StGB

Max und Moritz sind zur Umsetzung ihres Tatplans unter bewusster und gewollter Verletzung des Hausrechts von Lehrer Lämpel[281] in dessen Wohnräume eingedrungen.[282]

Ergebnis:

Max und Moritz haben einen Hausfriedensbruch begangen, § 123 Abs. 1 StGB. Er wird auf Antrag des Lehrers Lämpel verfolgt (§ 123 Abs. 2 StGB).

B. Das Stopfen von Flintenpulver in die Pfeife des Lehrers Lämpel

1. Versuchter Mord, §§ 212 Abs. 1, 211, 22, 23 Abs. 1 StGB[283]

»Lehren bringt Ehren«, sagt ein altes deutsches Sprichwort. Manchmal bringt es auch Feindschaft. Max und Moritz woll-

281 Vgl. zum Hausrecht und Hausverboten in Schulen Jörg-Michael Günther, Hausverbote für öffentliche Gebäude im Spiegel der Rechtsprechung, DVBl 2015, 1147.

282 Im Tatbericht des Wilhelm Busch zum Fall Lämpel heißt es:
Schlichen sich die bösen Buben
In sein Haus und seine Stuben.

283 § 211 StGB Mord:
»(1) Der Mörder wird mit lebenslanger Freiheitsstrafe bestraft.
(2) Mörder ist, wer aus Mordlust, zur Befriedigung des Geschlechtstriebs, aus Habgier oder sonst aus niedrigen Beweggründen, heimtückisch oder grausam oder mit gemeingefährlichen Mitteln oder um eine andere Straftat zu ermöglichen oder zu verdecken, einen Menschen tötet.«

ten den Lehrer Lämpel[284] »vermittelst seiner Pfeifen«[285] angreifen und haben ihren Tatplan auch umgesetzt:

Aber Moritz aus der Tasche
Zieht die Flintenpulverflasche,
Und geschwinde, stopf, stopf, stopf![286]
Pulver in den Pfeifenkopf.

Als Lämpel die Pfeife anzündet[287], kommt es zur großen Explosion mit Sach- und Personenschaden. Lämpel überlebt so gerade:

Als der Dampf sich nun erhob,
Sieht man Lämpel, der gottlob!
Lebend auf dem Rücken liegt;
Doch er hat was abgekriegt.

Max und Moritz könnten mit dem Angriff auf ihren ungeliebten Lehrer einen versuchten Mord begangen haben. Dann

---

284 Der Name Lämpel kommt von dem Begriff der kleinen Lampe (Lämpel) – möglicherweise war der Pädagoge keine große Leuchte und hatte keinerlei Kompetenzen, mit verhaltensauffälligen Jugendlichen angemessen umzugehen; Lehrer Lämpel hätte als Musiker eigentlich sehr gute Möglichkeiten gehabt, sonderpädagogisch auf Max und Moritz über das Medium Musik einzuwirken – vgl. insoweit Sarah Günther, Musikpädagogisches Konzept für eine Schulband an einer Förderschule, Hamburg 2011.

285 *– Max und Moritz, unverdrossen,*
Sinnen aber schon auf Possen,
Ob vermittelst seiner Pfeifen,
Dieser Mann nicht anzugreifen. –

286 »(…) stopf, stopf, stopf« ist eine besondere Kreation von Wilhelm Busch und der erste Inflektiv der Weltgeschichte und war später Vorbild für die Sprechblasen bei modernen Comics wie Donald Duck, vgl. Scheffler, »Max-und-Moritz«-Fall, S. 5, und für die moderne Chatkommunikation; s.a. Schlobinski, *Knuddel-zurueckknuddel-dich ganzdollknuddel*. Inflektive und Inflektivkonstruktionen im Deutschen, Zeitschrift für germanistische Literatur 2001, 192 ff.; Teuber, fasel beschreib erwähn – Der Inflektiv als Wortform des Deutschen, Germanistische Linguistik 1998, 7 ff.

287 Vgl. zur heutigen Rauchkultur in ihren unfassbaren rechtlichen Dimensionen die luzide Dissertation von Gina Schneider, Die E-Zigarette im Fokus des Strafrechts, 2018.

müsste sich auch ihr Tatentschluss auf die Begehung eines Mordes gerichtet haben. Zwar enthält der Sachverhalt keine expliziten Angaben zu ihren Vorstellungen und Handlungszielen. In einem solchen Fall kann aber gegebenenfalls aus objektiven Tatumständen der Schluss auf die Motivation der Täter gezogen werden. Die Rechtsprechung geht insoweit davon aus, dass es bei äußerst gefährlichen Gewalthandlungen naheliegt, dass der Täter mit der Möglichkeit rechnet, sein Opfer könne zu Tode kommen.[288]

Entscheidendes Gewicht kommt dabei vorliegend dem Umstand zu, dass Max und Moritz offenbar ganz erhebliche Mengen des gefährlichen Schwarzpulvers in die Pfeife stopften, so dass diese – wie der heftige »Pulverblitz« belegt – ein enormes Explosionspotential erhielt. Dabei war den Tätern bewusst, dass die von ihnen präparierte Tatwaffe, mit der das Opfer sich selbst schädigen sollte, in unmittelbarer Nähe seines Kopfes bzw. Gesichts explodieren würde und nicht zuletzt auch der Detonationsdruck sich innerhalb der häuslichen Lehrerstube viel intensiver auswirken konnte als etwa in freier Natur. Wer so handelt, überlässt es letztlich dem Zufall, ob sein Opfer beim Entzünden der Pfeife ums Leben kommt oder – wie hier durch glückliche Umstände – schwerverletzt überlebt. Angesichts dessen ist davon auszugehen, dass Max und Moritz einen tödlichen Ausgang ihres Tuns durchaus einkalkulierten und sich billigend damit abfanden.[289] Ihnen

288 Vgl. etwa BGH, NJW 2018, 1411 (Brandlegung in einem Wohngebäude); BGH, NJW 2012, 1524 (Leitsatz: »Bei äußerst gefährlichen Gewalthandlungen liegt es nahe, dass der Täter mit der Möglichkeit rechnet, das Opfer könne zu Tode kommen und – weil er mit seinem Handeln gleichwohl fortfährt – einen solchen Erfolg billigend in Kauf nimmt«).

289 Unverständlicherweise ganz anderer Meinung: Ostendorf, Max und Moritz – Prototypen von Intensivtätern, S. 581-582: Er kritisiert mich als Autor für meine harte Linie in meinem Rechtsgutachten zum Fall Max und Moritz und hält (als ehemaliger Generalstaatsanwalt des Landes Schleswig-Holstein!) einen Mordversuch an Lehrer Lämpel

kann im Fall des Lehrers Lämpel Tötungsvorsatz nachgewiesen werden.[290]

Fraglich ist, ob sich der Tatentschluss der beiden auch auf die Verwirklichung von Mordmerkmalen richtete.[291] In Betracht kommt zunächst die Annahme von niedrigen Beweggründen (§ 211 Abs. 2 Gruppe 1 Var. 4 StGB). Hierunter sind Tatantriebe zu verstehen, die sittlich auf tiefster Stufe stehen und nach allgemein anerkannten Wertmaßstäben besonders verwerflich und geradezu verachtenswert sind.[292] Entscheidendes Kriterium ist ein krasses Missverhältnis zwischen im Widerstreit stehenden Rechtsgütern und Interessen und zwischen Anlass und Tat.[293] Hinzu kommt eine besondere Geringschätzung fremden Lebensrechts.[294] Triebfedern der Tat von Max und Moritz waren schulische Frustration, Verbitterung und Wut gegenüber Lehrer Lämpel und dem von ihm verkörperten, seitens der beiden als spießig empfundenen Schulsystem.[295]

---

und eine versuchte schwere Brandstiftung für »ohne nähere Sachverhaltsangaben überkonstruiert«; einen Mordversuch an Lehrer Lämpel ebenfalls verneinend Honig, NJW 2009, 737 (nur gefährliche Körperverletzung und Herbeiführen einer Sprengstoffexplosion); Scheffler stellt hingegen zutreffend fest, dass die jugendlichen Täter »ihren Lehrer Lämpel nach Taliban-Art gewaltsam in die Luft sprengen wollten« und demzufolge mindestens eine Straftat nach § 308 StGB vorliegt, vgl. Scheffler, »Max-und-Moritz«-Fall, S. 33 und 22; der Annahme eines Mordversuchs an Lehrer Lämpel zustimmend: Heinrich-Hoffmann-Museum (Hrsg.), Struwwelpeter trifft Max und Moritz, S. 51; für Mord plädiert auch die Staatsanwaltschaft bei Sauerbeck, Max und Moritz für die Schule, S. 45.

290 Ebenso die Einschätzung der Staatsanwaltschaft bei Sauerbeck, Max und Moritz für die Schule, S. 46; s.a. die Position der Staatsanwaltschaft in dem Theaterstück »Die Akte Max und Moritz« von Franzi Klingelhöfer, S. 12.

291 Grundlegend zum Mord: Thomas, Die Geschichte des Mordparagraphen, 1985.

292 BGH, NStZ 2006, 97.

293 Fischer, StGB, § 211 StGB Rn. 17.

294 Fischer, a.a.O.

295 Vgl. zu solchen Schüleremotionen als Reaktion auf sich ständig wandelnde schulische Rahmenbedingungen Elfriede Hohn/Julius Redlich, Das Seelenleben des Schülers, Düsseldorf/Haan 2014, S. 498; Stefan Frustnik, Die Subkultur der Schule, Berlin 1968, S. 45 ff.; Prof. J. Jurakido (Hrsg.), Der Weg in die Gewalt gegenüber Lehrkräften – geistige, gesellschaftliche und schulische Ursachen, Frankfurt a. M. 2008, S. 24; ein über-

Ein Spottgedicht aus der Zeit von Wilhelm Busch lässt uns erahnen, welche zweifelhafte Qualität mancher Dorfschulmeister damals hatte[296]:

Und wenn im Turm die Uhr nicht geht, der lange Zeiger stillesteht,
da heißt's: Es muss besoffen sein, das arme Dorfschulmeisterlein!
Es fängt das Elend erst an, wenn er lehren soll und selbst nicht kann.
Da schlafen ihm die Kinder ein, dem armen Dorfschulmeisterlein!

Max und Moritz dürften zahlreiche demütigende Erfahrungen mit dem nickelbebrillten Pädagogen gemacht haben. Sie verabscheuten seiner »Weisheit Lehren« und das von ihnen von Lehrer Lämpel abverlangte »Festsitzen auf dem Stuhle in der Schule«.[297] Derartiges kommt auch im heutigen Schulalltag vor. So wurde im Jahr 2016 ein Strafverfahren gegen einen (Musik-) Lehrer durchgeführt, weil er Schülern den Gang zur Toilette während des Unterrichts verboten hatte.[298]

---

triebenes Rachebedürfnis und übersteigertes Ehrgefühl kann ein niedriger Beweggrund sein, vgl. Fischer, StGB, § 211 StGB Rn. 23 u. 25 – s.a. die Einordnung der Tat an Lämpel durch Hans Ries, Der Weg des Bösen, in: 125 Jahre Max und Moritz, S. 17: »(…) Erwachsenenhasser und Kinderrächer (gewiss doch: Das Attentat auf Lämpel ist ein Racheakt) (…)«

296 Walz, Eselsarbeit für Zeisigfutter. Die Geschichte des Lehrers, 1988, S. 60.

297 Hier ein beispielhafter Auszug aus einer Schulordnung von 1890: »Während des Unterrichts sollen die Schüler still, ruhig, in gerader Haltung auf ihren Plätzen sitzen, die Hände auf den Tisch legen und sich mit den Füßen ruhig auf dem Boden halten. Alles, was den Unterricht hemmt oder stört, wie Essen, Scharren oder Stampfen mit den Füßen, Schwatzen, Lachen, eigenmächtiges Verlassen des Platzes, ist untersagt. Hat das Kind während des Unterrichts dem Lehrer etwas zu sagen oder ihn um etwas zu bitten, so gibt es, bevor es spricht, ein Zeichen mit dem Finger.«

298 Vgl. den Fall AG Neuss, Urt. v. 24.08.2016, 12 Ds 333/16, BeckRS 2016, 16947 (Verwarnung unter Strafvorbehalt); vgl. zu diesem Fall ausführlich Fahl, Inwiefern ist es strafbar, Schülern den Gang zur Toilette während des Unterrichts zu verbieten? JR 2017, 405 – s. dort das Fazit (S. 413): »Wer als Lehrer ein Toilettenverbot ausspricht, macht sich dadurch in aller Regel nicht strafbar, wenn das Verbot folgenlos geblieben ist. Hat ein Schüler infolge des Verbots in die Hose gemacht, so ist der Lehrer dann strafbar, wenn er diesbezüglichen Vorsatz hatte (…) Hat der Lehrer aber darauf vertraut, dass nichts passiert, so bleibt er auch dann straflos, wenn doch ein Schüler einnässt.«

Max und Moritz begingen mit ihrer explosiven Tat den Versuch, sich gegen das tief empfundene »Ausgeliefertsein« an Lehrer Lämpel und seine Weisheiten sowie die Schule als solche aufzulehnen.[299] Derartige Motive von schuldistanzierten Schülern für die Begehung eines Tötungsdelikts sind äußerst verachtenswert, zumal mit der Explosionsherbeiführung in der Privatsphäre der Lehrperson ein Akt höchster Gewalt vorlag. Nach den maßgeblichen Gesamtumständen der Tat[300] stehen solche Motive auf sittlich allertiefster Stufe.[301] Wegen der absoluten Strafandrohung für Mord (lebenslange Freiheitsstrafe) sind allgemein die Tatbestandsmerkmale der Norm zwar eng auszulegen.[302] Explosive Racheaktionen gegenüber Lehrern stellen aber eine zynische Missachtung eines Menschenlebens dar. Es liegt deshalb im Fall Max und Moritz eine versuchte Tötung des Lehrers Lämpel aus niedrigen Bewegründen vor.[303]

Max und Moritz könnten zudem »heimtückisch« gehandelt haben. Dieses Mordmerkmal ist erfüllt, wenn ein Opfer unter bewusster Ausnutzung seiner Arg- und dadurch beding-

299 Vgl. dazu Summerset-Neil, Kids in Schools as Victims of Teachers, 13. Aufl., Boston 1985; Lehrer Lämpel fehlte als Volksschullehrer wahrscheinlich auch die pädagogische Schulung, Außenseiter wie Max und Moritz in den Klassenverband zu integrieren und sonderpädagogischem Förderbedarf Rechnung zu tragen – Volksschullehrer entstammten bis ins 19. Jh. oft den niederen kirchlichen Diensten (auch Lämpel spielte amtlich in der Kirche Orgel), Grundfertigkeiten im Lesen, Schreiben, Rechnen und Katechisieren genügten zur Einstellung bei den Gemeinden (Meyers Lexikon, Bd. 8, S. 421, Stichwort »Lehrer«); s.a. Lorenz, Warum schwänzen Kinder die Schule?, FPR 2007, 482.

300 Vgl. zur Relevanz der Gesamtumstände BGH, NStZ-RR 2014, 203.

301 Der ehemalige Generalstaatsanwalt Ostendorf hält fälschlicherweise schon die Prüfung eines Tötungsdelikts im Fall Lämpel für falsch, vgl. Ostendorf, Max und Moritz – Prototypen von Intensivtätern, S. 581-582; vgl. zu einem zentralen Mordmerkmal Helmers, Zum Mordmerkmal der niedrigen Beweggründe (§ 211 Abs. 2 StGB), HRRS 2016, 90.

302 In dubio pro Max et Moritz; s.a. Joecks/Jäger, Studienkommentar zum StGB, § 211 StGB Rn. 25.

303 Eine grausame Tötung i.S.d. § 211 StGB liegt nicht vor, da bei einer Sprengstoffexplosion mit einer schnellen Tötung des Opfers zu rechnen ist; s. zu den hohen Anforderungen an das Mordmerkmal der grausamen Tatbegehung Schneider, Anmerkungen zu BGH, NStZ 2008, 29 in NStZ 2008, 30.

ten Wehrlosigkeit in feindseliger Willensrichtung getötet wird.[304] Lehrer Lämpel hat sich beim Anzünden seiner Meerschaumpfeife keines Angriffs auf sein Leben versehen.[305] Er war also auf den ersten Blick arglos und infolgedessen auch wehrlos, da er zu Beginn seiner geplanten Mußestunde keine Veranlassung zu Vorsichtsmaßnahmen hatte. Hiernach müsste man beim Attentat von Max und Moritz »Heimtücke« annehmen. Die Weite der Definition würde aber quasi jede überraschende Tötung zu einem Heimtückemord machen.[306] Mit Recht wird deshalb von Teilen der Literatur für die Annahme von Mord zusätzlich ein besonders verwerflicher Vertrauensbruch gefordert. Die Tücke bestehe gerade im Ausnutzen eines vom Opfer dem Täter entgegengebrachten konkreten Vertrauens; ansonsten liege ein bloß hinterlistiges Verhalten vor.[307] Diese Ansicht überzeugt.

Max und Moritz hatten aufgrund ihres permanenten schulischen (Fehl-)Verhaltens Streit mit dem Lehrer, so dass von einem Vertrauensverhältnis zu Lehrer Lämpel schwerlich gesprochen werden kann. Lämpel hat auch in der allein maßgeblichen Tatsituation Max und Moritz kein Vertrauen entgegengebracht. Er wusste nicht, dass sie in seiner Wohnung gewesen waren. Es handelte sich um eine sogenannte Überraschungstat. Nach der hier favorisierten Literaturmeinung scheidet eine heimtücki-

---

304 BGHSt. 2014, 633.

305 *Und voll Dankbarkeit sodann,*
Zündet er sein Pfeifchen an.
»Ach!« – spricht er – »die größte Freud'
Ist doch die Zufriedenheit!«

306 So die Kritik von Joecks/Jäger, Studienkommentar zum StGB, § 211 StGB Rn. 30.

307 Ein schützenswertes Vertrauen allein aus dem »formellen« Lehrer/Schüler-Verhältnis abzuleiten, wäre verfehlt – im Rahmen des Mordmerkmals »Heimtücke« geht es nicht um die Institutionalisierung sittlicher Pflichten; s. zu dem Problem eines äußeren Vertrauensverhältnisses Borchert/Hellmann, Rohrzangenfall, Jura 1982, 665 (Verhältnis zwischen Ehegatten).

sche Tötung von Lehrer Lämpel aus. Gerade der Fall von Max und Moritz zeigt, dass nicht jede Ausnutzung von Arg- und Wehrlosigkeit derart verwerflich ist, dass die Annahme von Mord als schwerster Straftat des StGB gerechtfertigt wäre.[308]

Es könnte schließlich ein Mordversuch vorliegen, falls Max und Moritz mit dem Flintenpulver »gemeingefährliche Mittel« für ihren Anschlag verwendet haben. Gemeingefährlich ist ein Tötungsmittel, wenn der Täter die Wirkung der von ihm entfesselten Kräfte nicht bestimmen oder in ihrem Gefährdungsbereich begrenzen kann.[309] Bei Sprengmitteln und Brandstiftung ist dies wegen des generellen Gefährdungspotentials regelmäßig der Fall.[310] Die Pfeifenexplosion war in ihrer Ausdehnung schwer vorhersehbar, der Gefährdungsbereich für Max und Moritz nicht sicher abzugrenzen.[311] Außer Lehrer Lämpel hätten angesichts der Explosivkraft eine Reihe weiterer Personen (Besucher des Lehrers Lämpel und Passanten vor dem Haus) zu Schaden kommen können. In einer Gesamtschau sprechen die überwiegenden Gründe dafür, dass der Anschlag auf Lehrer Lämpel mit gemeingefährlichen (Explosiv-)Mitteln erfolgte.[312]

---

308 Ernst v. Pidde folgt demgegenüber bei der Tötung Siegfrieds durch Hagen offenbar dem Heimtückeverständnis der Rechtsprechung, vgl. v. Pidde, Richard Wagners »Ring des Nibelungen« im Lichte des deutschen Strafrechts, S. 64 – dies spielt aber im Ergebnis bei dem Fall keine Rolle, da auch nach meiner Ansicht Hagen heimtückisch tötete: Als Hagen auf der Jagd seinen Jagdgenossen Siegfried hinterrücks umbrachte, bestand zwischen Täter und Opfer allgemein und in der spezifischen (Tötungs-)Situation ein Vertrauensverhältnis, was Hagen schamlos für die Durchführung der Gewalttat ausnutzte.

309 RGSt. 5, 309; v. Danwitz, Die Tötung eines Menschen mit gemeingefährlichen Mitteln, Jura 1997, 569.

310 Fischer, StGB, § 211 StGB Rn. 59-60.

311 S. den Fall der Explosion eines Feuerwerkskörpers aus Schwarzpulver OLG Zweibrücken, Urt. v. 16.9.2014, 1 OLG 1 Ss 23/14; A. Vanzetti, Handbuch der Anarchie – Stichwort »Sprengstoffattentate«, Raubdruck, Berlin 1883, S. 14.

312 In diese Richtung wohl auch Scheffler, »Max-und-Moritz«-Fall, S. 33: Er stellt zutreffend fest, dass die jugendlichen Täter »ihren Lehrer Lämpel nach Taliban-Art gewaltsam in die Luft sprengen wollten«.

Mit dem Stopfen großer Mengen von Flintenpulver in die Pfeife ihres Lehrers Lämpel haben Max und Moritz unmittelbar zu ihrer Tat angesetzt (22 StGB). Die Vollendung des Tötungsdelikts scheiterte nur durch glückliche Umstände. Selbst wenn der sehr selbstherrlich erscheinende Lehrer Max und Moritz in der Schule schikaniert haben sollte, war die Tat der beiden nicht zu rechtfertigen.[313] Ihre Schuld unterliegt keinem Zweifel.[314]

Ergebnis:

Max und Moritz haben versucht, ihren Lehrer Lämpel aus niedrigen Beweggründen und mit gemeingefährlichen Mitteln zu töten. Sie haben sich deshalb als Mittäter wegen eines Mordversuchs zu verantworten, §§ 212 Abs. 1, 211 Abs. 1, Gruppe 1 Var. 4, Gruppe 2 Var. 3, 22, 23 Abs. 1, 25 Abs. 2 StGB.

2. Gefährliche Körperverletzung, §§ 223, 224 StGB

Lehrer Lämpel hat das Attentat »gottlob« überlebt, »doch er hat was abgekriegt«.[315] Die lebensgefährliche Explosion der Meerschaumpfeife hat bei Lehrer Lämpel offenkundig zu zahlreichen schweren Brandverletzungen[316] im Gesichtsbereich, auf dem Kopf und an den Händen geführt:

---

313 Max und Moritz hätten sich zudem bei Schikanen in der Schule mit einer Beschwerde an die Schulaufsichtsbehörden wenden können, vgl. dazu Schrapper/Günther, LBG NRW, 2. Aufl. 2017, § 103 LBG Rn. 5.

314 S. aber Koller, Die Schuldfrage aus der Sicht des Psychiaters, NJW 1960, 2232.

315 Die Verletzungen durch das Sprengstoffattentat führten zur vorübergehenden Dienstunfähigkeit von Lehrer Lämpel:
Wer soll nun die Kinder lehren
Und die Wissenschaft vermehren?
Wer soll nun für Lämpel leiten
Seine Amtestätigkeiten?

316 So auch Scheffler, »Max-und Moritz«-Fall, S. 22; Müssig, Max und Moritz im Spiegel des Deliktsrechts, DVW 6/1987, 29: »In des Lämpels körperliche Unversehrtheit ist durch die Explosion massiv eingegriffen worden; er erlitt somit eine Körperverletzung i.S.d. § 823 I BGB.« S.a. H. Hippokrates, Max & Moritz als Patienten, S. 47: »Verbren-

Nase, Hand, Gesicht und Ohren
Sind so schwarz als wie die Mohren,
Und des Haares letzter Schopf
Ist verbrannt bis auf den Kopf.

Damit liegt objektiv eine gefährliche Körperverletzung mittels einer das Leben gefährdenden Behandlung vor, § 224 Abs. 1 Nr. 5 StGB. Dass Max und Moritz bei Lehrer Lämpel »eigentlich« bedingten Tötungsvorsatz hatten, steht einer Bestrafung wegen vollendeter Körperverletzung nicht entgegen, »da jeder Tötungsvorsatz stets den Körperverletzungsvorsatz im Sinne eines notwendigen Durchgangsstadiums umfasst«.[317]

Zu prüfen wäre außerdem, ob ein »hinterlistiger Überfall« festzustellen ist, § 224 Abs. 1 Nr. 3 StGB. Es handelt sich schwerpunktmäßig um Fälle, wo Täter planmäßig ihre Verletzungsabsicht verbergen, also z. B. betont freundlich das Opfer ansprechen, um es dann plötzlich zu überfallen.[318] Eine zielgerichtete Verdeckung der wahren Absichten von Max und Moritz fand gegenüber dem abwesenden Lehrer Lämpel nicht statt; sie platzierten heimlich das Flintenpulver in seine Meerschaumpfeife. Die Vorrausetzungen des § 224 Abs. 1 Nr. 3 StGB liegen nicht vor. Auch § 224 Abs. 1 Nr. 4 StGB kommt nicht zur Anwendung, weil Max und Moritz beim Pfeifenattentat zwar gemeinschaftlich handelten, sich aber durch das gemeinschaftliche Handeln die Gefährlichkeit für Lehrer Lämpel nicht erhöht hat. Honig hat dies in seinem Strafrechtsgutach-

nungen zweiten und dritten Grades im Bereich des Gesichts, der Haare, der Ohren und beider Hände.«

317 Fischer, StGB, § 211 StGB Rn. 107.

318 Vgl. den berühmt-berüchtigten Iwan-Fall: BGH bei Dallinger, MDR 1956, 526 (»Gute Nacht, Iwan«).

ten zum Fall Max und Moritz präzise und anschaulich auf den Punkt gebracht[319]:

Obwohl Max und Moritz zu zweit waren, findet das Tatbestandsmerkmal »von mehreren gemeinschaftlich« hier allerdings entgegen landläufiger Meinung keine Anwendung, denn ob einer allein oder eine ganze Schulklasse gemeinsam die Pfeife präpariert haben, wirkt sich auf die Schwere der Tat nicht aus.

Max und Moritz haben also zum Nachteil des Lehrers Lämpel »nur« eine gefährliche Körperverletzung nach §§ 223, 224 Abs. 1 Nr. 5 StGB begangen. Dies erfolgte im bewussten arbeitsteiligen Zusammenwirken und damit gemeinschaftlich gemäß § 25 Abs. 2 StGB.

Ergebnis:

Max und Moritz haben sich nach §§ 223, 224 Abs. 1 Nr. 5, 25 Abs. 2 StGB der gefährlichen Körperverletzung zulasten des Lehrers Lämpel schuldig gemacht.[320]

3. Schwere Körperverletzung, §§ 223, 226 Abs. 1 Nr. 3 StGB

Lehrer Lämpel hat durch die Explosion seinen letzten Haarschopf eingebüßt. Die Tat von Max und Moritz könnte deshalb nach § 226 Abs. 1 Nr. 3 StGB als schwere Körperverletzung zu ahnden sein, wenn man von einem Dauerschaden auf dem Kopf des Lehrers ausgeht.[321] Nach dieser Vorschrift wird ein Täter u. a. dann mit einer Freiheitsstrafe von einem Jahr bis zu zehn

319 Honig, NJW 2009, 737.

320 Vgl. zur Frage, wann für Lehrer nach einer Auseinandersetzung mit Schülern (und Eltern) ein Dienstunfall vorliegen kann, den erschütternden Fall VG Gelsenkirchen, Urt. v. 4.3.2016, 3 K 2665/14.

321 Vgl. zu Brandverletzungen und Heilungsprozessen Krause-Wloch, Brandverletzt – Ein Leitfaden, 2002; s. zu Narben als erheblicher Entstellung BGH, NStZ 2008, 32.

Jahren bestraft, wenn die Körperverletzung zur Folge hat, dass das Opfer in »erheblicher Weise dauernd entstellt wird«.

Eine Entstellung i.S.d. § 226 Abs. 1 Nr. 3 StGB liegt vor, wenn die äußere Gesamterscheinung des Verletzten in ihrer ästhetischen Wirkung derart verändert wird, dass er auf Dauer psychische Nachteile im Verkehr mit der Umwelt erleidet.[322] Eine derartige Veränderung kann auch bei bereits vor der Tat vorhandener Unansehnlichkeit eines Menschen eintreten.[323]

Die von Lämpel im Gesicht und an den Händen erlittenen Brandverletzungen dürften nicht von Bedeutung sein. Bei großflächigen Verbrennungsschäden kann zwar ein Fall der Entstellung eintreten[324]. Es fehlen aber nähere Angaben zu etwaig entstellenden Brandnarben bei Lehrer Lämpel. Es ist stattdessen von einer folgenlosen Verheilung der Hautverletzungen auszugehen:

Mit der Zeit wird alles heil,
nur die Pfeife hat ihr Teil.[325]

322 Von der Rechtsprechung bejaht wurde dies bei auffälliger Narbe im Gesicht (BGH, NJW 1967, 292); bei einer 12 cm langen, 4 mm breiten Narbe im linken Halsbereich lag nach Ansicht des BGH keine erhebliche Entstellung vor, vgl. BGH, NStZ 2008, 32.

323 Unter dem Gesichtspunkt der Menschenwürde sehr bedenklich in der Formulierung: BGH, MDR 1968, 16 (»Dass das Opfer ein älterer Arbeitshausverwahrter und ohnehin keine ›Schönheit‹ war, steht einer Bestrafung des Täters nach § 224 StGB nicht entgegen«); RGSt. 39, 419; Fischer, StGB, § 226 StGB Rn. 9: »Eine dauernde Entstellung in erheblicher Weise ist eine Verunstaltung der Gesamterscheinung des Verletzten (…) Dies ist (selbstverständlich) auch bei einem alten oder nach allgemeinem Verständnis unansehnlichen Menschen möglich.«

324 BGH, NStZ 2010, 690.

325 Es ist scharf zu kritisieren, dass z. B. Ricardo Peyerl und Peter Pias in ihrem Beitrag »Max und Moritz – eine Prozessgeschichte in 3 Streichen«, Wiener Kurier vom 8. Februar 1987, S. 14, mit der dortigen Staatsanwaltschaft aktenwidrig und rein spekulativ von Brandnarben bei Lämpel ausgehen und nach österreichischem StGB insoweit verschärft bestrafen wollen: »Max und Moritz haben durch Füllung der Pfeife des Lehrers Lämpel mit Schießpulver, so dass es zu einer Explosion kam, als er sie entzündete, den

Daher kann eine Entstellung nur unter dem Gesichtspunkt der brandbedingten Kahlköpfigkeit des Attentatsopfers vorliegen. Ob Lehrer Lämpels äußere Erscheinung gerade durch den Verlust des letzten Haarschopfes nennenswerte Einbußen erlitten hat und er ohne Haare entstellt ist, kann aus ästhetischer Sicht unterschiedlich gesehen werden. Das Bundessozialgericht hat sich 2015 ausführlich mit dem Thema der entstellenden Wirkung vollständiger männlicher Kahlköpfigkeit beschäftigt.[326] Gerade bei älteren Männern wird von dem Gericht keine entstellende Wirkung gesehen.[327] Einer abschließenden Entscheidung über diese komplexe ästhetische Frage bedarf es hier dankenswerterweise nicht. Eine Entstellung ist nämlich nicht dauerhaft, wenn der Verletzte sich in zumutbarer Weise künstlicher Mittel bedienen kann, um das ursprüngliche Aussehen wiederherzustellen.[328] Eine »Reparaturfähigkeit« der schweren Folgen der von Max und Moritz verursachten Explosion ist gegeben.[329] Lehrer Lämpel könnte bei dauerhafter Glatzköpfigkeit mit einer Perücke nicht nur sein vor dem Flintenpulverattentat vorhandenes Aussehen wiederherstellen, sondern sogar verbessern. Das Tragen einer Perücke erscheint auch zumutbar.[330] Demnach scheidet bei Lehrer Lämpel eine

---

Genannten vorsätzlich am Körper verletzt, wobei die Tat eine an sich schwere Verletzung, verbunden mit einer 24 Tage übersteigenden Gesundheitsbeschädigung, nämlich schweren Verbrennung sowie durch verbleibende Narben eine auffallende Verunstaltung zur Folge hatte. Sie haben hierdurch das Verbrechen der schweren Körperverletzung nach § 83 Abs. 1, § 84 Abs. 1, § 85 Abs. 1 Ziffer 2 StGB begangen.«

326 BSG, Urt. v. 22.04.2015, B 3 KR 3/14 R – vgl. dazu Stachnow-Meyerhoff, jurisPR-SozR 1/2016 Anm. 3.

327 BSG, Urt. v. 22.04.2015, B 3 KR 3/14 R.

328 Fischer, StGB, § 226 StGB Rn. 9a.

329 Vgl. zur Zumutbarkeit von Maßnahmen zur Kaschierung und Beseitigung von Entstellungen Joecks/Jäger, Studienkommentar zum StGB, § 226 StGB Rn. 26 ff.; eine kosmetische Operation – etwa Haarverpflanzung – wäre nicht zumutbar und die reine Möglichkeit nicht für den Täter entlastend, vgl. schon BGH, NJW 1967, 297.

330 Vgl. zu den Beratungspflichten beim Perückenkauf AG München, Urt. v. 24.10.2013, 122 C 15000/13; Perücken sind übrigens nach § 811 Nr. 12 ZPO unpfändbar.

dauerhafte Entstellung aus, wenn er durch die Explosion seinen letzten Haarschopf wirklich für immer verloren haben sollte.[331]

Ergebnis:
Max und Moritz haben sich durch das Verbrennen des letzten Haarschopfes von Lehrer Lämpel nicht nach §§ 223 Abs. 1, 226 Abs. 1 Nr. 3 StGB strafbar gemacht.

4. Herbeiführen einer Sprengstoffexplosion, § 308 StGB[332]

Es ist zu prüfen, ob Max und Moritz eine Sprengstoffexplosion herbeiführten, die Leib oder Leben eines anderen Menschen oder fremde Sachen von bedeutendem Wert gefährdet hat.[333] Bei dem zum Anschlag verwendeten »Flintenpulver« dürfte es sich nach dem geschichtlichen Hintergrund und den geschilderten Auswirkungen beim Anzünden – explosionsartige Verpuffung[334]; heftige Wirkung (Druckwellen) trotz mangelhafter Verdämmung im feuerfesten Meerschaumpfeifenkopf, sehr starke Rauchentwicklung – um Schwarzpulver gehandelt haben.[335] Als weiteres Indiz kann auch der Transport des Pulvers in einer Pulverflasche gewertet werden. Pulverflaschen dienten als Transport- und Dosiervorrichtung zur Verwendung von

331 Anderer Ansicht Fischer, StGB, § 226 StGB Rn. 9a.

332 § 308 StGB Herbeiführen einer Sprengstoffexplosion:
»(1) Wer anders als durch Freisetzen von Kernenergie, namentlich durch Sprengstoff, eine Explosion herbeiführt und dadurch Leib oder Leben eines anderen Menschen oder fremde Sachen von bedeutendem Wert gefährdet, wird mit Freiheitsstrafe nicht unter einem Jahr bestraft.«

333 Ebenfalls eine Lebensgefahr für Lehrer Lämpel bejahend Scheffler, »Max-und-Moritz«-Fall, S. 22; die Explosion der Meerschaumpfeife des Lehrers Lämpel gilt übrigens als Urknall des modernen Comics.

334 Sogenannte Deflagration.

335 Schwarzpulver wurde im 13. Jahrhundert erstmalig in Europa bekannt und verbreitet; seine Entwicklung wird »Bertold dem Schwarzen« zugeschrieben.

Schwarzpulver in Vorderladertaschen. Schwarzpulver ist ein Sprengstoff.[336]

Durch die Pfeifenexplosion, die durch diesen Sprengstoff bewirkt wurde, sind Leib und Leben des Lehrers Lämpel gefährdet worden. Außerdem wurden zahlreiche Sachen des Lehrers »von bedeutendem Wert« zerstört. Der Bundesgerichtshof nimmt insoweit bei § 308 StGB eine Wertgrenze von 1500 Euro an. Durch die zerstörte Meerschaumpfeife und die massiven Schäden im Wohnhaus wurde diese Schwelle eindeutig erreicht.[337]

Der notwendige Vorsatz lag bei den kriminellen »Lausbuben« vor. Die Gefährdung des Lebens von Lehrer Lämpel durch die Explosion war vom Tötungsvorsatz von Max und Moritz mitumfasst. Die unausweichliche Gefährdung der Sachen von bedeutendem Wert entsprach ihrem Tatplan. Sie haben demnach in zwei Varianten den Tatbestand der Herbeiführung einer Sprengstoffexplosion nach § 308 Abs. 1 StGB verwirklicht. Durch die Straftat hat Lehrer Lämpel in Form der verschiedenen Brandverletzungen eine schwere Gesundheitsschädigung erlitten. Dies führt zu einer schwereren Strafe (§ 308 Abs. 2 StGB). Soweit in dem Sprengstoffattentat auch der Versuch der leichtfertigen Verursachung des Todes von Lehrer Lämpel liegt (§ 308 Abs. 3, 12 Abs. 1, 23 Abs. 1 StGB), tritt dies im Wege der Gesetzeskonkurrenz hinter der Bestrafung von Max und Moritz wegen Mordversuchs zurück.

336 Vgl. § 14 Abs. 6 der 1. Verordnung zum Sprengstoffgesetz; OLG Zweibrücken, Urt. v. 16.9.2014, 1 OLG 1 Ss 23/14 (nach § 308 StGB strafbares Herstellen und Zünden eines Feuerwerkskörpers aus Schwarzpulver); RGSt. 24, 315 (Flintenpulverfall); RGSt. 58, 276 (Der Angeklagte hatte eine mit Schießpulver, Patronen, Steinen und Papier gefüllte Bombe in das Schlafzimmer eines Polizisten geworfen).

337 BGH, NJW 2017, 743 (Die Wertgrenze für die Annahme der Gefährdung einer fremden Sache von bedeutendem Wert im Sinne des § 308 Abs. 1 StGB liegt bei 1500 Euro).

Ergebnis:

Max und Moritz haben sich mittäterschaftlich der Herbeiführung einer Sprengstoffexplosion schuldig gemacht, §§ 308 Abs. 1 und 2, 25 Abs. 2 StGB.[338]

5. Verstoß gegen das Gesetz über explosionsgefährliche Stoffe (Sprengstoffgesetz), §§ 40 Abs. 1 Nr. 3 i.V.m. 27 Abs. 1, 3 Abs. 2 Nr. 1 SprengG

Da Moritz aus seiner Tasche die Flintenpulverflasche gezogen hat, kann er unerlaubt Sprengstoff transportiert haben. Max könnte mit dem Stopfen der Pfeife unerlaubt Sprengstoff verarbeitet haben. Sie könnten insoweit wegen ihres Umgangs mit Schwarzpulver[339] – einem (ersichtlich) explosionsgefährlichen Stoff – eine Straftat nach §§ 40 Abs. 1 Nr. 3 i.V.m. 27 Abs. 1 Nr. 1 SprengG begangen haben. Wie sich aus § 14 Abs. 6 der 1. Verordnung zum SprengG ergibt, unterfällt Schwarzpulver dem Sprengstoffrecht.[340] Für den Umgang hiermit benötigt man eine Erlaubnis. Über eine solche dürften Max und Moritz schon deshalb nicht verfügt haben, weil dafür (aus guten Gründen) grundsätzlich die Vollendung des 21. Lebensjahres erforderlich ist.[341] Eine an sich nach § 27 Abs. 5, Abs. 3 Nr. 1 SprengG i.V.m. § 8 Abs. 1 Nr. 2 c) SprengG mögliche Ausnahme vom Alterserfordernis scheidet für Max und Moritz aus. Dem standen öffentliche Interessen entgegen. Die amtsbekann-

338 Der ebenfalls von Max und Moritz verwirklichte § 310 StGB (Vorbereitung eines Explosions- oder Strahlungsverbrechens) tritt hinter § 308 StGB zurück.

339 Es ist zu vermuten, dass Max und Moritz das Schwarzpulver gestohlen haben.

340 § 14 Abs. 6 der 1. VO zum SprengG: »Schwarzpulver zum Sprengen und schwarzpulverähnliche Sprengstoffe dürfen anderen Personen in loser Form nur in Betrieben und ausschließlich zum Schnüren oder zum Kessel- und Lassensprengen überlassen werden«; s. zur Aufbewahrung von Schwarzpulver die SprengLR 410 (Richtlinie Aufbewahrung kleiner Mengen) i.V.m. Anlage 7 zum Anhang Nr. 4 der 2. SprengV (2. Verordnung zum Sprengstoffgesetz).

341 Vgl. § 27 Abs. 1 u. Abs. 3 Nr. 1 SprengG i.V.m. § 8 Abs. 1 Nr. 2 c) SprengG.

te Unzuverlässigkeit der beiden ist zudem ein Ausschlussgrund (§§ 8 Abs. 1 Nr. 1, 8a, 8b Abs. 1 Nr. 3 SprengG). Die »Lausbuben« sind unerlaubt mit Sprengstoff umgegangen.

Ergebnis:

Max und Moritz haben mit ihrem Attentat auf Lehrer Lämpel auch mittäterschaftlich eine Straftat nach dem Gesetz über explosionsgefährliche Stoffe (Sprengstoffgesetz) begangen, §§ 40 Abs. 1 Nr. 3 i.V.m. 27 Abs. 1, 3 Abs. 2 Nr. 1 SprengG.[342]

6. Versuchte schwere Brandstiftung, §§ 306a Abs. 1 Nr. 1, 22, 23 Abs. 1 StGB

Max und Moritz könnten sich auch wegen gemeinschaftlich begangener schwerer Brandstiftung strafbar gemacht haben.[343] Wegen schwerer Brandstiftung wird u. a. bestraft, wer ein zur Wohnung von Menschen dienendes Gebäude in Brand setzt.[344] Eine massive Schwarzpulverexplosion führt in einem geschlossenen Wohnraum regelmäßig mindestens auch zu einem Brand von Einrichtungsgegenständen. Dass es dazu im Hause des Lämpel kam, ist allerdings nicht sicher durch das Bildmaterial und die Beschreibung von Wilhelm Busch belegt. Es ist nach der Explosion nur von »Dampf«, nicht aber von »Rauch«, wie er für einen Brand typisches Indiz wäre, die Rede.[345] Im Zweifel kann Max und Moritz keine vollendete schwere Brandstiftung

342 S. zur Strafzumessung bei einem Hausfriedensbruch und Verstoß gegen das Sprengstoffgesetz durch Heranwachsende AG Düsseldorf, Urt. v. 10.08.2012, 132 Ds-80 Js 362/12 – 162/12 .

343 § 306a StGB geht hier als spezielleres Delikt dem § 306 StGB vor; s. zur schwierigen Systematik der Brandstiftungsdelikte Krüger/Maurer, JA 2018, 321.

344 Wohnstätte, vgl. BGHSt. 48, 14.

345 *Als der Dampf sich nun erhob,*
Sieht man Lämpel, der gottlob!
Lebend auf dem Rücken liegt;
Doch er hat was abgekriegt.

nachgewiesen werden. Es liegt aber der Versuch der schweren Brandstiftung vor. Wer mit einer großen Menge Schwarzpulver in einer Wohnung mit Holzdielenboden und zahlreichen weiteren brennbaren Gegenständen eine schwere Pfeifenexplosion herbeiführt, nimmt billigend in Kauf, dass sich infolge der Explosion auch ein Brand in der Wohnung entwickelt.

Ergebnis:

Max und Moritz haben eine versuchte schwere Brandstiftung verwirklicht, §§ 306a Abs. 1 Nr. 1, 22, 23 Abs. 1, 25 Abs. 2 StGB.

7. Versuchte besonders schwere Brandstiftung, §§ 306b Abs. 2 Nr. 1, 22, 23 Abs. 1 StGB

Der Versuch einer besonders schweren Brandstiftung ist zu bejahen, weil es Max und Moritz mindestens billigend in Kauf nahmen, den Lehrer Lämpel durch eine mit einer Sprengstoffexplosion in Wohnräumen regelmäßig einhergehende Brandstiftung in konkrete Todesgefahr zu bringen.[346]

Ergebnis:

Max und Moritz haben eine versuchte besonders schwere Brandstiftung begangen, §§ 306b Abs. 2 Nr. 1, 22, 23 Abs. 1, 25 Abs. 2 StGB.[347]

346 Bei § 306b Abs. 2 StGB muss der Vorsatz die strafverschärfenden Qualifizierungen umfassen, vgl. BGH, NJW 1999, 3131; BGH, NJW 2018, 3398 mit Anm. Leitmeier.

347 Da die (Brand-)Verletzungen von Lehrer Lämpel offenbar folgenlos abheilten, wird man das Vorliegen der Voraussetzungen des § 306b Abs. 1 StGB (»schwere Gesundheitsschädigung«) nicht bejahen können; s. zum Begriff der »schweren Gesundheitsbeschädigung« Fischer, StGB, § 306b StGB Rn. 4.

8. Sachbeschädigung, § 303 StGB

Max und Moritz haben vorsätzlich (sogar dolus directus 1. Grades) die Meerschaumpfeife von Lehrer Lämpel zerstört. Sie erlitt einen Totalschaden. Nach dem Bildmaterial ist auch die Nickelbrille des Sprengstoffopfers völlig verbogen, also beschädigt. Insoweit liegt ebenfalls bei den Tätern Vorsatz vor (dolus eventualis). Hinsichtlich der anderen Gegenstände im Haus, die in die Luft flogen (Kaffeedose, Tintenfass, Ofen, Tisch, Sorgensitz), sind wegen der Explosion gleichfalls Schäden sehr wahrscheinlich:

Rums! Da geht die Pfeife los
Mit Getöse, schrecklich groß.
Kaffeetopf und Wasserglas,
Tabaksdose, Tintenfaß,
Ofen, Tisch und Sorgensitz –
Alles fliegt im Pulverblitz.

In Teilen der Literatur wird insofern auch eine strafbare Sachbeschädigung der Möbel und der Hausratsgegenstände von Lehrer Lämpel angenommen bzw. unterstellt.[348] Da aber sichere Aussagen zu deren Beschädigung letztlich nach der Aktenlage nicht getroffen werden können, scheidet eine diesbezügliche Bestrafung von Max und Moritz aus.

---

348 Vgl. aus der Literatur den Bericht des »Stern« über den Abschlussbericht des Schadensprüfers der Versicherung im »Großschadensfall Max und Moritz«, Stern 1/1967, Stern-Journal, S. 111: »Die pulvergefüllte Tabakspfeife wirkte wie eine Bombe. Das Mobiliar des Lehrers Lämpel wurde weitgehend zerstört«; s.a. Dirk-Carsten Günther, Max & Moritz in der Sachversicherung, VB 4/2010, 124: »Nach dem Sachverhalt ist von einem nicht unerheblichen Sachschaden an Hausratsgegenständen und Rußschäden am Gebäude auszugehen«; Müssig, Max und Moritz im Spiegel des Deliktsrechts, DVW 6/1987, 29: »Durch die von Max und Moritz initiierte Explosion der Pfeife des Lehrers Lämpel wird jeweils i.S.d. § 823 I BGB das Eigentum des Lämpel an seinen einzelnen Möbelstücken bzw. den übrigen durch die Explosion zerstörten Gegenständen durch Substanzbeschädigung bzw. -zerstörung verletzt.«

Ergebnis:
Max und Moritz haben eine Sachbeschädigung der Meerschaumpfeife und der Brille des Lehrers Lämpel begangen, §§ 303 Abs. 1, 25 Abs. 2 StGB.

C. Strafrechtliches Gesamtergebnis des vierten Streiches

Max und Moritz haben einen versuchten Mord an Lehrer Lämpel in Tateinheit mit versuchter schwerer Brandstiftung, versuchter besonders schwerer Brandstiftung, vollendeter gefährlicher Körperverletzung, Herbeiführung einer Sprengstoffexplosion, Verstoß gegen das Sprengstoffgesetz, Sachbeschädigung und Hausfriedensbruch begangen, § 52 Abs. 1 StGB. Nach § 74 StGB sind die Flintenpulverflasche von Moritz und etwaig noch im Besitz der Täter befindliches Flintenpulver einzuziehen.

D. Exkurs: Das Attentat auf Lehrer Lämpel in dienstunfallrechtlicher Sicht

Da sich »Der Fall Max und Moritz« auch an Pädagoginnen und Pädagogen richtet, soll die strafrechtliche Einschätzung des Attentats durch dienstunfallrechtliche Informationen ergänzt werden. Dies erfolgt auch vor dem Hintergrund, dass die Gewalt an Schulen gegenüber Lehrern stark zunimmt.[349] Die

349 Verband für Bildung und Erziehung e. V. (Hrsg.), Das Tabu brechen – Gewalt gegen Lehrkräfte, 2017.

(potentiellen) Opfer in der Lehrerschaft sollten deshalb ihre Rechte kennen. Die nachfolgenden Betrachtungen basieren auf dem aktuellen Beamtenrecht und der Annahme, Lehrer Lämpel sei ein beamteter Lehrer.[350]

Lehrer Lämpel fiel durch seine (Brand-)Verletzungen zeitweise in der Schule aus:

Wer soll nun die Kinder lehren
Und die Wissenschaft vermehren?
Wer soll nun für Lämpel leiten
Seine Amtestätigkeiten?

Dies führt automatisch zum Dienstunfallrecht. Obwohl die bei dem Attentat entstandenen (Brand-)Verletzungen bei Lehrer Lämpel außerhalb des Unterrichts eingetreten sind, liegt dennoch nach § 31 Abs. 4 BeamtVG in Verbindung mit § 31 Abs. 1 BeamtVG ein Dienstunfall vor.[351] Dem durch einen Dienstunfall in der Schule verursachten Körperschaden ist nämlich ein Körperschaden gleichzusetzen, den ein (beamteter) Lehrer außerhalb seines Dienstes erleidet, »wenn er im Hinblick auf sein pflichtgemäßes dienstliches Verhalten oder wegen seiner

350 Vgl. zur Zulässigkeit der Anwendung aktuellen Rechts im Fall Max und Moritz das Vorwort.

351 Vgl. dazu in Fällen weiterer versuchter oder angekündigter Angriffe von Schülern auf das Leben von Lehrern: Biletzki, Amok und »Vergeltungsangriff« – Zur Auslegung des § 31 IV 1 BeamtVG, NVwZ 2010, 423; VG München, Urt. v. 15.6.2004, M 5 K 03.4440 (Fehlgeschlagener Mordversuch an Lehrer, da dieser am beabsichtigten Tattag krankheitsbedingt nicht in der Schule war); BVerwG, NVwZ-RR 2013, 320; BVerwG, NVwZ 2010, 442; BayVGH, Urt. v. 23.9.2011, 3 B 10.288 (Mordplan gegenüber Lehrer mit Folge eines Schocks beim anvisierten Opfer); s.a. VG Minden, Urt. v. 12.12.2007, 4 K 1451/07 (Vater einer Schülerin würgt außerdienstlich Lehrer – nach Ansicht des Vaters hatte der Lehrer die Schülerin in beleidigender Weise zur Rückgabe aus der Schulbibliothek entliehener Bücher aufgefordert, was ihn als Vater natürlich zur Sanktionierung durch Würgen des Lehrers berechtigt habe).

Eigenschaft als Beamter angegriffen wird«.[352] Genau dies ist bei Lehrer Lämpel in seiner Studierstube bei dem (Pfeifen-) Attentat seiner Schüler Max und Moritz passiert.[353] Er verdient besonderen Schutz und die Fürsorge seines Dienstherrn. Lehrer Lämpel wäre durch die Anerkennung des Attentats als Dienstunfall hinsichtlich der gesundheitlichen Folgen gut gesetzlich abgesichert.

352 § 31 Abs. 4 BeamtVG.

353 Vgl. zu Dienstunfällen Schrapper/Günther, LBG NRW, 2. Aufl. 2017, § 27 LBG NRW Rn. 7.

Fünfter Streich

Wer im Dorfe oder Stadt
einen Onkel wohnen hat,
der sei höflich und bescheiden,
denn das mag der Onkel leiden. –
Morgens sagt man: »Guten Morgen!
Haben Sie was zu besorgen?«
Bringt ihm, was er haben muss:
Zeitung, Pfeife, Fidibus. –
Oder sollt' es wo im Rücken
drücken, beißen oder zwicken,
gleich ist man mit Freudigkeit
dienstbeflissen und bereit. –
Oder sei's nach einer Prise,
dass der Onkel heftig niese,
ruft man: »Prosit!« alsogleich,
»Danke, wohl bekomm' es Euch!« –
Oder kommt er spät nach Haus,
zieht man ihm die Stiefel aus,
holt Pantoffel, Schlafrock, Mütze,
dass er nicht im Kalten sitze, –
kurz, man ist darauf bedacht,
was dem Onkel Freude macht. –

– Max und Moritz ihrerseits
fanden darin keinen Reiz. –
– Denkt euch nur, welch' schlechten Witz
machten sie mit Onkel Fritz! –

Jeder weiß, was so ein Mai-
käfer für ein Vogel sei.
In den Bäumen hin und her
fliegt und kriecht und krabbelt er.

Max und Moritz immer munter,
schütteln sie vom Baum herunter.

In die Tüte von Papiere
sperren sie die Krabbeltiere. –

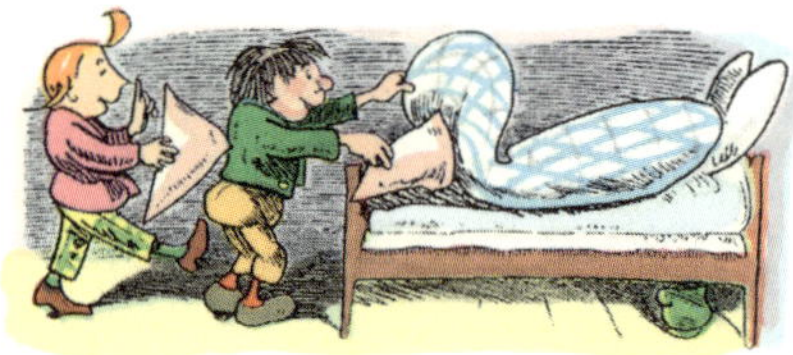

Fort damit, und in die Ecke
unter Onkel Fritzens Decke!!!

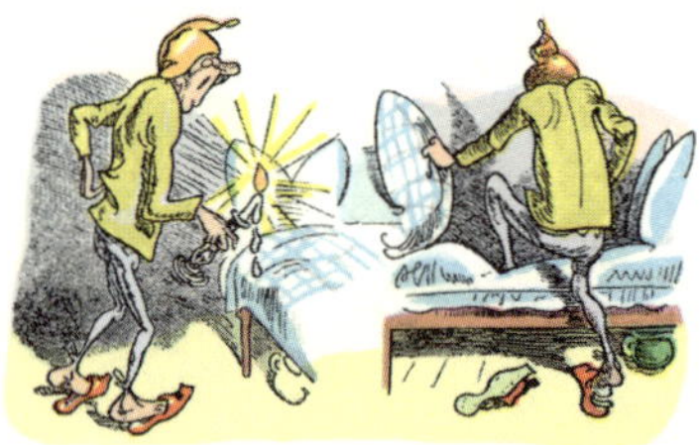

Bald zu Bett geht Onkel Fritze
in der spitzen Zipfelmütze.

Seine Augen macht er zu,
hüllt sich ein und schläft in Ruh.

Doch die Käfer, kritze, kratze,
kommen schnell aus der Matratze.

Schon fasst einer, der voran,
Onkel Fritzens Nase an.

»Bau!!«, schreit er – »Was ist das hier?
und erfasst das Ungetier.

Und den Onkel, voller Grausen,
sieht man aus dem Bette sausen.

»Autsch!!« – schon wieder hat er einen
im Genicke, an den Beinen.

Onkel Fritz, in dieser Not,
haut und trampelt alles tot.

Hin und her und rundherum
kriecht es, fliegt es mit Gebrumm.

Guckste wohl! Jetzt ist's vorbei
mit der Käferkrabbelei!!

Onkel Fritz hat wieder Ruh'
und macht seine Augen zu.

Dieses war der fünfte Streich,
doch der sechste folgt sogleich.

Der fünfte Streich

A. Das Verstecken der Maikäfer im Bett von Onkel Fritz

1. Körperverletzung, § 223 StGB

Max und Moritz haben eine Vielzahl von Maikäfern im Bett ihres zipfelbemützten Onkels platziert.[354] Ob Onkel Fritz von den Maikäfern gebissen und so körperlich unmittelbar durch sie verletzt worden ist, lässt sich anhand des Bildmaterials nicht zweifelsfrei beantworten. Wilhelm Busch deutet eine derartige Möglichkeit nur an:

Autsch! – schon wieder hat er einen
Im Genicke, an den Beinen.

Gegen Menschen gerichtete Bisse von Maikäfern sind im Übrigen extrem selten.[355] Im Zweifel muss zugunsten von Max und Moritz davon ausgegangen werden, dass es durch die unliebsamen tierischen Quälgeister zu keinen wirklichen Bissen kam.[356] Onkel Fritz hat sich aber – von den Krabbeltieren jäh aus dem Tiefschlaf gerissen – vor den aus seiner Matratze kriechenden

354 Heute wäre das Auffinden von Maikäfern schwieriger, da sie seltener geworden sind – dies spiegelt sich schon in einem Song von Reinhard Mey aus dem Jahr 1974 wider: »Es gibt keine Maikäfer mehr.«.

355 B. Schulze-Oldem, Der Maikäfer – ein Stiefkind der Zoologie?, Stuttgart 2008, S. 35 ff.; s. aber Sauerbeck, Max und Moritz für die Schule, S. 51 – die Staatsanwaltschaft geht in dem Planspiel davon aus, dass »Onkel Fritz durch den Biss des ersten Maikäfers in die Nase ernsthaft hätte verletzt werden können«.

356 In dubio pro MaxMo.

Maikäfern erschrocken und sich vor ihnen heftig geekelt.[357] Die Verursachung von Schrecken und Ekel kann unter besonderen Umständen eine strafbare körperliche Misshandlung oder Gesundheitsbeschädigung sein.[358] Neben einer Erschütterung des seelischen Gleichgewichts muss dann eine Reizung der die sinnlichen Eindrücke vermittelnden Empfindungsnerven des Zentralnervensystems eingetreten und die Bagatellgrenze überschritten sein. Die bloße Erregung von Ekelgefühlen (z. B. beim Fall des Anspuckens) reicht als solches in der Regel nicht aus.[359]

Die Maikäfer krabbelten zuletzt nicht nur unter und auf der Matratze, sondern über den Körper von Onkel Fritz. Dies löste bei ihm nach der gravierenden plötzlichen Störung seines Tiefschlafs besonderes »Grausen« aus.[360] Man hat bei allem zu berücksichtigen, dass es sich um extrem große Maikäfer handelte, die fast die Größe von Männerhänden erreichten. Den speziellen Exemplaren kann ein besonderes Schockpotential attestiert werden (»Monsterkäfer«).[361] Panikartige Maßnahmen zur Abwehr des massiven tierischen Angriffs und nicht unerhebliche Adrenalinausschüttungen bei Onkel Fritz dürften die Folge gewesen sein. Wegen der Wechselwirkungen zwischen Psychologie und Physiologie muss man hier von einem pathologischen

357 *Und den Onkel voller Grausen*
Sieht man aus dem Bette sausen.

358 AG Lübeck, Urt. v. 8.6.2011, 61 Ds/11, 61 Ds 746 Js 13196/11 (61/11); RGStrafs. GA 49, 274 (Bespritzen mit Tripperwasser); krit. Ruppert, Zur Vergeistigung der Körperverletzung – Schutz der Psyche auf Grundlage eines uferlosen Körperverletzungstatbestandes?, JR 2016, 686; BGH, JR 2016, 707; OLG Zweibrücken, NJW 1991, 240.

359 OLG Zweibrücken, NJW 1991, 240; BGH, JR 2016, 707; s.a. Ruppert, Zur Vergeistigung der Körperverletzung – Schutz der Psyche auf Grundlage eines uferlosen Körperverletzungstatbestandes?, JR 2016, 686; BGH, JR 2016, 707.

360 Vgl. dazu den Brechreizfall des BGH, JR 2016, 707 (das Opfer hatte nach Anspucken bis in die Abendstunden Brechreiz).

361 Beispielsfälle für schockierende Situationen finden sich bei Ruppert, JR 2016, 686, 690 f.; s. zu seelischen Beeinträchtigungen als Körperverletzungen auch Mavany, »Zwei wie Pech und Schwefel«, JA 2015, 823.

Zustand beim Opfer der Maikäferattacken ausgehen. Bei dieser Sachlage ist – entgegen gewichtiger Stimmen in der übrigen juristischen Literatur zu Max und Moritz[362] – von einer erheblichen Beeinträchtigung des körperlichen Wohlbefindens von Onkel Fritz in Form eines pathologischen Zustands, also einer Körperverletzung, auszugehen. Erst nach Tötung aller Maikäfer erfolgte eine gewisse Beruhigung der zuvor bis auf das äußerste gereizten Nerven des Onkels.[363]

Max und Moritz haben demnach mittels der Maikäfer ihren Onkel Fritz körperlich misshandelt.[364] Es war auch ihr Ziel und Vergnügen, schwerwiegende psychische Beeinträchtigungen beim Opfer hervorzurufen. Sie handelten rechtswidrig und schuldhaft.

362 Anderer Ansicht z. B. Honig, Die Sache mit Max und Moritz, NJW 2009, 735: »Die Störung der Nachtruhe durch ins Bett verbrachte Maikäfer mag lästig, für besonders empfindliche Personen auch widerlich sein. Eine Straftat ist es aber nicht«; s. ferner Müssig, Max und Moritz im Spiegel des Deliktsrechts, DVW 1987, Nr. 6, 30: »Dieser Streich ist bezüglich der vorliegenden Untersuchung wenig ergiebig. Denn der nur kurzzeitig unterbrochene Schlaf des Onkel Fritz sowie sein Ärger über die Maikäfer haben wohl nicht etwa nachhaltige Störungen der inneren Funktionen im Sinne einer Gesundheitsverletzung, § 823 I BGB, ausgelöst«; sehr krit. zu Ekelfällen als Körperverletzung Ruppert, Zur Vergeistigung der Körperverletzung – Schutz der Psyche auf Grundlage eines uferlosen Körperverletzungstatbestandes?, JR 2016, 686.

363 *Onkel Fritz hat wieder Ruh*
Und macht seine Augen zu.

364 So auch Ostendorf, Max und Moritz – Prototypen von Intensivtätern, S. 582: »Hier liegt eine vorsätzliche Körperverletzung gem. § 223 StGB vor: Das körperliche Wohlbefinden von Onkel Fritz wurde erheblich beeinträchtigt.« S. zu den psychologischen Aspekten der gegen den eigenen Onkel gerichteten Straftat René König, Sozialpsychologie der gegenwärtigen Familie, in: Universität (Zeitschrift), 1957, 1245 ff.; s. ferner Handel, The Psychological Interior of the Family, Chicago 1967, S. 25 ff.; E. Harrison, Die zerrüttete Generation, Hamburg 1962, S. 5.

Ergebnis:
Max und Moritz haben sich mit der Maikäferattacke nach § 223 Abs. 1 StGB einer Körperverletzung zulasten ihres Onkels Fritz schuldig gemacht.[365]

2. Gefährliche Körperverletzung, §§ 223, 224 Abs. 1 Nr. 4 StGB

Max und Moritz könnten zulasten von Onkel Fritz wegen der gemeinschaftlichen Durchführung der Tat eine gefährliche Körperverletzung nach § 224 Abs. 1 Nr. 4 StGB begangen haben. Sie waren aber – worauf es bei diesem Qualifikationstatbestand entscheidend ankommt[366] – nicht am Tatort anwesend, als es zur Maikäferattacke auf Onkel Fritz kam. Es war auch aus Sicht des Opfers unerheblich, ob ein oder zwei Täter die Maikäfer bei Onkel Fritz deponierten. Daher scheidet eine schärfere Bestrafung der zu seinen Lasten begangenen Körperverletzung aus.[367]

3. Hausfriedensbruch, § 123 StGB

Der offenbar freie Zugang von Max und Moritz zur Wohnung ihres Onkels Fritz spricht dafür, dass es den Neffen allgemein erlaubt war, die Wohnung ihres Onkels auch in seiner Abwesenheit zu betreten.[368] Die beiden wären dann nicht widerrechtlich dort eingedrungen. Allerdings haben sie den an sich erlaubten Aufenthalt zur Begehung einer gegen Onkel Fritz

365 Anderer Ansicht zum Maikäfervorfall bei Onkel Fritz aber Honig, NJW 2009, 735: »(...) ein läppischer Dummejungenstreich (...) Die Störung der Nachtruhe durch ins Bett verbrachte Maikäfer mag lästig, für besonders empfindliche Personen auch widerlich sein. Eine Straftat ist es aber nicht.« Wie hier eine strafbare Körperverletzung zulasten von Onkel Fritz annehmend Ostendorf, Max und Moritz – Prototypen von Intensivtätern, S. 582.

366 Fischer, StGB, § 224 StGB Rn. 23 ff.

367 Ostendorf, Max und Moritz – Prototypen von Intensivtätern, S. 582.

368 So die zutreffende Analyse von Ostendorf, a.a.O.

gerichteten Straftat genutzt. Dies führt nach der von mir vertretenen Rechtsansicht zu einer anderen Sichtweise.[369] Wer die Betretungserlaubnis zu widerrechtlichen Zwecken missbraucht, dringt gegen den Willen des Inhabers des Hausrechts ein.[370] Max und Moritz haben daher auch den Tatbestand des § 123 Abs. 1 StGB erfüllt.[371]

Ergebnis:

Max und Moritz haben sich durch den Gang in das Schlafzimmer von Onkel Fritz wegen Hausfriedensbruchs strafbar gemacht, der bei Vorliegen von dessen Strafantrag verfolgt werden kann.[372]

B. Das Töten der Maikäfer durch Onkel Fritz

1. Sachbeschädigung, § 303 StGB

Da Onkel Fritz so lange um sich geschlagen hat, bis alle Maikäfer tot am Boden lagen, kommt eine Sachbeschädigung in Betracht. Tiere sind als Sachen – wie bei den Hühnern der Witwe Bolte dargelegt – von § 303 Abs. 1 StGB geschützt.[373] Problematisch ist aber, ob die vom verstörten Onkel liquidierten

369 Dies ist in der Rechtswissenschaft sehr umstritten, vgl. Fischer, StGB, § 123 StGB Rn. 17.

370 BGH, NStZ-RR 1997, 97 – krit. dazu Fischer, StGB, § 123 StGB Rn. 17; Steinmetz, Hausfriedensbruch bei Räumen mit genereller Zutrittserlaubnis, JuS 1985, 94; gegen die Annahme eines Hausfriedensbruchs bei allgemeiner Genehmigung und normalem äußeren Erscheinungsbild des Täters bei Betreten des Raumes: Ostendorf, Max und Moritz – Prototypen von Intensivtätern, S. 582; Ostendorf in Kindhäuser/Neumann/Paeffken, Kommentar zum StGB, 5. Aufl. 2017, § 123 StGB Rn. 29, 32.

371 Für einen Freispruch wegen Bruch des Hausfriedens von Onkel Fritz plädiert Ostendorf, Max und Moritz – Prototypen von Intensivtätern, S. 582.

372 So auch Sauerbeck, Max und Moritz für die Schule, S. 50.

373 Graul, Zum Tier als Sache im Sinne des StGB, Jus 2000, 215.

Maikäfer für ihn »fremde« Sachen waren. Eine Sache ist fremd, wenn sie im Eigentum eines anderen steht. Ob dies der Fall ist, ergibt sich aus dem bürgerlichen Recht.[374]

Ursprünglich befanden sich die Maikäfer in freier Natur auf einem Baum. Sie waren daher nach § 960 BGB[375] als »wilde Tiere« herrenlos[376]. Der Begriff »wild« im BGB richtet sich nach der Tiergattung, nicht nach den Eigenschaften des jeweiligen einzelnen Tieres.[377] Durch das Herunterschütteln der (nicht nur rechtlich) »wilden« Maikäfer vom Baum und Hineinstecken in die mitgebrachten Tüten könnten aber Max und Moritz nach § 958 BGB Eigentümer der Tiere geworden sein.[378] Die beschränkte Geschäftsfähigkeit von Max und Moritz stand einer wirksamen Aneignung nicht entgegen; eine Aneignung von Sachen ist kein zustimmungsbedürftiges Rechtsgeschäft.[379] Eine Aneignung würde aber scheitern, wenn die Inbesitznah-

---

374 BGHSt. 6, 380.

375 § 960 BGB, Wilde Tiere:
»(1) Wilde Tiere sind herrenlos, solange sie sich in Freiheit befinden.
Wilde Tiere in Tiergärten und Fische in Teichen oder anderen geschlossenen Privatgewässern sind nicht herrenlos.«

376 Zustimmend: Lange/Dittmann/Holthausen, Max und Moritz – Eine humorvolle »versicherungsrechtliche« Betrachtung, S. 16.

377 Westermann in Erman, Kommentar zum BGB, 15. Aufl. 2017, § 960 BGB Rn. 2; vgl. dazu Hammer, Eigentum an Wildtieren, NuR 1992, 62; zu speziellen wilden Tieren auch grundlegend Gerhard, »Im Namen des Bienenvolkes« – Ein wichtiger Abschnitt des Bürgerlichen Gesetzbuches bedarf dringend der Reform, NVwZ 2001, Sonderheft, 17 ff.

378 Vgl. zur zivilrechtlichen Aneignung von beweglichen herrenlosen Sachen nach § 958 BGB Jörg-Michael Günther, BGB in Reimen, §§ 958–960 BGB:
»Was war von sich aus herrenlos,
Was vom Eigner preisgegeben,
Mag jeder ohne Rechtsverstoß
Zum Eigentume sich erheben,
Wenn nicht verboten durch Gesetz,
Hat man nicht fremden Fisch im Netz.«

379 Vgl. dazu Elvira Malenko, §§ 958, 959 BGB und ihre praktische Bedeutung für Kinder in Kindertagesstätten – Rechtsgeschäft und Realakt aus der Sicht der Kindergärtnerin, in: Probleme der Kindergartenpraxis, 1987, Heft 2, 23 ff.

me von Maikäfern gegen ein gesetzliches Aneignungsverbot nach § 958 Abs. 2 BGB verstoßen würde. Aneignungsverbote sind Verbote, die die Aneignung unmittelbar verhindern sollen.[380] Hierzu zählt insbesondere die auf Grundlage des Bundesnaturschutzgesetzes erlassene Verordnung zum Schutz wild lebender Tier- und Pflanzenarten (Bundesartenschutzverordnung v. 16.02.2005).[381] Durch die Bundesartenschutzverordnung werden zwar eine ganze Reihe von Käfern (Coleoptera) geschützt (z. B. Prachtkäfer, Puppenräuber, Goldkäfer), nicht aber Maikäfer.[382] Dies ist auch kein Wunder, da Maikäfer bei nüchterner Betrachtung Kulturschädlinge sind, die als solche vor allem im Mai Blätter von Laubhölzern fressen und als Larven Wurzeln vertilgen. Nicht umsonst gibt es in einem Bundesland eine Maikäferbekämpfungsverordnung (MaiKäfBekV).[383] Im Mittelalter gab es sogar um das Jahr 1450 beim bischöflichen Gericht in Lausanne Tierprozesse gegen Maikäfer, weil deren Engerlinge die Ernte beschädigt hatten.[384] In heutigen Kommentaren zum Naturschutzrecht wird dem Maikäfer ausdrücklich die Schädlingseigenschaft zuerkannt.[385] Ein gesetzliches Aneignungsverbot an Maikäfern besteht deshalb nicht.

380 Palandt, BGB, § 958 BGB Rn. 3.

381 BGBl. I 2005, 264; Palandt, BGB, § 958 BGB Rn. 3.

382 Vgl. die Anlage 1 zu § 1 der Bundesartenschutzverordnung (Auflistung unter »Coleoptera«); Müller-Walter in Lorz, Naturschutzrecht, 2013, § 1 BArtSchV Rn. 42.

383 MaiKäfBekV Baden-Württemberg vom 25.03 1954, GBl. 1954, 49 – hiernach sind Eigentümer und Nutzungsberechtigte von Obstbäumen und Obststräuchern bei »erheblichem Maikäferbefall« zu Gegenmaßnahmen verpflichtet; s.a. Lorz, Das Recht der Schädlingsbekämpfung, NuR 1990, 254.

384 Dinzelbacher, Das fremde Mittelalter. Gottesurteil und Tierprozess, 2006, S. 116 ff.; Hülle, Von Tierprozessen im deutschen Recht, DRiZ 1990, 135.

385 Vgl. Müller-Walter in Lorz, Naturschutzrecht, 2013, § 39 BNatSchG Rn. 8: »Dass eine wesensmäßig schädliche Art zugleich Nutzen stiftet (etwa dadurch, dass sie andere Schadorganismen vernichtet oder anderen Arten zur Nahrung dient oder überhaupt ihr genetisches Material zur Verfügung stellt), steht ihrer Schädlingseigenschaft nicht entgegen. Entscheidend kann der Ort und der Umfang des jeweiligen Auftretens sein, z. B. beim Maikäfer.« Daher dürfte von Max und Moritz auch nicht gegen das Fangverbot in § 39 Abs. 1 Nr. 1 BNatSchG verstoßen worden sein.

Grundsätzlich konnten sich Max und Moritz also die Maikäfer aneignen. Fraglich ist, ob sie es auch wirklich im juristischen Sinne getan haben.

Nach §§ 958 Abs. 1, 872 BGB hätten die Lausbuben dafür die Maikäfern als ihnen gehörend in Eigenbesitz nehmen müssen. Max und Moritz wollten die Maikäfer jedoch nicht für sich selbst, sondern für Onkel Fritz. Sie haben sie nach dem Einfangen auch sofort zu Onkel Fritz gebracht und im Bett platziert. Max und Moritz waren nach ihrem erkennbaren Willen lediglich Transporteure, nicht Eigentümer der Tiere.[386] Da die Maikäfer somit herrenlos blieben, kann Onkel Fritz als »Käfermörder« nicht wegen Sachbeschädigung bestraft werden.[387]

Ergebnis:

Onkel Fritz hat mit dem Töten der Maikäfer keine Sachbeschädigung begangen.

2. Verstoß gegen das Tierschutzgesetz, § 17 TierSchG

Onkel Fritz hat sich wegen der Tötung der Maikäfer auch nicht nach § 17 TierSchG strafbar gemacht, da von diesem Gesetz nur Wirbeltiere erfasst werden, Maikäfer aber keine Wirbeltiere sind.

386 Zur Haftung für ausschwärmende Borkenkäfer vgl. OLG Hamm, NJW-RR 2008, 265.

387 Eine Straftat nach § 303 StGB würde auch ausscheiden, wenn Max und Moritz Eigentum an den Maikäfern erworben hätten – Onkel Fritz ging von der Herrenlosigkeit der wilden Maikäfer aus und handelte deshalb dann nicht vorsätzlich bei deren Tötung (Fall des Tatbestandsirrtums, § 16 Abs. 1 StGB); vgl. in dem Kontext Schröder, Die Irrtumsrechtsprechung des BGH, ZStW 1965, 178; Knirsch, Irrungen und Wirrungen des BGH in seiner Irrtumsrechtsprechung, in: Der kritische Jurist, 2015, 13.

C. Strafrechtliches Gesamtergebnis des fünften Streiches

Max und Moritz haben einen Hausfriedensbruch begangen und zulasten von Onkel Fritz mittels der Maikäfer eine Körperverletzung nach § 223 Abs. 1 StGB verwirklicht. Onkel Fritz ist wegen der Maikäfertötungen nicht zu bestrafen.

Sechster Streich

In der schönen Osterzeit,
wenn die frommen Bäckersleut'
viele süße Zuckersachen
backen und zurechtemachen,
wünschten Max und Moritz auch
sich so etwas zum Gebrauch. –

Doch der Bäcker, mit Bedacht,
hat das Backhaus zugemacht.

Also, will hier einer stehlen,
muss er durch den Schlot sich
quälen. –

Ratsch!! – Da kommen die zwei Knaben
durch den Schornstein, schwarz wie
Raben.

Puff! – Sie fallen in die Kist',
wo das Mehl darinnen ist.

Da! Nun sind sie alle beide
rundherum so weiß wie Kreide.

Aber schon mit viel Vergnügen
sehen sie die Brezeln liegen.

Ganz von Kuchenteig umhüllt
stehn sie da als Jammerbild. –

Knacks!! –
Da bricht der Stuhl entzwei;

Gleich erscheint der Meister Bäcker
und bemerkt die Zuckerlecker.

Schwapp!! –
Da liegen sie im Brei.

Eins, zwei, drei! – Eh man's gedacht,
sind zwei Brote draus gemacht

In dem Ofen glüht es noch –
Ruff!!! – damit ins Ofenloch!

Jeder denkt, die sind perdü!
Aber nein! – Noch leben sie!

Ruff!! Man zieht sie aus der Glut,
denn nun sind sie braun und gut. –

Knusper, knasper! – Wie zwei Mäuse
fressen sie durch das Gehäuse.

Und der Meister Bäcker schrie:
»Ach herrje! Da laufen sie!!«

Dieses war der sechste Streich,
doch der letzte folgt sogleich.

Der sechste Streich

A. Das Eindringen von Max und Moritz in die Backstube und ihr Griff nach den Brezeln

1. Versuchter Diebstahl in einem besonders schweren Fall, §§ 242, 243 Abs. 1 S. 2 Nr. 1, 22, 23 Abs. 1 StGB

Max und Moritz wollten bei Meister Bäcker frisch hergestellte Backwaren entwenden. Wilhelm Busch schildert uns diesen Tatplan juristisch sehr präzise:

Also will hier einer stehlen,
Muss er durch den Schlot sich quälen.

Durch ihr Eindringen in die Backstube und den Griff nach den Brezeln hatten Max und Moritz zum Diebstahl der Lebensmittel bereits unmittelbar angesetzt. Ihre Tat könnte sogar ein besonders schwerer Fall des versuchten Diebstahls sein, weil sie zu deren Ausführung in einen Geschäftsraum (Backstube) eingestiegen sind (§ 243 Abs. 1 S. 2 Nr. 1 StGB).[388] Von einigen Strafrechtswissenschaftlern[389] wird aber die Ansicht vertreten, den Versuch eines besonders schweren Falles des Diebstahls könne es gar nicht geben.[390] Max und Moritz belehren sie eines Besseren. Die Lausbuben haben das Regelbeispiel durch den

388 Ein Bandendiebstahl nach § 244 Abs. 1 Nr. 3 StGB scheidet aus, weil die hierfür notwendige Mindestanzahl von drei Bandenmitgliedern (BGHSt. 46, 321) bei Max und Moritz nicht erreicht wird.

389 Arzt, StV 1985, 104; Callies, JZ 1975, 118.

390 Vgl. dazu die umfassende Darstellung bei Fischer, StGB, § 243 StGB Rn. 28 und § 46 StGB Rn. 97 ff.; BGHSt. 33, 370.

Einstieg in die Backstube durch den Schlot verwirklicht und den Brezeldiebstahl nur durch unglückliche Umstände nicht zu vollenden vermocht.[391] Sie können deshalb grundsätzlich wegen versuchten Diebstahls in einem besonders schweren Fall bestraft werden.[392] Dies gilt allerdings nur, wenn man die Brezeln als nicht geringwertig ansehen würde. Bei geringwertigen Sachen scheidet nämlich ein besonders schwerer Fall aus (§ 243 Abs. 2 StGB).[393]

Eine geringwertige Sache liegt vor, wenn ihr Geldwert nicht höher als 25 Euro beträgt.[394] Wenn ein Diebstahl – wie in der Backstube von Meister Bäcker – auf mehrere Brezeln gerichtet ist, muss man deren Wert zusammenrechnen.[395] Entscheidend ist der Verkaufswert der Diebstahlsobjekte zum Tatzeitpunkt.[396] Nach dem vorliegenden Bildmaterial bezog sich der Diebstahlswille von Max und Moritz auf drei Brezeln, die sich in der Backstube verkaufsfertig auf einem Regal befanden. Der Gesamtpreis für solche traditionellen Laugenbrezeln liegt bei der geringen Stückzahl deutlich unter der strafrechtlich maßgeblichen (Mindest-)Wertgrenze von 25 Euro.[397] Wegen der Geringwertigkeit der Diebstahlsobjekte scheidet ein besonders schwerer Fall des Diebstahlversuches aus.[398]

391 So auch Dirk-Carsten Günther, Max & Moritz in der Sachversicherung, VB 4/2010, 125.

392 Vgl. Schönke/Schröder/Stree/Hecker, § 243 StGB Rn. 44; Fischer, StGB, § 46 StGB Rn. 103; BGH, NStZ 1985, 217.

393 Zu geringwertigen Tatobjekten siehe den hochwertigen Aufsatz von Kudlich/Noltensmeier/Schuhr, Die Behandlung geringwertiger Tatobjekte im Strafrecht, JA 2010, 342.

394 OLG Hamm, BeckRS 2016, 05563 m. Anm. von Eisele, JuS 2016, 564; teilweise wird von 50 Euro ausgegangen, vgl. Kudlich/Noltensmeier/Schuhr, JA 2010, 342; Henseler, StV 2007, 323.

395 OLG Düsseldorf, NJW 1987, 1958.

396 So schon RGStrafs. GA 64 (1917), 118 f.

397 So auch die Einschätzung von Honig, NJW 2009, 737; für eine Wertgrenze von 50 Euro bei § 248a StGB OLG Frankfurt, Beschl. v. 28.10.2016, 1 Ss 80/16.

398 So im Ergebnis auch Ostendorf, Max und Moritz – Prototypen von Intensivtätern, S. 583 und Honig, Die Sache mit Max und Moritz, NJW 2009, 737; bei der Prüfung der

Ergebnis:

Max und Moritz haben einen versuchten Diebstahl von Brezeln begangen, §§ 242, 22, 23 Abs. 1, 25 Abs. 2 StGB. Einen an sich beim Diebstahl geringwertiger Sachen nach § 248a StGB notwendigen Strafantrag hat der Bäcker unter den gegebenen Umständen wohlweislich unterlassen.[399] Dies steht der Strafverfolgung von Max und Moritz wegen des Einbruchs in die Bäckerei aber nicht entgegen. Angesichts der kriminellen Karriere der beiden ist eine Strafverfolgung von Amts wegen geboten.[400] Das öffentliche Interesse an einer Strafverfolgung ist bei Wiederholungstätern bzw. jugendlichen Intensivtätern wie Max und Moritz regelmäßig zu bejahen.[401]

2. Hausfriedensbruch, § 123 StGB

Max und Moritz haben die Backstube von Meister Bäcker gegen seinen Willen durch den Schornstein »betreten« und damit sein Hausrecht verletzt.

Frage der Geringwertigkeit wurde zugunsten von Max und Moritz nicht betrachtet, inwieweit sich ihr Diebstahlsvorsatz auch neben den Brezeln zusätzlich auf »viele süße Zuckersachen« bezog, da die Angaben des Wilhelm Busch in den ersten Zeilen des sechsten Streiches hier zu unpräzise erscheinen – Ostendorf kommt übrigens a.a.O. auch unter Berücksichtigung eines zusätzlich auf Zuckersachen gerichteten Diebstahlsvorsatzes von Max und Moritz zur Geringwertigkeit; auch ein durchaus zu prüfender gewerbsmäßiger Diebstahl (§ 243 Abs. 1 S. 2 Nr. 3 StGB) scheidet wegen Geringwertigkeit der anvisierten Tatobjekte aus.

399 Honig, Die Sache mit Max und Moritz, NJW 2009, 737.

400 Diese rechtlichen Aspekte bei § 248a StGB werden von Honig (NJW 2009, 737) völlig verkannt.

401 Joecks/Jäger, Studienkommentar zum StGB, § 248a StGB Rn. 7; Kudlich/Noltensmeier/Schuhr, JA 2010, 342; s.a. in dem Zusammenhang zur Intensivtäterschaft von Max und Moritz auch Annika von Walter, Upgrade: Max und Moritz 2.010, in: Kerner/Marks (Hrsg.), Internetdokumentation des Deutschen Präventionstages. Hannover 2010, www.praeventionstag.de/Dokumentation.cms/959.

Ergebnis:
Max und Moritz haben sich wegen Hausfriedensbruchs zulasten von Meister Bäcker strafbar gemacht, § 123 Abs. 1 StGB.[402]

B. Das Zerbrechen des Stuhls in der Backstube und Unbrauchbarmachen von Mehl und Kuchenteig

1. Sachbeschädigung, § 303 StGB

Unter dem Gewicht von Max und Moritz ist der Stuhl in der Backstube von Meister Bäcker zusammengebrochen und zerstört worden:

Knacks! – Da bricht der Stuhl entzwei

Max und Moritz wollten den Stuhl aber gar nicht beschädigen.[403] Er sollte ihnen gerade in unbeschädigtem, funktionstüchtigem Zustand als Hilfsmittel zum Ergreifen der auf dem Regal befindlichen Diebesbeute (Brezeln) dienen.[404] Es fehlt also an dem notwendigen Beschädigungsvorsatz. Gleiches gilt für das unbrauchbar gewordene Mehl, in das die mit Ruß aus dem Schornstein verschmutzten Eindringlinge hineinfielen. Auch das Verderben des Kuchenteigs, in den die Lausbuben

402 Nach § 123 Abs. 2 StGB wird der Hausfriedensbruch nur auf Antrag von Meister Bäcker verfolgt.

403 Anderer Ansicht Sauerbeck, Max und Moritz für die Schule, S. 55: »Sachbeschädigung § 303 StGB (Zerstörung des Stuhls; zwar ohne Absicht, jedoch mussten Max und Moritz damit rechnen, dass der Stuhl zusammenbricht, wenn sie zu zweit darauf steigen).«

404 Vgl. Dirk-Carsten Günther, Max & Moritz in der Sachversicherung, VB 4/2010, 125.

infolge des Zerbrechens des Stuhls fielen, geschah nicht vorsätzlich.[405]

Ergebnis:

Max und Moritz haben sich wegen der Zerstörung des Stuhls von Meister Bäcker und des Unbrauchbarmachens von Mehl und Kuchenteig nicht strafbar gemacht. Zivilrechtlich müssten sie aber Schadenersatz leisten.[406]

C. Das Hineinschieben von Max und Moritz in den glühenden Ofen durch Meister Bäcker

1. Versuchter Totschlag bzw. Mord, §§ 212 Abs. 1, 211, 22, 23 Abs. 1 StGB

Meister Bäcker hat die mit Teig umhüllten Max und Moritz in den glühenden Ofen geschoben (»In dem Ofen glüht es noch …«), um aus den diebischen Buben Brot – vermutlich »Bauernbrot« oder »Lausbubenbrot«[407] für Bauer Mecke – zu machen.[408] Im Akt des Hineinschiebens der Jugendlichen in den Ofen liegt der unmittelbare Ansatz zu deren vorsätzlicher

405 Vgl. Honig, Die Sache mit Max und Moritz, NJW 2009, 737.

406 Müssig, Max und Moritz im Spiegel des Deliktsrechts, DVW 1987, Nr. 6, 30 und DVW 1988, Nr. 1, 28.

407 Vgl. dazu Coduro, Zur Frage der Zusammensetzung von Bauernbrot, ZLR 1988, 33.

408 Vgl. zu den verschiedenen Brotsorten H. E. Valentin, Brezen, Kletzen, Dampedei. Brot im süddeutschen und österreichischen Volksbrauch, Regensburg 1978, S. 35 ff.; E. Jacob, 6000 Jahre Brot, Hamburg 1954, S. 120; s.a. Gerhard Mauz, Das alltägliche Brot des Strafrichters, Der Spiegel 1987, Heft 11, S. 100 – Mauz kritisiert ein Urteil des OLG Oldenburg und stützt die Urteilsschelte auf Verse von Wilhelm Busch: »Man sollte wirklich sogar im niedersächsischen Oldenburg Wilhelm Busch lesen. Der lehrt nämlich in ›Das Bad am Samstagabend‹, dass man nicht in einer Strafsache entscheiden und zugleich noch die gesamte Strafverteidigung aburteilen soll: und die Moral von der Geschicht': Bad zwei in einer Wanne nicht!«

Tötung.[409] Gleichwohl kann Meister Bäcker möglicherweise nicht wegen Totschlags- oder Mordversuchs bestraft werden. Schließlich hat er Max und Moritz bei einem Hausfriedensbruch und Brezeldiebstahl in seiner Backstube erwischt (adhuc flagranti crimine[410]). Seine Reaktion auf den kriminellen Angriff könnte deshalb durch Notwehr gedeckt sein (§ 32 StGB).[411]

Ein gegenwärtiger rechtswidriger Angriff durch Max und Moritz lag zum Zeitpunkt des Einschreitens von Meister Bäcker zumindest noch in Bezug auf sein Hausrecht und damit sein Eigentum vor.[412] Bei einem Dauerdelikt wie § 123 Abs. 1 StGB ist eine Notwehr bis zu dessen Beendigung möglich.[413] Dies übersieht Ostendorf, der bei seinem Strafrechtsgutachten zu Max und Moritz offenbar nur die Brezeln des Bäckers im Blick hat.[414] Er spricht auf dieser Basis Meister Bäcker in der Situation ein Notwehrrecht bereits deshalb ab, weil der Angriff auf dessen Eigentum schon wegen der Entdeckung der Tat beendet sei.[415] Für die Brezeln mag das stimmen, für den Hausfriedens-

409 So auch die Position von Honig, NJW 2009, 735: »(…) der Bäcker will also eindeutig die Ertappten töten.«

410 Der Ausdruck geht auf den Codex Iustinianus (9, 13, 1) zurück und bezeichnet einen auf frischer Tat angetroffenen Täter (solange das Verbrechen noch brennt).

411 Nach dem früheren Recht der Selbsthilfe im Mittelalter durfte jeder Dieb, der auf »handhafter Tat ertappt« wurde, sofort getötet werden – vgl. dazu Herbert Hirtz, Die Selbsthilfe im deutschen Strafrecht, Diss., Gummersbach 1931, S. 17 ff.; Einschränkungen des drastischen Selbsthilferechts kamen später durch die (wirklich) »Peinliche Gerichtsordnung« von Kaiser Karl V (Art. 139 der Peinlichen Gerichtsordnung).

412 Die Voraussetzungen der Notwehr ergeben sich aus § 32 StGB: »(1) Wer eine Tat begeht, die durch Notwehr geboten ist, handelt nicht rechtswidrig.« Ostendorf verweist darauf, dass der Angriff auf das Eigentum von Meister Bäcker nach Entdeckung der Tat beendet und daher angeblich nicht mehr gegenwärtig im Sinne einer Notwehr gewesen sei, vgl. Ostendorf, Max und Moritz – Prototypen von Intensivtätern, S. 584.

413 Fischer, StGB, § 32 StGB Rn. 19.

414 Ostendorf, Max und Moritz – Prototypen von Intensivtätern, S. 584.

415 A.a.O.: »Der ›Angriff‹ auf das Eigentum des Bäckers (…) war nach Entdeckung der Taten beendet und nicht mehr gegenwärtig im Sinne einer Notwehr gem. § 32 StGB.« Neben der nicht richtigen Verengung des Blicks von Ostendorf auf die Brezeln wird seine Annahme, dass mit Entdeckung der Tat auch deren Beendigung eintrete, was zum

bruch nicht. Ein abwehrfähiger Angriff lag vor. Da Max und Moritz über 14 Jahre alt waren, stellt sich auch nicht die in der Strafrechtswissenschaft weithin diskutierte Frage, ob überhaupt gegen angreifende Kinder Notwehr zulässig ist.[416]

Es sind aber erhebliche Zweifel anzumelden, ob zur Abwehr des Angriffs das Hineinschieben von Max und Moritz in den noch glühenden Ofen wirklich »erforderlich« bzw. geboten war. Max und Moritz waren ganz von klebrigem Kuchenteig umhüllt und damit in ihrer Seh- und Bewegungsfähigkeit sehr stark eingeschränkt. Unter diesen Umständen und unter Berücksichtigung der Statur der jugendlichen Täter hätte Meister Bäcker weitaus mildere Verteidigungsmöglichkeiten zur Verfügung gehabt. Er hätte sich in dieser Situation ohne Risiko für eigene Rechtsgüter darauf beschränken können, Max und Moritz nach § 127 Abs. 1 StPO[417] vorläufig festzunehmen oder aus der Backstube zu vertreiben. Außerdem hätte höchstwahrscheinlich schon eine bloße Drohung mit dem Hineinschieben in den glühenden Backofen Max und Moritz zur Flucht veranlasst. Berücksichtigt man zudem, dass die beiden nur Zuckersachen bzw. Brezeln stehlen wollten (Bagatellangriff), dann bestand ein krasses Missverhältnis zwischen den Taten der Lausbuben und

Entfallen der »Gegenwärtigkeit« i.S.d. § 32 StGB führe, in dieser Allgemeinheit von mir ebenfalls nicht geteilt.

416 Für ein Notwehrrecht eines Pädagogen gegenüber Kindern (Ohrfeige): OLG Düsseldorf, Urt. v. 2.6.2016, III-1 Ws 63/16 – vgl. dazu Kubiciel, jurisPR-StrafR 26/2016 Anm. 4 und Eisele, JuS 2017, 81.

417 § 127 StPO Vorläufige Festnahme: »(1) Wird jemand auf frischer Tat betroffen oder verfolgt, so ist, wenn er der Flucht verdächtig ist oder seine Identität nicht sofort festgestellt werden kann, jedermann befugt, ihn auch ohne richterliche Anordnung vorläufig festzunehmen.«

der extremen »Verteidigungshandlung«.[418] Meister Bäcker kann sich deshalb nicht auf Notwehr berufen.[419]

Sein sehr deutliches Überschreiten der Notwehrgrenzen ist auch nicht über § 33 StGB zu entschuldigen. Nach dieser Vorschrift wird ein Täter ausnahmsweise nicht bestraft, wenn er »aus Verwirrung, Furcht oder Schrecken« bei seiner Abwehr über das Erforderliche hinausgegangen ist (sogenannter intensiver Notwehrexzess). Für derartige psychische Zustände bei Meister Bäcker gibt es keine Anhaltspunkte.[420] Analysiert man seine Mimik beim Entdecken von Max und Moritz und bei ihrem Hinschieben in den glühenden Ofen, stellt man stattdessen eine geradezu diebische, sadistisch anmutende Freude des Bäckers fest, jetzt mit den kriminellen Knaben auf dem Wege der Selbstjustiz abrechnen zu können.[421] Sein Handeln ist nicht über § 33 StGB zu entschuldigen.

---

418 Vgl. dazu in einem von der Problematik her vergleichbaren Schulfall Esser/Gerson, Castle Doctrine oder Alter schützt vor Strafe nicht, JA 2015, 662.

419 Vgl. den berühmten Schulfall, bei dem der gelähmte Grundstückseigentümer mit einem Jagdgewehr den kindlichen Obstdieb (verbotenerweise) vom Kirschbaum schießt; OLG Braunschweig, MDR 1947, 205 (Schutz eines Pfirsichbaumes durch elektrische Anlage, die den Tod des Diebes verursacht); OLG Stuttgart, DRZ 1949 (Tödlicher Schuss auf einen Dieb, der mit Sirupflasche im Wert von 10 Pfennig flieht); RGSt. 23, 117 (Revolverschüsse zum Schutz von Biergläsern); s.a. BGH, Urt. v. 27.10.2015, 3 StR 199/15 (Schüsse eines in seinem Haus überfallenen alten Mannes auf fliehende Räuber).

420 Erforderlich sind sogenannte asthenische Affekte, vgl. Fischer, StGB, § 33 StGB Rn. 3; vgl. Theile, JuS 2006, 965: »Bei den in § 33 StGB bezeichneten psychischen Zuständen ›Verwirrung‹, ›Furcht‹ und ›Schrecken‹ handelt es sich nach einhelliger Auffassung um sogenannte asthenische Affekte, die im Gegensatz zu sthenischen Affekten wie Hass, Zorn, Rache, Empörung etc. nicht auf ›Stärke‹, sondern auf ›Schwäche‹ zurückzuführen sind.«

421 Es liegt strafbare Selbstjustiz und kein Fall des bewussten Notwehrexzesses vor, der nach Teilen der Literatur zur Entschuldigung führen kann, vgl. Theile, Der bewusste Notwehrexzess, JuS 2006, 965; s.a. zur Selbstjustiz und ihrer Abschaffung den rechtshistorischen Beitrag von Becker, Das Gewaltmonopol des Staates und die Sicherheit des Bürgers. Der Ewige Landfriede vor 500 Jahren, NJW 1995, 2077.

Soweit Meister Bäcker gedacht haben sollte, jede beliebige Art der Verteidigung seines Hausrechts und Eigentums sei erlaubt, hilft ihm das ebenfalls nicht.[422] Dass es unsere Rechtsordnung nicht erlaubt, in eine Backstube eindringende junge (Brezel-) Diebe zu Brot zu backen, hätte Meister Bäcker auch als juristischem Laien einleuchten müssen.[423] Ein unvermeidbarer Verbotsirrtum nach § 17 S. 1 StGB scheidet daher bei ihm aus.[424] Meister Bäcker hat damit in der Backstube zumindest einen Totschlagsversuch an Max und Moritz begangen. Darüber hinaus kommt sogar ein Mordversuch in Betracht.

Mit dem Hineinschieben in den Backofen könnte der Versuch einer »grausamen Tötung« vorliegen, § 211 Abs. 2, Gruppe 2 Var. 2 StGB. Grausam tötet, wer seinem Opfer aus gefühlloser, unbarmherziger Gesinnung besondere Schmerzen oder Qualen zufügt, die über das für die Tötung als solche erforderliche Maß hinausgehen.[425] Ob diese Voraussetzungen erfüllt sind, bedarf gründlicher Prüfung. Hier gilt ein Hinweis aus der juristischen Literatur[426]: »Aber Achtung: Nicht jede als ›grauenhaft‹ wahrgenommene Tötung ist im Rechtssinne ›grausam‹.«

---

422 Vgl. dazu aber Theile, Der bewusste Notwehrexzess, JuS 2006, 965.

423 Friedrich-Wilhelm Krause warnt unter Hinweis auf den Filmklassiker »Death Wish« (»Ein Mann sieht rot«) vor einer Gesellschaft, die einer Selbstjustiz und »wahren Totschlagsmoral« huldigt, vgl. Krause, Notwehr bei Angriffen Schuldloser und bei Bagatellangriffen, in: Festschrift für Hilde Kaufmann, S. 675.

424 § 17 StGB Verbotsirrtum: »Fehlt dem Täter bei Begehung der Tat die Einsicht, Unrecht zu tun, so handelt er ohne Schuld, wenn er diesen Irrtum nicht vermeiden konnte.«

425 BGHSt. 3, 180, 181; BGH, NStZ 2008, 29; vgl. Fischer, StGB, § 211 StGB Rn. 56: »Grausamkeit kann auf Grund einer an sich regelmäßig grausamen Tötungsart gegeben sein (naheliegend etwa bei Verbrennen, unabhängig von der Dauer der verursachten Qualen (…))«; s.a. zum Merkmal der Grausamkeit bei Verbrennen des Opfers BGH, NStZ 2017, 218 (Verurteilung zweier Heranwachsender als Mörder wegen Verbrennens einer jungen schwangeren Frau).

426 Schneider, Anm. zu BGH, Beschl. v. 21.6.2007, 3 StR 180/07, NStZ 2008, 30.

Unter »normalen« Umständen werden Menschen in einem glühenden Ofen nicht lange qualvoll leiden, weil sie entweder schnell bewusstlos werden oder sofort versterben.[427] Nicht umsonst heißt es bei Wilhelm Busch:

Jeder denkt, die sind perdü!
Aber nein – noch leben sie.

Der Bundesgerichtshof hat jedoch in einem Urteil aus dem Jahr 2016 ausgeführt, dass nach gesicherten rechtsmedizinischen Erkenntnissen bei Bewusstsein gebliebene Brandopfer vor der sie erlösenden Ohnmacht bzw. Bewusstlosigkeit eine Phase allerhöchsten Schmerzes erleiden.[428] Für die Annahme von Grausamkeit bei Fällen des vorsätzlichen Verbrennens eines Opfers reicht deshalb – so der Bundesgerichtshof – eine ganz kurze Zeitspanne[429]: Bei der regelmäßig mit der Auslösung von »Vernichtungsschmerzen« verbundenen Tötung durch Verbrennen genüge für die Erfüllung des Mordmerkmals ein Zeitraum von wenigen Sekunden.[430] Vor diesem Hintergrund ist von dem Versuch einer grausamen Tötung von Max und Moritz auszugehen, da die Tat des Bäckers auch aus einer gefühllosen und mitleidlosen Gesinnung heraus erfolgte. Das Hineinschieben junger Menschen in einen glühenden Ofen wegen Bagatelldelikten in einer Backstube und die Verwendung von Menschen als fleischlicher »Brotinhalt« zeigen die entsprechende Geisteshaltung des Bäckers.[431]

427 Stark, Der Ofentod, in: Schriften des Kölner Instituts für Rechtsmedizin, Köln 1853, S. 591 ff.; vgl. auch die Beschreibung einer Tötung durch Hineinwerfen in einen glühenden Ofen durch Friedrich Schiller in seiner Ballade »Der Gang nach dem Eisenhammer«.
428 BGH, NStZ 2017, 218; zustimmend Fischer, StGB, § 211 StGB Rn. 56.
429 BGH, NStZ 2017, 218.
430 BGH, a.a.O.
431 So auch die Position der Staatsanwaltschaft bei Sauerbeck, Max und Moritz für die Schule, S. 57: »Was bedeuten die Worte ›Denn nun sind sie braun und gut‹? Ganz offen-

Meister Bäcker könnte außerdem »aus niedrigen Beweggründen« gehandelt und so ein weiteres Mordmerkmal verwirklicht haben (§ 211 Abs. 2, Gruppe 1 Var. 4 StGB). Niedrige Beweggründe liegen nach der Rechtsprechung der Strafgerichte vor, wenn die Motive einer Tötung »nach allgemeiner sittlicher Anschauung verachtenswert sind und auf tiefster Stufe stehen«.[432] Ein Prüfgesichtspunkt ist die Frage, ob ein krasses Missverhältnis zwischen dem Anlass der Tat und der Tat als solches besteht.[433] Auf den ersten Blick hat Meister Bäcker wegen ihn treffender Bagatelltaten von Max und Moritz versucht, im Wege der Rache und Selbstjustiz ihr Leben auszulöschen. Solche Motive können niedrige Beweggründe sein.[434] Zugunsten des Meisters Bäcker ist aber ins Feld zu führen, dass er in der aktuellen Situation Opfer eines von Max und Moritz in Durchführung begriffenen Einbruchdiebstahls war, als er sich zur Tat hinreißen ließ. Seine spontane drastische Reaktion beruhte auf Motiven wie Wut, Verärgerung und einem Gefühl, jetzt sei die Gelegenheit, die im kleinen Dorf allseits bekannten und berüchtigten jugendlichen Intensivtäter endlich und endgültig in ihrem kriminellen Treiben zu stoppen und sich um sein Dorf

sichtlich dachte der Bäcker an Kannibalismus, daran, die gebackenen Max und Moritz zu verspeisen.« S. in dem Kontext der geplanten Verwendung von Max und Moritz als Brotinhalt: Knecht, Kannibalismus – Grundlagen zum Verständnis einer menschlichen Verirrung, Kriminalistik 2004, 489; Jäger, Der Kannibale aus dem Erzgebirge, JA 2016, 629; s.a. den Kannibalenfall: BGH, Urt. v. 6.4.2016, 5 StR 504/15; lesenswert ist der rechtsgeschichtlich interessante Beitrag von Studen, Ein angeblicher Kannibale vor dem Schwurgericht – Der berüchtigte Fall Bratuscha zu Beginn des 20. Jahrhunderts, Archiv für Kriminologie 236 (2015), 173.

432 BGH, NStZ-RR 2000, 168.

433 Fischer, StGB, § 211 StGB Rn. 15.

434 BGH, NStZ 2015, 392 (Das Mordmerkmal der niedrigen Beweggründe liegt bei Selbstjustiz nicht fern); BGH, Urt. v. 10.11.1993, 3 StR 476/93 (Selbstjustiz wegen Verteidigung der Familienehre); BGH, NStZ-RR 201, 175 (Selbstjustiz mit einer 70 cm langen Machete gegenüber parkendem Nachbarn, der die problemlose Ausfahrt des Täters von dessen Grundstück störte).

verdient zu machen.[435] Die Idee, Max und Moritz zu Brot zu verbacken, entsprang dabei nicht einem langgehegten Tatplan, sondern war offenkundig situationsbedingt. Bezieht man insoweit ein, dass Meister Bäcker sicher die schweren Straftaten der Lausbuben an verdienten, hochangesehenen Dorfbewohnern bekannt waren, denen er vielleicht freundschaftlich verbunden war, kann bei ihm im Zweifel nicht von Motiven auf allertiefster Stufe gesprochen werden. Das Mordmerkmal der niedrigen Beweggründe scheidet im Zweifel bei Meister Bäcker aus.

Ergebnis:

Meister Bäcker hat mit dem Hineinschieben von Max und Moritz in den glühenden Ofen und der geplanten Verarbeitung der Lausbuben zu Brot einen Mordversuch (grausame Tötung) begangen, §§ 212 Abs. 1, 211 Abs. 2 Gruppe 2 Var. 2, 22, 23 Abs. 1 StGB.[436]

2. Körperverletzung und Sachbeschädigung, §§ 223, 303 StGB

Erstaunlicherweise haben Max und Moritz im glühenden Backofen keine körperlichen Schäden – wie etwa massive Brandverletzungen oder den Tod – erlitten. Auch Anhaltspunkte für Gesundheitsschäden infolge psychischer Belastungen durch den unfreiwilligen und normalerweise traumatisierenden Auf-

435 Vgl. auch den Fall BGH, NStZ 2015, 392: »Zwar liegt dieses Mordmerkmal bei einem Akt der Selbstjustiz nicht fern (...). Angesichts des – namentlich vom maßgeblichen subjektiven Standpunkt des Angeklagten – durch schuldhaftes Vorverhalten des Opfers gesetzten Tatanlasses, des sich spontan steigernden Ablaufs sowie der Vorsatzform (›Denkzettel‹) und der psychischen Verfassung des Angeklagten weist die Ablehnung niedriger Beweggründe keinen Rechtsfehler auf.«

436 So auch Ostendorf, Max und Moritz – Prototypen von Intensivtätern, S. 584: »Schon die Reaktion des Meister Bäcker auf den versuchten Einbruchsdiebstahl (sechster Streich) war ein versuchter Mord: Nur weil Max und Moritz sich selbst aus dem Brot knabbern konnten, in das sie der Bäcker gebacken hatte, kamen sie noch einmal mit dem Leben davon.« Für eine Bestrafung von Meister Bäcker wegen Mordversuchs auch Scheffler, »Max-und-Moritz«-Fall, S. 20.

enthalt im glühenden Backofen sind dem Bericht von Wilhelm Busch nicht zu entnehmen.[437] Die – bis dahin – unverwüstlich erscheinenden Max und Moritz waren stattdessen in der Lage, sich wie zwei Mäuse durch das Brotgehäuse zu fressen und zu fliehen.[438] Eine Körperverletzung ist bei ihnen nicht erkennbar. Ihre Kleidung ist ebenfalls unbeschadet geblieben.

Ergebnis:

Meister Bäcker hat sich weder der Körperverletzung von Max und Moritz noch einer Sachbeschädigung ihrer Kleidung schuldig gemacht.[439]

3. Freiheitsberaubung, § 239 StGB[440]

Meister Bäcker hat Max und Moritz ihrer Freiheit beraubt, als er in ihre persönliche Fortbewegungsfreiheit eingriff und sie zu Brot verarbeiten wollte.[441] Eine Rechtfertigung über das vorläufige Festnahmerecht nach § 127 Abs. 1 StPO scheidet aus.[442] Die Einbrecher sollten schließlich nach dem Tatplan des Bäckers nicht den staatlichen Strafverfolgungsbehörden übergeben werden, sondern im Backofen sterben.

437 Vgl. zur strafrechtlichen Relevanz psychischer Einwirkungen bei Körperverletzungsdelikten Fischer, StGB, § 223 StGB Rn. 12.

438 Die Mimik von Max und Moritz beim Befreien aus dem Brotgehäuse deutet in keiner Weise auf zuvor im Ofen erlittene körperliche oder seelische Schmerzen hin.

439 Die versuchte Körperverletzung wird von der Bestrafung wegen versuchten Mordes mitumfasst.

440 Rechtshistorisch sei darauf hingewiesen, dass es die Vorschrift schon im Reichsstrafgesetzbuch von 1871 gab.

441 Eine kurzfristige Entziehung der Bewegungsfreiheit reicht für die Annahme der Strafbarkeit aus (ausgenommen natürlich Bagatellfälle), vgl. BGHSt. 14, 314.

442 § 127 StPO Vorläufige Festnahme: »(1) Wird jemand auf frischer Tat betroffen oder verfolgt, so ist, wenn er der Flucht verdächtig ist oder seine Identität nicht sofort festgestellt werden kann, jedermann befugt, ihn auch ohne richterliche Anordnung vorläufig festzunehmen.«

Ergebnis:
Meister Bäcker hat sich der Freiheitsberaubung von Max und Moritz schuldig gemacht.

D. Das Verarbeiten von Max und Moritz zu Brot

1. Verstoß gegen §§ 58, 5 Lebensmittel- und Futtermittelgesetzbuch (LFGB)

Im Fall von Max und Moritz spielt auch das Lebensmittelstrafrecht eine Rolle. Es hat eine sehr lange Historie.[443] Das Lebensmittelstrafrecht soll sicherstellen, dass Verbraucher Vertrauen in die Lebensmittelsicherheit haben können.[444] Verbraucher müssen sicher sein, ohne Gesundheitsschäden Produkte konsumieren zu können. Wie notwendig die Lebensmittelgesetze sind, belegen die von Wilhelm Busch dokumentierten Vorfälle in der Backstube. Meister Bäcker hat ohne Skrupel die beiden Bösewichte zu Brot verbacken[445]:

Gleich erscheint der Meister Bäcker
Und bemerkt die Zuckerlecker.
Eins, zwei, drei ! – eh' man's gedacht,
Sind zwei Brote d'raus gemacht.

443 Schon im 18. Jahrhundert v. Chr. wurden z. B. im Codex Hammurabi Lebensmittelfälschungen drastisch bestraft, vgl. Vergho, Lebensmittelstrafrecht, S. 2 ff.

444 Vergho, Lebensmittelstrafrecht, S. 3; vgl. dazu auch Wallau, Lebensmittelstrafrecht – eine kursorische Kursbestimmung, ZLR 2015, 520.

445 Vgl. die Definition für das Brotbacken in der »Richtlinie für Brot und Kleingebäck«, S. 7, Stichwort »Brot«: »Backen ist die Umwandlung von Teigen und Massen zu Backwaren unter der Hitzeeinwirkung des Backofens oder von Siedefetten oder durch Heißextrusion.«

Nur durch die spektakuläre Flucht von Max und Moritz ist es zu keinem Verkauf der (Fleisch-)Brote gekommen. Die Handlungsweise des Bäckers verwirklicht diverse Straftatbestände nach dem Lebensmittel- und Futtermittelgesetzbuch (LFG-B).[446] Da beide Buben nicht die saubersten gewesen sein dürften und es zur Mitverbackung von deren Kleidung kam (gesundheitsgefährdender Fremdkörper)[447], wurde verbotenerweise mit dem »Spezialbrot« von Meister Bäcker (»Lausbubenbrot«) ein Lebensmittel hergestellt, dessen Verzehr nach § 5 Abs. 1 S. 1 LFGB i.V.m. Art. 14 Abs. 2 Buchstabe a der Verordnung (EG) Nr. 178/2002[448] gesundheitsschädlich und deshalb verboten ist.[449]

Man hat ferner zu berücksichtigen, dass mit Max und Moritz für die Brotherstellung Menschenfleisch verwendet wurde, was offenkundig auch die lebensmittelrechtlichen Anforderungen bei der Herstellung von Fleischerzeugnissen nicht erfüllt.[450]

446 Es ist nicht selten, dass im Rahmen von Maßnahmen der Selbstjustiz der Versuch eines Tötungsdelikts auch mit Verstößen nach dem Lebensmittelrecht verknüpft ist, vgl. OLG München, NStZ 1996, 71 (Aufstellen einer Giftfalle – Schnapsflasche »Echter Hiekes Bayerwald Bärenwurz« mit Tetrachlorkohlenstoff – für Einbrecher durch das Opfer eines Einbruchsdiebstahls); dem 2018 verstorbenen Oberamtsanwalt a. D. Erwin Deppe (Staatsanwaltschaft Kassel) ist vom Autor für seine detaillierten Hinweise auf die Verstöße des Bäckers gegen das Lebensmittelstrafrecht zu danken.

447 Meyer/Streinz, Kommentar zum LFGB.BasisVO.HCVO, 2. Aufl. München 2012, Art. 14 BasisVO Rn. 35 – s.a. das Beispiel des verbotenen Verbackens eines Kondoms in einem Brot bei der dortigen Kommentierung von § 5 LFGB Rn. 4.

448 Vgl. dazu näher Thomas, Lebensmittelrechtliche Anforderungen bei der Herstellung von Fleischerzeugnissen, NVwZ 2016, 28.

449 Vgl. zu den Kriterien für die Gesundheitsschädlichkeit von Lebensmitteln Meyer/Streinz, Kommentar zum LFGB.BasisVO.HCVO, Art. 14 BasisVO Rn. 22 ff.; s. zur Strafbarkeit bei Lebensmittelverstößen Wieser, Verfolgung von Lebensmittelverstößen – Handbuch für die Lebensmittelkontrolleure, Veterinäre und Verwaltung, 5. Aufl. 2017, S. 8 ff.

450 Vgl. dazu Thomas, Lebensmittelrechtliche Anforderungen bei der Herstellung von Fleischerzeugnissen, NVwZ 2016, 28; vom Tatplan her erinnert das Vorgehen von Meister Bäcker ein wenig an Shakespeares Tragödie »Titus Andronicus«, wo dieser aus Rache der Gotenkönigin Tamora eine heimlich aus dem Fleisch ihrer beiden von ihm getöteten Söhne zubereitete Paste vorsetzen lässt, von der sie isst – Ähnliches wäre beinahe den Brotkäufern von Meister Bäckers »Lausbubenbrot« widerfahren.

Außerdem wird der Verbraucher vom Brotprodukt des Bäckers getäuscht (§ 11 LFGB), weil der Verzehr von Menschenfleisch durch Menschen (Anthropophagie) sowohl gesundheitsschädlich als auch tabuisiert ist.[451] Das Brotregister des Deutschen Brotinstituts verzeichnet über 3000 Brotsorten.[452] Niemand erwartet als Verbraucher Menschenfleisch in Brot.[453] Die Herstellung eines solchen (auch sittenwidrigen) Kannibalismus-Produktes durch Meister Bäcker ist lebensmittelrechtlich strafbar und wäre im Verkaufsfall auch ein strafbarer Betrug nach § 263 StGB. Es handelt sich um ein zum Verzehr ungeeignetes, ganz und gar inakzeptables Lebensmittelprodukt.

Ob von Meister Bäcker auch wegen der Verwendung der Kleidungsstoffe von Max und Moritz gegen § 6 LFGB (Verbote für Lebensmittelzusatzstoffe) verstoßen wurde, kann angesichts der schon aus anderen Gründen offenkundigen (Lebensmittel-) Straftat der Brotherstellung offenbleiben.[454] Geprüft werden soll aber die interessante Frage des verbotenen »Inverkehrbringens« des gesundheitsschädlichen »Spezialbrotes«. Ob für die Erfüllung des Straftatbestandes bereits die Lagerung der »Max-

451 Man denkt sogleich auch an den kannibalischen Plan der Hexe im Fall Hänsel und Gretel, wo Hänsel ermordet werden sollte: »Hänsel mag fett oder mager sein, morgen will ich ihn schlachten und kochen.« – Vgl. dazu die strafrechtliche Einordnung durch Jörg-Michael Günther, Der Fall Hänsel und Gretel, in: Der Fall Rotkäppchen, 1990, S. 105; s. zum Ganzen Tomaschek, Androphagoi, in: Paulys Realencyclopädie der classischen Altertumswissenschaft, Band I (2), Stuttgart 1894, S. 2168 f.

452 So das LG Braunschweig, Urt. v. 15.11.2017, 9 O 869/17.

453 Vgl. die Richtlinie für Brot und Kleingebäck, Schriftenreihe des Bundes für Lebensmittelrecht und Lebensmittelkunde e.V., Heft 105, 1984; Coduro, Zur Frage der Zusammensetzung von Bauernbrot, ZLR 1988, 33; s. zu dem von Meister Bäcker spontan erfundenen »Spezialbrot«: Röcher, Mythos Menschenfresser. Ein Blick in die Kochtöpfe der Kannibalen, 1998; Spiel, Menschen essen Menschen – Die Welt der Kannibalen, 1974; Knecht, Kannibalismus – Grundlagen zum Verständnis einer menschlichen Verirrung, Kriminalistik 2004, 489; Jäger, Der Kannibale aus dem Erzgebirge, JA 2016, 629; s.a. den Kannibalenfall BGH, Urt. v. 06.04.2016, 5 StR 504/15.

454 Auch eine Prüfung der Backaktion des Meisters Bäcker nach der Novel-Food-Verordnung unterbleibt, obwohl sein fragwürdiges Lebensmittelprodukt wirklich neu ist.

und-Moritz-Brote« zum Abkühlen in der Backstube ausreichte oder ob erst die Platzierung im Verkaufsraum der Bäckerei den Straftatbestand realisieren würde, kann nämlich unterschiedlich gesehen werden. Unter Verbraucherschutzgesichtspunkten sollte die Strafbarkeit früh ansetzen. Andererseits ist die Backstube ein nicht öffentlicher Raum, wo der Bäcker noch entscheiden kann, was letztlich in den Verkaufsraum zum Verkauf geht und was nicht. Ein strafbares »Inverkehrbringen« der (Lausbuben-) Brote lag nach Meinung des Autors noch nicht vor.

Ergebnis:

Meister Bäcker hat sich wegen des Herstellens der »Spezialbrote« nach den §§ 58 Abs. 1 Nr. 1, 5 Abs. 1 S. 1 Lebensmittel- und Futtermittelgesetzbuch strafbar gemacht. Es liegt Tateinheit mit dem Mordversuch vor, § 52 Abs. 1 StGB.

2. Gemeingefährliche Vergiftung, § 314 StGB

Es stellt sich die Frage, ob Meister Bäcker durch die Herstellung der Brote mit Menschenfleisch den Tatbestand einer gemeingefährlichen Vergiftung verwirklicht hat. Man denkt dabei unwillkürlich an den berühmten »Brotbackfall« des Reichsgerichts aus dem Jahr 1890.[455] Ein Bäcker wurde damals wegen der Vergiftung eines Brotes mit Arsenik bestraft.[456] Nach heutigem Recht (§ 314 Abs. 1 Nr. 2 StGB) wird u. a. wegen eines Verbrechens bestraft, »wer Gegenstände, die zum öffentlichen Verkauf oder Verbrauch bestimmt sind, vergiftet oder ihnen gesundheitsschädliche Stoffe beimischt oder vergiftete oder mit gesundheitsschädlichen Stoffen vermischte Gegenstände im Sinne der Nr. 2 verkauft, feilhält oder sonst in den Verkehr bringt«.[457]

455 Im Brotbackfall (RGSt. 21, 76) war ein einziges Brot mit Arsenik vergiftet worden – dies bedeutet aber keine »gemeine Gefahr«, vgl. Seher, NJW 2004, 113 Fn. 33.
456 RGSt. 21, 76.
457 Vgl. zu § 314 StGB Seher, NJW 2004, 113.

Allerdings wird in der Fachliteratur vereinzelt die Auffassung vertreten, dass vom Gesetz das (Neu-)Herstellen eines vergifteten Gegenstandes nicht umfasst sei.[458] Meister Bäcker ginge dann schon aus diesem Grund straffrei aus. Letztlich scheitert seine Strafbarkeit am Fehlen der »gemeinen Gefahr«, da im Fall Max und Moritz nur zwei Brote in Rede stehen.[459]

Ergebnis:

Eine Straftat nach § 314 StGB wegen des Verbackens von Max und Moritz zu Brot kann Meister Bäcker nicht zur Last gelegt werden.

E. Die Flucht von Max und Moritz aus dem Brotgehäuse

1. Sachbeschädigung, § 303 StGB

Max und Moritz haben sich wie zwei Mäuse durch das (Brot-) Gehäuse »gefressen«. Durch den Verzehr der Brotteile, die im Eigentum von Meister Bäcker standen, könnten sie sich jeweils wegen einer Sachbeschädigung der Brote strafbar gemacht haben.[460] Allerdings wird teilweise in Abrede gestellt, dass der be-

458 Horn, NJW 1986, 153 – s. dazu die Kritik von Seher, NJW 2004, 114.

459 Vgl. insofern Seher zur vergleichbaren Fallkonstellation im berühmten »Brotbackfall« des Reichsgerichts – bei Seher, NJW NJW 2004, 113 Fn. 33 heißt es mit Recht: »Hiernach kann z. B. der ›Brotbackfall‹ (RGSt. 21, 76) nicht unter § 314 StGB fallen, denn dort war nur ein einziges Brot mit Arsenik vergiftet worden. Daraus kann sich aber keine ›gemeine Gefahr‹ entwickeln.«

460 Ein Diebstahl bzw. eine Unterschlagung der verzehrten Brotteile dürfte bei Max und Moritz eher fernliegen, da die Aneignungskomponente der Zueignungsabsicht wohl fehlt: Der Verzehr von Brotteilen war nur notwendiges Mittel, sich zu befreien, eine Verbesserung der eigenen Vermögenslage erstrebten Max und Moritz eher nicht – da sie sich als Opfer von Meister Bäcker nach der Rechtsordnung in jedem Fall befreien durften, kommt der Einordnung ihres Handelns als Sachbeschädigung der Brote bzw. als

stimmungsgemäße Verbrauch einer Sache – bei Lebensmitteln: der Verzehr – eine Sachbeschädigung darstellen kann.[461] Dann wäre alternativ ein Diebstahl an den Brotteilen zu erwägen. Letztlich kann dies alles offen bleiben. Die beiden haben nämlich bei ihrer Flucht, als sie in die Substanz der im Eigentum des Bäckers stehenden Brote eingriffen, aus Notwehr gehandelt (§ 32 StGB). Der rechtswidrige Angriff von Meister Bäcker auf ihr Leben bzw. die Beraubung ihrer Freiheit dauerten noch an. Die gewählte Form der Befreiung aus dem sie umschließenden Brotgehäuse war die einzig mögliche »Verteidigungshandlung«, um sich vor dem drohenden Erstickungstod oder Verzehr durch Brotkäufer bzw. vor weiteren Attacken des Bäckers zu schützen.[462]

Ergebnis:

Max und Moritz haben sich in Notwehr aus dem Brotgehäuse gefressen. Sie handelten nicht rechtswidrig (§ 32 StGB).

Diebstahl oder Unterschlagung von Brotteilen praktisch aber keine entscheidende Bedeutung zu.

461 Vgl. Fischer, StGB, § 303 StGB Rn. 12a.

462 Auch eine Anwendung der Vorschriften über den rechtfertigenden oder entschuldigenden Notstand (§§ 34, 35 StGB) wäre durchaus erwägenswert.

F. Strafrechtliches Gesamtergebnis des sechsten Streiches

I. Max und Moritz

Max und Moritz haben einen versuchten Diebstahl von Brezeln begangen (§§ 242 StGB, 22, 23 Abs. 1, 25 Abs. 2 StGB). Der Diebstahl steht mit dem vollendeten Hausfriedensbruch in Idealkonkurrenz.

II. Meister Bäcker

Meister Bäcker hat tateinheitlich einen versuchten Mord an Max und Moritz (versuchte grausame Tötung) und eine vollendete Freiheitsberaubung begangen (§§ 212 Abs. 1, 211 Abs. 2, Gruppe 2 Var. 2, 22, 23 Abs. 1, 239 StGB). Außerdem hat er sich wegen Verstößen gegen das Lebensmittel- und Futtermittelgesetzbuch strafbar gemacht, indem er die Lausbuben zu Brot verbackte (§§ 58 Abs. 1 Nr. 1, 5 Abs. 1 S. 1 LFGB).

Letzter Streich

Max und Moritz, wehe euch!
Jetzt kommt euer letzter Streich! –

Wozu müssen auch die beiden
Löcher in die Säcke schneiden?? –

Und verwundert steht und spricht er:
»Zapperment! Dat Ding werd lichter!«

Seht, da trägt der Bauer Mecke
einen seiner Maltersäcke. –

Hei! Da sieht er voller Freude
Max und Moritz im Getreide.

Aber kaum, dass er von hinnen,
fängt das Korn schon an zu rinnen.

Rabs!! – In seinen großen Sack
schaufelt er das Lumpenpack.

Max und Moritz wird es schwüle,
denn nun geht es nach der Mühle. –

»Meister Müller, he, heran!
Mahl' er das, so schnell er kann!«

»Her damit!!« Und in den Trichter
schüttelt er die Bösewichter. –

Rickeracke! Rickeracke!
geht die Mühle mit Geknacke.

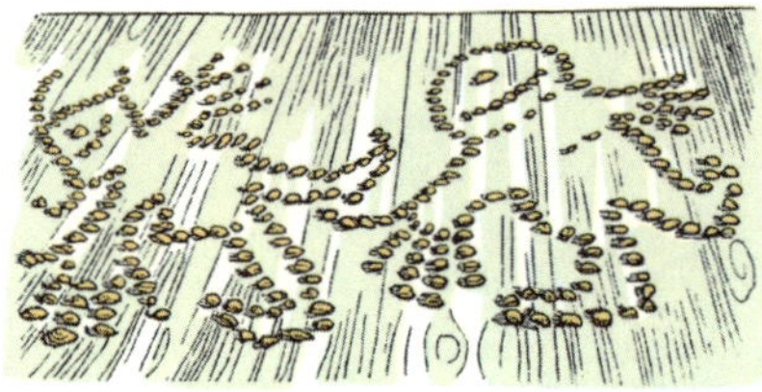

Hier kann man sie noch erblicken
fein geschroten und in Stücken.

Doch sogleich verzehret sie
Meister Müllers Federvieh.

Der letzte Streich

A. Das Betreten des Getreidespeichers durch Max und Moritz und Aufschneiden der Maltersäcke[463] durch ebendiese

1. Hausfriedensbruch, § 123 StGB

Das knappe Davonkommen in der Bäckerei hätte eigentlich für Max und Moritz eine Lehre sein müssen, künftig von Straftaten Abstand zu nehmen.[464] Stattdessen sind die beiden zur Durchführung weiterer krimineller Pläne vorsätzlich in den Getreidespeicher des Bauern Mecke eingedrungen. Dessen Hausrecht war ihnen egal.[465]

Ergebnis:

Max und Moritz haben zulasten des Bauern Mecke einen Hausfriedensbruch nach § 123 Abs. 1 StGB begangen.[466] Die Tat ist nur verfolgbar, wenn Bauer Mecke einen Strafantrag stellt (§ 123 Abs. 2 StGB).

463 Ein Maltersack ist ein die Menge eines Malters umfassendes Behältnis – ein Malter war ein Getreidemaß.

464 Honig, NJW 2009, 735.

465 Grundlegend zu psychologischen Aspekten des Hausfriedensbruchs Janna Günther, Die Gefühlslage eines Täters beim Eindringen in fremde Herrschaftsbereiche i.S.d. § 123 StGB unter besonderer Berücksichtigung der modernen Gehirnforschung, Köln 2018.

466 Nach dem Bruch des Hausfriedens von Witwe Bolte, Lehrer Lämpel und des Onkels Fritz ist dies schon der vierte Hausfriedensbruch, den Max und Moritz begehen – sie zeigen so eine bösartige Neigung, geschützte räumliche/persönliche Bereiche anderer Menschen zu missachten; s. in dem Kontext Amelung, Der Hausfriedensbruch als Missachtung physisch gesicherter Territorialität, ZStW 1998, 355.

2. Sachbeschädigung, § 303 StGB

Max und Moritz haben vorsätzlich mit mitgeführten Messern Löcher in die Maltersäcke des Bauern Mecke geschnitten und dadurch deren bestimmungsgemäße Brauchbarkeit als Transportmittel für Getreide aufgehoben.[467]

Ergebnis:

Max und Moritz haben sich der Sachbeschädigung schuldig gemacht (§ 303 Abs. 1 StGB).

3. Verstoß gegen das Waffengesetz, § 42a Waffengesetz

Max und Moritz haben Messer mit sehr langen Klingen mit sich geführt und zum Aufschneiden der Maltersäcke verwendet. Es ist aber nach § 42a Abs. 1 Nr. 3 WaffenG verboten, »feststehende Messer mit einer Klingenlänge über 12 cm« mit sich zu führen.[468] Ein Verstoß kann nach §§ 53 Abs. 1 Nr. 21a, 53 Abs. 2 WaffenG mit einer Geldbuße bis zu 10.000 Euro geahndet werden. Die genaue Klingenlänge (Messerspitze bis zum Messerschaft) ist bei den von Max und Moritz im letzten Streich verwendeten Messern nicht bekannt. Ein Verstoß gegen das Waffengesetz ist nach dem Bildmaterial von Wilhelm Busch wahrscheinlich[469], kann ihnen aber auf der tatsächlichen Seite nicht sicher nachgewiesen werden.

---

467 Das aus den beschädigten Maltersäcken auf den Boden rinnende Getreide könnte/dürfte durch Verunreinigung ebenfalls in strafwürdiger Weise zerstört worden sein, vgl. Sauerbeck, Max und Moritz für die Schule, S. 61.

468 Ein Verstoß stellt nach § 53 Abs. 1 Nr. 21a WaffenG eine Ordnungswidrigkeit dar.

469 Aus dem Bildmaterial könnte höchstwahrscheinlich von einem Landeskriminalamt mit Computerhilfe die reale Länge der Messer von Max und Moritz errechnet werden, da die standardisierte Länge eines Maltersacks als Bezugspunkt zur Verfügung steht.

B. Das Hineinstecken von Max und Moritz in den Maltersack durch Bauer Mecke

1. Freiheitsberaubung, § 239 StGB[470]

Bauer Mecke[471] hat Max und Moritz vorsätzlich ihrer persönlichen Freiheit beraubt, indem er sie in einen (noch unbeschädigten) Maltersack steckte und den Sack zuband:

Rabs! – In seinen großen Sack
Schaufelt er das Lumpenpack.

Durch den erzwungenen Aufenthalt im zugebundenen Sack war es Max und Moritz unmöglich, ihren Aufenthalt nach eigenem Belieben zu verändern. Bauer Mecke hat damit zunächst den objektiven und subjektiven Tatbestand der Freiheitsberaubung gemäß § 239 Abs. 1 StGB verwirklicht. Sein Verhalten war nicht durch Notwehr (§ 32 StGB) gedeckt. Er hätte den Angriff von Max und Moritz auf sein Hausrecht und Eigentum genauso wirksam auf weniger einschneidende Weise abwehren können. Die beiden waren weder groß noch kräftig, noch zeigten sie sich wehrhaft. Zu einem denkbaren Einsatz der bei der Tat von ihnen mitgeführten langen Messer oder zu einer Drohung mit dem Einsatz der Messer kam es z. B. nicht. Moritz war bereits durch das Einklemmen zwischen den Beinen des Bauern völlig unter dessen Kontrolle. Daher hätte es des »Einsackens« der Buben nicht bedurft. Eine Über-

470 § 239 StGB Freiheitsberaubung: »Wer einen Menschen einsperrt oder auf andere Weise der Freiheit beraubt, wird mit Freiheitsstrafe bis zu fünf Jahren oder mit Geldstrafe bestraft.«

471 Schön ist das alte Sprichwort:
»Den Bauern erkennt man an der Gabel,
Den Advokaten am Schnabel.«

schreitung der Notwehr aus Angst, Furcht oder Schrecken (§ 33 StGB) scheidet bei dem sehr kontrolliert handelnden Bauer Mecke aus.[472]

Eine Rechtfertigung des rabiaten Vorgehens von Bauer Mecke, der sich offenbar als »sergeant to keep the peace« fühlte, könnte sich bei den in flagranti ertappten Jugendlichen allerdings aus dem Recht zur vorläufigen Festnahme ergeben (§ 127 Abs. 1 StPO).[473] Hiernach dürfen auch Privatpersonen Täter, die auf frischer Tat betroffen oder verfolgt werden, festnehmen, wenn diese Täter der Flucht verdächtig sind oder ihre Identität nicht sofort festgestellt werden kann (Jedermann-Festnahmerecht).[474]

Bauer Mecke war die Identität der beiden Outlaws Max und Moritz jedoch (bestens) bekannt. Es kommt also nur eine Festnahme wegen Fluchtverdachts in Betracht (sogenannte anwesenheitssichernde Flagranzfestnahme).[475] Es war – wie die Vorfälle in der Backstube von Meister Bäcker anschaulich zeigen – zu erwarten, dass Max und Moritz sich ihrer Verantwortung durch Flucht würden entziehen wollen. Die Festnahme

472 *Hei! Da sieht er voller Freude*
Max und Moritz im Getreide.
Rabs! – In seinen großen Sack
Schaufelt er das Lumpenpack.

473 Zur Ermächtigung von Privatpersonen zur vorläufigen Festnahme vgl. Meyer-Goßner/Schmitt, Kommentar zur StPO, § 127 StPO Rn. 1; grundlegend Sickor, Das Festnahmerecht nach § 127 I 1 StPO im System der Rechtfertigungsgründe, JuS 2012, 1074.

474 Strafunmündige Kinder, zu denen Max und Moritz allerdings nicht zählen, dürften übrigens nach einer von mir nicht geteilten Literaturmeinung (ebenso wie der Autor Fischer, StGB, vor § 32 StGB Rn. 7) von vornherein nicht festgenommen werden, vgl. Meyer-Goßner/Schmitt, Kommentar zur StPO , § 127 StPO Rn. 3a: »Strafunmündige Kinder (§ 19 StGB) dürfen nicht festgenommen werden, auch nicht zu dem Zweck, die Feststellung ihrer Personalien oder diejenigen ihrer Aufsichtspersonen zu ermöglichen«; Sickor, JuS 2012, 1077; Wagner, ZJS 2011, 465; a.A. Verrel, NStZ 2001, 284 und Fischer, a.a.O.

475 Meyer-Goßner/Schmitt, Kommentar zur StPO, 61. Aufl. 2018, § 127 StPO Rn. 10; Gercke/Julius/Temming, StPO, 5. Aufl. 2012, § 127 StPO Rn. 2.

wäre aber nur rechtmäßig gewesen, wenn Bauer Mecke die festgenommenen Max und Moritz den Strafverfolgungsorganen (hier: Dorfpolizisten) hätte zuführen wollen.[476] § 127 StPO berechtigt nur zur vorläufigen, vorübergehenden Festnahme zum Zwecke der staatlichen Strafverfolgung.[477] Bauer Mecke hatte aber – wie der spätere dramatische Handlungsverlauf in der Mühle anschaulich belegt – mit den auf frischer Tat erwischten jugendlichen Straftätern anderes vor.[478] Er brachte sie gerade nicht zur Durchführung eines rechtsstaatlichen Verfahrens zum Dorfpolizisten, sondern zum Zermahlen in die Mühle. Bauer Mecke handelte deshalb bei der vorangegangenen Freiheitsberaubung und »Festnahme« von Max und Moritz widerrechtlich.[479] Auch wenn er sich im Recht glaubte, bestehen an seiner Schuld keine Zweifel.[480]

Ergebnis:

Bauer Mecke hat mit dem Hineinstecken von Max und Moritz in einen Maltersack eine Freiheitsberaubung begangen, § 239 Abs. 1 StGB.[481]

476 Gercke/Julius/Temming, StPO, § 127 StPO Rn. 12: »Zweck der Festnahme darf nur sein, den Täter der Strafverfolgung zuzuführen.«

477 Meyer-Goßner/Schmitt, Kommentar zur StPO, § 127 StPO Rn. 8; Kühl, Referendarexamensklausur – Strafrecht: Probleme aus dem Allgemeinen Teil – Ein rabiater Metzgermeister, JuS 2007, 745; krit. zum Festnahmerecht zeigte sich schon Gustav Radbruch, der 1929 davor warnte, wenn jeder »sein eigenes Reichsgericht werden könne«, vgl. Radbruch, Die Justiz V/III (1929), S. 127.

478 Insofern scheidet auch das zivilrechtliche Festnahmerecht nach § 229 BGB aus.

479 Gercke/Julius/Temming, StPO, § 127 StPO Rn. 12; Sickor, JuS 2012, 1075.

480 Es kommt zugunsten des Bauern Mecke allenfalls eine Strafmilderung nach den §§ 17 S. 2, 49 Abs. 1 StGB in Betracht.

481 Ob § 239 Abs. 4 StGB vor dem Hintergrund des späteren vorsätzlichen Tötungsdelikts zur Anwendung gelangt, erscheint äußerst zweifelhaft – vgl. zu der Thematik möglicher Tateinheit von § 239 Abs. 4 StGB mit späterer vorsätzlicher Tötung des Opfers Fischer, StGB, § 239 StGB Rn. 16 m.w.N.; Honig nimmt bei der späteren Tötung in der Mühle an, Bauer Mecke habe zur Verdeckung der Freiheitsberaubung von Max und Moritz gehandelt, vgl. Honig, NJW 2009, 735 – der Auffassung von Honig ist nicht zu folgen, weil die Freiheitsberaubung erfolgte, um die Tötung an anderem Ort (der Mühle) durchzuführen.

2. Nötigung, § 240 StGB[482]

Soweit Max und Moritz mit Gewalt gezwungen wurden, den Aufenthalt im Maltersack zu dulden, erfolgt keine gesonderte Bestrafung von Bauer Mecke wegen Nötigung. Die Freiheitsberaubung nach § 239 StGB verdrängt als spezielleres Gesetz die Nötigung.[483]

3. Entziehung Minderjähriger, § 235 StGB

Eine Entziehung Minderjähriger begeht, wer eine Person unter 18 Jahren mit Gewalt, durch Drohung mit einem empfindlichen Übel oder durch List den Personensorgeberechtigten (Eltern, Vormund, Pfleger) entzieht.[484] Ob Max und Moritz zu dem Zeitpunkt, als Bauer Mecke sie gewaltsam in den Sack steckte, überhaupt noch (sorgeberechtigte) Eltern hatten, steht nicht fest.[485] Es fehlen auch jegliche Angaben über einen (Amts-)Vormund oder Pfleger. Ob ihr einzig bekannter lebender Verwandter – Onkel Fritz – familienrechtlich für die Sorge über Max und Moritz zuständig war, ist nicht sicher.[486] Im Zweifel hat Bauer Mecke deshalb den Tatbestand der Kindesentziehung nicht erfüllt. Es ist niemand bekannt, dem Max

482 § 240 StGB Nötigung:
»(1) Wer einen Menschen rechtswidrig mit Gewalt oder durch Drohung mit einem empfindlichen Übel zu einer Handlung, Duldung oder Unterlassung nötigt, wird mit Freiheitsstrafe bis zu drei Jahren oder mit Geldstrafe bestraft.
(2) Rechtswidrig ist die Tat, wenn die Anwendung der Gewalt oder die Androhung des Übels zu dem angestrebten Zweck als verwerflich anzusehen ist.«

483 Joecks/Jäger, Studienkommentar zum StGB, § 240 StGB Rn. 53.

484 Sogenannter Muntbruch.

485 Im Hinblick auf § 1666 BGB (Gefährdung des Kindeswohls) dürfte zweifelhaft sein, ob die Eltern von Max und Moritz – falls sie noch lebten – noch nach § 1631 BGB sorgeberechtigt waren; nach § 1666 BGB ist Eltern bei subjektiver Ungeeignetheit zur Erfüllung der Erziehungsaufgaben vom Vormundschaftsgericht die Erziehungsberechtigung zu entziehen – das (dauer)kriminelle und asoziale Verhalten von Max und Moritz legt ein von den Eltern zu verantwortendes erhebliches Erziehungsdefizit nahe.

486 Verwandte, bei denen sich ein Minderjähriger tatsächlich befindet, ohne dass ihnen die Personensorge übertragen wurde, sind nicht von § 235 StGB geschützt, vgl. Fischer, StGB, § 235 StGB Rn. 4.

und Moritz hätten entzogen werden können. Dies wirft ein bezeichnendes Bild auf die ungünstigen Lebensverhältnisse der jugendlichen Intensivtäter.[487]

Ergebnis:

Bauer Mecke kann eine Kindesentziehung nach § 235 StGB nicht vorgehalten werden.

C. Das Hineinwerfen von Max und Moritz in den Mühlentrichter und Zermahlen ihrer Körper

I. Strafbarkeit von Meister Müller

1. Totschlag bzw. Mord, §§ 212 Abs. 1, 211 StGB

Müller und Mühlen sind seit jeher Gegenstand rechtlicher Abhandlungen und kritischer Betrachtungen unserer Vorfahren.[488] In Märchen ist von »Teufelsmühlen« [489] die Rede, »im 17. Jahrhundert waren in Brandenburg die Kinder von Müllern als Leute tadelhaften Geschlechts zunftunwürdig«.[490] Schon die Reichspolizeiordnung von 1577 betrachtete Müller als nicht

487 Annika von Walter, Upgrade: Max und Moritz 2.010, in Kerner/Marks (Hrsg.), Internetdokumentation des Deutschen Präventionstages. Hannover 2010, www.praeventionstag.de/Dokumentation.cms/959; vgl. Ostendorf, Max und Moritz – Prototypen von Intensivtätern, S. 579 ff.

488 Sehr lesenswert: Großfeld/Möhlenkamp, Die Mühle in Märchen und Recht. Zur Verknüpfung von Wirtschaft, Kultur und Recht, NJW 1996, 1103 – die Autoren weisen auch auf den Müller im Fall Max und Moritz hin (s. dort Fn. 7); s. aber das Positivbeispiel eines couragierten Müllers bei Jörg-Michael Günther, Der mutige Müller, in: Jörg-Michael Günther, Justitia in Nöten, S. 72; s. zum Charakter einer Mühle und ihrer Innenausstattung als Kulturdenkmal OVG Rheinland-Pfalz, NuR 1999, 347.

489 Großfeld/Möhlenkamp, NJW 1996, 1105; wahrhaft »Teuflisches« ist auch Max und Moritz in der Mühle widerfahren.

490 Großfeld/Möhlenkamp, NJW 1996, 1110.

ehrenhafte Leute.[491] Alte Sprichwörter nehmen das als »unehrlich« geltende Handwerk des Müllers mit scharfen Worten aufs Korn:

Müller und Bäcker stehlen nicht, man bringt's ihnen.[492]

Nichts kühner als des Müllers Hemd, das jeden Morgen einen Dieb beim Kragen nimmt.[493]

In der Mühle ist das Beste, dass die Säcke nicht reden können.[494]

Müller, Schneider und Weber werden nicht gehenkt, das Handwerk ginge sonst aus.[495]

Welchen wahren Kern diese alten Sprichwörter über Müller haben, zeigt die dramatische Zuspitzung der Situation in der Mühle, zu der Bauer Mecke die beiden Buben zum Zermahlen brachte.[496] Meister Müller schüttete ohne jeden erkennbaren Skrupel die ihm von Bauer Mecke übergebenen Max und Moritz aus dem Maltersack in den Trichter der Mühle[497]:

491 Mitteis/Lieberich, Deutsche Rechtsgeschichte, 1991, Kapitel 39 VI 1.

492 Zitiert nach Großfeld/Möhlenkamp, NJW 1996, 1103; ein Grund für solche Rechtssprichwörter war sicher, dass Müller ein Viertel bis ein Drittel des Mahllohns beanspruchten und so oft sehr wohlhabend wurden, vgl. Luther, Die technische und wirtschaftliche Entwicklung des Mühlengewerbes im 19. Jhdt., 1909, S. 10 ff.; Marc Bloch, Avènement et Conquête du Moulin à Eau, Annales 1935, S. 538.

493 Simrock, Die deutschen Sprichwörter, Sprichwort Nr. 7143.

494 Simrock, Die deutschen Sprichwörter, Sprichwort Nr. 7127.

495 Simrock, Die deutschen Sprichwörter, Sprichwort Nr. 7139.

496 Die Mühle erinnert vom Aussehen her an die noch heute erhaltene historische Mühle in Ebergötzen (Wilhelm-Busch-Mühle), deren Besuch der Autor wärmstens empfiehlt.

497 S. zum Mahlen in der Mühle den lesenswerten Aufsatz von Wacke, Wer zuerst kommt, mahlt zuerst – Prior tempore potior iure, JA 1981, 94 – der (Prioritäts-)Grundsatz findet sich schon im Sachsenspiegel von 1127 (»Di ok irst to der molen kumt, die sal erst malen«), vgl. Großfeld/Möhlenkamp, NJW 1996, 1104; Wacke weist a.a.O. nach, dass die Müllerei lange Zeit als »unehrliches Gewerbe« galt (nicht zu Unrecht, wie der Fall Max und Moritz zeigt); s.a. K. S. Kramer, Ehrliche und unehrliche Gewerbe, Handbuch zur deutschen Rechtsgeschichte I (1971).

»Her damit!« Und in den Trichter
Schüttelt er die Bösewichter. –

Der Müller handelte dabei in zynischer Weise nach dem Motto eines ebenfalls alten Sprichwortes über sein Handwerk:

Wie's auf die Mühle kommt, so wird's gemahlen.[498]

In diesem Fall bedeutete es die Tötung von Max und Moritz durch Zermahlen. Da die Beine von Max und Moritz aus dem Maltersack ragten, erkannte der Müller dessen menschlichen Inhalt und handelte auch mit Vorsatz. Strafrechtlich von Interesse ist die Frage, ob Meister Müller als Täter oder nur als Gehilfe im Sinne des § 27 StGB[499] handelte. Meister Müller hat nämlich Max und Moritz auf Veranlassung und im Auftrag von Bauer Mecke in der Mühle gemahlen[500]:

»Meister Müller, he, heran!
Mahl er das, so schnell er kann!«

498 Simrock, Die deutschen Sprichwörter, Sprichwort Nr. 7135; Hintergrund war die Pflicht eines Müllers, Mahlgäste gut zu bedienen, vgl. Großfeld/Möhlenkamp, NJW 1996, 1110.

499 § 27 StGB Beihilfe:
»(1) Als Gehilfe wird bestraft, wer vorsätzlich einem anderen zu dessen vorsätzlich begangener rechtswidriger Tat Hilfe geleistet hat.
(2) Die Strafe für den Gehilfen richtet sich nach der Strafdrohung für den Täter. Sie ist nach § 49 Abs. 1 zu mildern.«

500 Zivilrechtlich handelte es sich wohl um einen Werkvertrag nach § 631 BGB und nicht lediglich um eine reine Gefälligkeit (vgl. für einen Dreschflegelvertrag: OLG Schleswig, SchlHA 55, 58); der Werkvertrag zwischen Bauer Mecke und Meister Müller war allerdings nach § 134 BGB i.V.m. §§ 212, 211 StGB und § 138 Abs. 1 BGB nichtig, weil es sowohl gegen ein gesetzliches Verbot als auch gegen die guten Sitten verstößt, Verträge über das Zermahlen von Menschen in dem Mahlwerk einer Mühle abzuschließen; grundsätzliche Ausführungen zu guten Sitten finden sich bei K. Simitis, Gute Sitten und Ordre public, 1960.

Eventuell ist er deshalb nur Gehilfe eines von Bauer Mecke begangenen Totschlags oder Mordes.[501] Meister Müller wäre dann milder zu bestrafen (§§ 27 Abs. 2 S. 2, 49 Abs. 1 StGB).[502]

Nach der Rechtsprechung hängt die Abgrenzung zwischen Täterschaft und Teilnahme zentral von der Willensrichtung der Beteiligten ab (Animus-Theorie).[503] Richtungsweisendes (Schul-)Beispiel ist die berühmte »Badewannenentscheidung« des Reichsgerichts. Die (vermeintliche) »Täterin« hatte in diesem Fall auf Veranlassung ihrer Schwester deren uneheliches Kind in der Badewanne ertränkt.[504] Obwohl sie alle Merkmale eines Mordes in ihrer Person erfüllte, wurde sie vom Reichsgericht aufgrund ihres bloßen Teilnehmerwillens an der Haupttat ihrer Schwester nur als Gehilfin verurteilt.[505]

Indiz für die Feststellung eines Willens zur Täterschaft (animus auctoris) ist vor allem das eigene Interesse am Taterfolg. Zu denken ist z. B. an Gewinne aus der Straftat. Ob Meister Müller von Bauer Mecke ein konkretes Entgelt für das Mahlen

---

501 S. in dem Kontext auch Kudlich, Die Unterstützung fremder Straftaten durch berufsbedingtes Verhalten, 2004; Letzgus, Strafbare Beteiligung durch »berufstypisches« Verhalten?, JA 2001, 986; Otto, Das Strafbarkeitsrisiko berufstypischen, geschäftsmäßigen Verhaltens, JZ 2001, 436.

502 Vgl. zur Milderung für den Gehilfen Fischer, StGB, § 27 StGB Rn. 30.

503 Diese sogenannte subjektive Theorie findet sich neben dem Badewannenfall auch im berühmten »Stachinskij-Urteil« (BGH, NJW 1963, 561 m. Anm. Baumann); diese Rechtsprechung ist umstritten, weil sie im Extremfall nur eine Teilnahme annimmt, auch wenn ein Betreffender in eigener Person allein die eigentliche Tatausführung (Stichwort Badewannenfall) vorgenommen hat, vgl. die Kritik von Joecks/Jäger, Studienkommentar zum StGB, § 25 StGB Rn. 6 ff. und die dortigen Hinweise zur überzeugenderen sogenannten Tatherrschaftslehre.

504 RGSt. 74, 85 (Badewannenfall); der berühmteste Badewannenmörder war übrigens G. J. Smith, der zwischen 1911 und 1914 drei von ihm geheiratete Frauen in Badewannen ertränkte; vgl. auch Neugebauer, Mord durch Ertränken, in: Kriminalistik 1959, S. 63 ff.; s. ferner Leo Wacholz/Stefan Horosakiewicz, Experimentelle Studien zur Lehre vom Ertrinkungstod, Vierteljahresschrift für gerichtliche Medizin, Bd. 28, 1904.

505 Die heute herrschende Tatherrschaftslehre lehnt dies ab, vgl. dazu Fischer, StGB, § 25 StGB Rn. 4.

von Max und Moritz erhielt, steht nicht fest.[506] Er konnte allerdings die fein geschroteten Reste der beiden an sein Federvieh verfüttern, was übrigens in der außerjuristischen Literatur zum Fall Max und Moritz als gerechtes Ende bezeichnet wird[507]:

> *Die Handlung verläuft grausam gerecht, wie in manchen Märchen: Zuerst verzehrten Max und Moritz das Federvieh der Witwe Bolte, das durch sie leiden musste, und nun schließt sich der Kreis, und sie werden selber vom Federvieh verspeist.*

Da aber beim Mühlenbetrieb des Meisters Müller ohnehin genügend Kornabfälle als Futter für Federvieh angefallen sein werden, scheidet ein finanzieller Profit in Form von eingesparten Futterkosten als Tatmotiv aus. Das für eine Täterschaft sprechende Tatinteresse von Meister Müller könnte allerdings darin gelegen haben, Bauer Mecke nicht als Kunden der Mühle zu verlieren bzw. ihn nicht als Mitbewohner des kleinen Dorfes durch Verweigerung des Mahlauftrags zu verärgern. Da aber die Geschäftsbeziehung bereits durch eine bloße Unterstützung der Tat des zur Tötung von Max und Moritz entschlossenen Bauern Mecke zu sichern war, liegt auch insoweit kein zwingendes Indiz für eine Täterschaft des Müllers vor. Da andere Tatinteressen bei Meister Müller nicht ersichtlich sind[508], käme man bei strikter Anlegung der Maßstäbe der Badewannenentscheidung zum Ergebnis, dass der Müller nur als Gehilfe des Bauern Mecke handelte.[509] Die

506 Üblicherweise stand einem Müller ein Viertel bis ein Drittel des Mahllohns zu, vgl. Großfeld/Möhlenkamp, NJW 1996, 1110.

507 Anke Dietzler, Max und Moritz, diese beiden …, in: Wilhelm Busch Museum Hannover, Braunschweig 1980, S. 63.

508 Da es keine Anhaltspunkte dafür gibt, dass Meister Müller zuvor Opfer einer Straftat von Max und Moritz war, kann auch ein Tatinteresse wie persönliche Rache etc. nicht belegt werden.

509 Die neuere Rechtsprechung wendet sich allerdings – mit Recht – zunehmend von der Badewannenentscheidung ab, vgl. Fischer, StGB, § 25 StGB Rn. 4.

neuere Rechtsprechung wendet sich aber mit Recht zunehmend von der Badewannenentscheidung ab und bezieht die Kriterien der Tatherrschaftslehre ein.[510] Die enorme kriminelle Energie von Meister Müller und seine objektiven Tatbeiträge zur Tötung von Max und Moritz waren weit oberhalb einer reinen Gehilfenstellung, so dass die Rechtsprechung ihn als Täter ansieht. Mit der von der herrschenden Meinung in der Literatur vertretenen (reinen) Tatherrschaftslehre kommt man zum gleichen Ergebnis[511]: Meister Müller ist Täter.[512]

In der Strafrechtswissenschaft wird im Fall Max und Moritz diese Einschätzung des Autors zur (Täter-)Rolle von Meister Müller überwiegend geteilt.[513] Schließlich hielt er den entscheidenden Geschehensablauf in seinen Händen. Er war es, der das grausame Tötungsgeschehen steuerte und Max und Moritz mit eigener Hand durch Hineinschütten in seinen Mühlentrichter tötete. Nach dem Wortlaut von § 25 Abs. 1 StGB ist schließlich derjenige Täter, der die Tat »selbst begeht«. Die Täterschaft des die Tat eigenhändig Ausführenden wird damit festgelegt, so dass Meister Müller als Zentralgestalt beim Zerschroten Täter der Tötung von Max und Moritz ist.[514]

510 Vgl. Fischer, StGB, § 25 StGB Rn. 4: »Die Rspr. tendiert seit jeher zu einer subjektiven Theorie (…); in neuerer Zeit folgt der BGH aber überwiegend Kriterien der Tatherrschaftslehre, ohne die Orientierung am ›Täterwillen‹ ausdrücklich aufzugeben.«; BGH NStZ-RR 2018, 40.

511 Vgl. zur Tatherrschaftslehre Roxin, Täterschaft und Teilnahme, 9. Aufl. 2017; Gramm, Kleine Fehlerlehre für Juristen nach Dr. Julius Knack, S. 108.

512 So auch Ostendorf, Max und Moritz – Prototypen von Intensivtätern, S. 583.

513 Ostendorf, Max und Moritz – Prototypen von Intensivtätern, S. 583; anderer Ansicht offenbar Honig, Die Sache mit Max und Moritz, NJW 2009, S. 736 – seiner Ansicht nach hatte allein Bauer Mecke den Tatwillen, und Müller sei ihm nur willig zur Hand gegangen.

514 Vgl. in dem Kontext den feinsinnigen, wiewohl nur einer kleinen Elite von Rechtsgelehrten voll verständlichen Aufsatz von Großknecht-Bauermann, Täter oder Teilnehmer der Tötung – Täterschaftsformen als Phänomene? Tatsachen und Thesen zu den Tattheorien, in: Festschrift für Uwe Rosendahl zum 60. Geburtstag, Köln/New York 2018, S. 123–199.

Soweit Meister Müller mit seiner Zwangs- und Bannmühle dem strengen Mahlzwang unterlag, rechtfertigt dies sein Handeln selbst dann nicht, wenn ein solcher Mahlzwang heute noch bestünde.[515] Der Mahlzwang bezog sich nur auf das von Bauern zum Mahlen gebrachte Getreide, natürlich nicht auf Menschen.[516] Andere Rechtfertigungsgründe sind bei Meister Müller nicht ersichtlich. Eine Nothilfe für Bauer Mecke (§ 32 Abs. 2 StGB) scheidet aus, weil der Angriff von Max und Moritz auf dessen Hausrecht und Eigentum schon abgeschlossen bzw. von diesem selbst abgewehrt worden war. Bauer Mecke hatte die Täter bereits im Sack bzw. unter Kontrolle. Max und Moritz hatten – bei aller charakterlichen Bedenklichkeit – einen Anspruch auf Aburteilung durch ihren gesetzlichen (Jugend-) Richter.[517] Stattdessen wurden sie zu Opfern eines privaten Schnellgerichts. An der Schuld von Meister Müller bestehen keine Zweifel. Ihm war bewusst, unrecht zu handeln.[518]

Meister Müller könnte sogar einen Mord begangen haben. Max und Moritz wurden in der Getreidemühle langsam und qualvoll »fein geschroten« – das Mühlwerk und ihre Knochen knackten:

Rickeracke! Rickeracke!
Geht die Mühle mit Geknacke.

515 Da der Fall Max und Moritz am Maßstab des aktuellen Strafrechts beurteilt wird, wäre es methodisch widersprüchlich und wissenschaftlich verfehlt, gleichzeitig auf das überholte frühere Mühlenrecht abzustellen – der Mahlzwang wird insofern für den interessierten Leser nur aus rechtshistorischen Gründen angesprochen; zum Mahlzwang Wacke, Wer zuerst kommt, mahlt zuerst – Prior tempore potior iure, JA 1981, 94; Großfeld/Möhlenkamp, Die Mühle in Märchen und Recht. Zur Verknüpfung von Wirtschaft, Kultur und Recht, NJW 1996, 1110.

516 Zu Einzelheiten des Mahlzwangs siehe die Darstellung von Großfeld/Möhlenkamp, NJW 1996, 1110.

517 Zu beachten ist auch Art. 101 Abs. 1 GG Ausnahmegerichte: »Ausnahmegerichte sind unzulässig. Niemand darf seinem gesetzlichen Richter entzogen werden.«

518 Honig, Die Sache mit Max und Moritz, NJW 2009, 736 – ein anerkennenswerter Verbotsirrtum nach § 17 StGB scheidet nach seiner zutreffenden Ansicht bei Meister Müller aus.

In einem Zeitungsbeitrag aus dem Jahr 2015 wird dies als Triumph der »Mechanik der Gerechtigkeit« gewertet. Schließlich folge dem »Ritzeratze« der bösen Tat das »Rickeracke!« der Mühle, die sich als »ein geniales Bild für eine Disziplinierungsmaschine!« für die beiden Tunichtgute darstelle.[519]

Die in der gesamten deutschen Kriminalgeschichte – soweit ersichtlich – einzigartige Tötungsart ist objektiv »grausam« i.S.d. § 211 Abs. 2 Gruppe 2 Var. 2 StGB.[520] Eine Bestrafung von Meister Müller als Mörder wäre aber nur möglich, wenn er seinen beiden Opfern die Schmerzen und Qualen aus gefühlloser und unbarmherziger Gesinnung heraus zugefügt hätte.[521] Meister Müller wusste um die mechanische Wirkung seiner Mühle und die Tatsache, dass ein in den Trichter der mahlenden Mühle hineingeworfener Mensch unrettbar verloren wäre und bis zu seinem Tod erhebliche Qualen erleiden würde. Wenn er gleichwohl Max und Moritz auf eine derartige Weise behandelte, hat er eine grausame Tötung begangen. Da er – wie man an seinem Gesichtsausdruck bei der Tatausführung erkennt[522] – mit großer Freude bzw. Genugtuung vorging, also eine gefühllose und unbarmherzige Gesinnung zeigte, sind auch die subjektiven Voraussetzungen für die Annahme von Grausamkeit zweifelsohne gegeben.[523]

519 Klaus Nüchtern, »Max und Moritz« waren Wilhelm Busch erst peinlich, in »Die Welt« v. 28.10.2015.

520 Der Mühlentod (Zermahlen von Menschen im Mahlwerk) wird selbst in dem führenden Grundlagenwerk zu kriminellen Tötungsarten nicht aufgeführt, vgl. Agros Brutalsky, Handbuch der tausend Tötungsarten – eine Typologie von Mord und Totschlag, Köln 1893; selbst bei Alan Patrick Herbert, Rechtsfälle – Linksfälle. Eine Auswahl juristischer Phantasien, Göttingen 1980, finden sich keine Hinweise auf derartige Mühlenmorde.

521 BGHSt. 3, 181.

522 Ostendorf, Max und Moritz – Prototypen von Intensivtätern, S. 583.

523 Ostendorf, a.a.O.; Honig, Die Sache mit Max und Moritz, NJW 1996, 736; Scheffler, »Max-und-Moritz«-Fall, S. 28: »Besonders für das ungerührte Zerschroten zweier Kinder in einer Getreidemühle wie bei ›Max und Moritz‹ lässt sich schon das Merkmal ›grausam‹ kaum verneinen.«

Meister Müller könnte sogar ein weiteres Mordmerkmal verwirklicht haben. Es kommt eine Tötung »aus niedrigen Beweggründen« in Betracht.[524] Die Motive für das Zerschreddern von Max und Moritz müssten dann »nach allgemeiner sittlicher Anschauung verachtenswert sein und auf tiefster Stufe stehen«.[525] Ein Prüfgesichtspunkt ist die Frage, ob ein krasses Missverhältnis zwischen dem Anlass der Tat und der Tat als solches besteht.[526] Meister Müller hat willig auf den Vorschlag des Bauern Mecke hin wegen der Taten von Max und Moritz im Wege der Selbstjustiz deren Leben ausgelöscht und die Todesstrafe verhängt.[527] Wer sich so bereitwillig zum (Scharf-)Richter über das Leben von Menschen aufschwingt, hat niedrige Beweggründe.[528] Bei Ostendorf heißt es in seiner Analyse des Falles Max und Moritz zum Verhalten von Meister Müller (und Bauer Mecke)[529]: »Diese Form der informellen Konflikterledigung steht in krassem Widerspruch zum staatlichen Strafmonopol.«

Jugendliche Intensivtäter ohne Chance auf ein rechtsstaatliches Strafverfahren und Resozialisierung in einem Mühlenmahl-

524 Vgl. dazu Helmers, Zum Mordmerkmal der niedrigen Beweggründe (§ 211 Abs. 2 StGB), HRRS 2016, 90.

525 BGH, NStZ-RR 2000, 168.

526 Fischer, StGB, § 211 StGB Rn. 15.

527 Nach Großknecht/Möhlenkamp, NJW 1996, 1110, gab es allerdings früher zur Einhaltung des sogenannten Mühlenfriedens ein Mühlenstrafrecht – Mühlen waren auch Gerichtsstätten, und Müller durften insoweit in vielen Landesteilen in der Mühle begangene Straften selber ahnden, was auch Phänomene wie den »Müllergalgen« und den »Mühlenpranger« erklärt; da Max und Moritz aber in der Mühle keine Straftaten begingen, hätte der Müller auch nach früherer Regelung kein Recht gehabt, über sie Gericht abzuhalten und sie in der Mühle nach Mühlenstrafrecht mit dem Tode zu bestrafen; grundlegend: Schmitt-Leonardy, Warum waren wir nochmal gegen die Todesstrafe?, Jus 2018, 848.

528 BGH, NStZ 2015, 392 (Das Mordmerkmal der niedrigen Beweggründe liegt bei Selbstjustiz nicht fern); BGH, Urt. v. 10.11.1993, 3 StR 476/93 (Selbstjustiz wegen Verteidigung der Familienehre); BGH, NStZ-RR 2010, 175 (Selbstjustiz mit einer 70 cm langen Machete gegenüber parkendem Nachbarn, der die problemlose Ausfahrt des Täters von seinem Grundstück störte).

529 Ostendorf, Max und Moritz – Prototypen von Intensivtätern, S. 584.

werk mit sadistisch anmutender Freude[530] zu vernichten, ist verachtenswert und steht auf sittlich allertiefster Stufe.[531] Meister Müller hat also auch aus niedrigen Beweggründen gehandelt und einen Doppelmord begangen.[532]

Ergebnis:

Meister Müller hat in seiner Mühle aus niedrigen Beweggründen eine grausame Tötung von Max und Moritz begangen §§ 212 Abs. 1, 211 Abs. 2, Gruppe 1 Var. 4, Gruppe 2 Var. 2 StGB.[533]

2. Körperverletzung, §§ 223 ff. StGB

Die Körperverletzungsdelikte treten hinter dem an Max und Moritz begangenen vollendeten Mord zurück.[534]

3. Sachbeschädigung, § 303 StGB

Meister Müller hat auch die gesamte Kleidung von Max und Moritz zermahlen und damit eine strafbare Sachbeschädigung nach § 303 Abs. 1 StGB begangen. Diese wird indes von §§ 212, 211 StGB als typische Begleittat konsumiert.[535]

530 So auch die juristische Einschätzung von Ostendorf, Max und Moritz – Prototypen von Intensivtätern, S. 583

531 Vgl. dazu aber auch den Fall BGH, NStZ 2015, 392: »Zwar liegt dieses Mordmerkmal bei einem Akt der Selbstjustiz nicht fern (…). Angesichts des – namentlich vom maßgeblichen subjektiven Standpunkt des Angeklagten – durch schuldhaftes Vorverhalten des Opfers gesetzten Tatanlasses, des sich spontan steigernden Ablaufs sowie der Vorsatzform (›Denkzettel‹) und der psychischen Verfassung des Angeklagten weist die Ablehnung niedriger Beweggründe keinen Rechtsfehler auf.«

532 So auch die Anklage bei Sauerbeck, Max und Moritz für die Schule, S. 60.

533 Ebenso wie hier: Ostendorf, Max und Moritz – Prototypen von Intensivtätern, S. 583; s.a. Klingelhöfer, Die Akte Max und Moritz, Theaterstück, S. 20; a.A. Honig, Die Sache mit Max und Moritz, NJW 2009, 736 (Meister Müller ist nur Gehilfe des Bauern Mecke).

534 Vgl. BGHSt. 16, 122; BGH, NStZ 2004, 684.

535 Frister, Strafrecht AT, Kap. 31 Rn. 18.

4. Störung der Totenruhe, § 168 StGB[536]

Meister Müller hat es in großer Pietätlosigkeit zugelassen, dass seine Enten[537] die nach dem Mahlvorgang übrig gebliebenen Reste von Max und Moritz verspeisten.[538] In gewisser Weise hat sich so der Kreislauf des Lebens geschlossen. Gleichzeitig handelte es sich um eine Art der Beweismittelvernichtung, die bezogen auf die gesamte Kriminalgeschichte einen »herausragenden« Platz für sich beanspruchen darf.[539] Eine Störung der Totenruhe liegt damit aber nicht zwangsläufig vor. Skelettreste, wie sie hier nach dem Mahlvorgang allenfalls in Betracht kommen, sind nämlich keine »Leichenteile« im Sinne des § 168 StGB.[540]

Das Mahlgut könnte aber im Wege der Auslegung unter den Begriff der ebenfalls von § 168 StGB geschützten »Asche« Verstorbener fallen. Wenn schon die Verbrennungsreste eines Ver-

536 § 168 StGB Störung der Totenruhe: »1) Wer unbefugt aus dem Gewahrsam des Berechtigten den Körper oder Teile des Körpers eines verstorbenen Menschen, eine tote Leibesfrucht, Teile einer solchen oder die Asche eines verstorbenen Menschen wegnimmt oder wer daran beschimpfenden Unfug verübt, wird mit Freiheitsstrafe bis zu drei Jahren oder mit Geldstrafe bestraft.«

537 Vgl. zu den Anforderungen an die Fütterung von Gänsen Svea von Hübbenet, Von verrückten Weihnachtsgänsen, Jura 2005, 268; zur Frage der Mast von Gänsen s. Sailer, Straffreie Qualzucht für Feinschmecker?, NuR 2005, 507 – den Enten von Meister Müller ging es aber nach dem äußeren Bild gut.

538 Anderer Ansicht Honig, Die Sache mit Max und Moritz, NJW 2009, 736: »Hätte der Müller die Überreste von Max und Moritz an seine Enten verfüttert, hätte er damit gegen § 168 StGB verstoßen. Die Chronik lässt aber offen, ob der Müller überhaupt gemerkt hat, was letztlich mit den Knaben geschah, so dass ihm nach dem Grundsatz in dubio pro reo in dieser Hinsicht nichts angelastet werden kann.«

539 Vergleichbar erscheint allenfalls der Fall des Fassmachers Friedrich Linndörfer aus dem Jahr 1962 – Linndörfer hatte seine Schwester ermordet, ihren Körper in einem großen Kessel gekocht, die Knochen ausgelöst und verbrannt, die Reste in Papiersäcke gesteckt und in Wäldern verstreut; Näheres zum Fall Linndörfer findet sich bei Thorwald, Das Jahrhundert der Detektive, Zürich 1966, S. 284–285.

540 Vgl. Blume, Fragen des Totenrechts, AcP 112, S. 367; sehr luzide auch Tietz, Der Schutz der Toten im Recht der Gegenwart, Strafrechtliche Abhandlungen Heft 291 (1931); Stellpflug, Der strafrechtliche Schutz des menschlichen Leichnams, 1996 (Diss. Freiburg); Stentenbach, Der strafrechtliche Schutz der Leiche, 1992 (Diss. Köln).

storbenen von der Norm erfasst werden, spricht viel dafür, erst recht fein geschrotete unverbrannte Körperreste dem Schutz der Vorschrift zu unterstellen.[541] Die Konsistenz des Mahlgutes von Max und Moritz ähnelt der Asche. In unverbrannter Form liegt bei den Resten der Lausbuben außerdem der Bezug zur ursprünglichen Körperlichkeit der Verstorbenen noch näher als bei Asche. Die Frage, ob man das Mahlgut von Max und Moritz strafrechtlich als »Asche« betrachten darf oder damit eventuell die Wortlautgrenze des Art. 103 Abs. 2 GG überschreitet, kann letztlich jedoch offenbleiben. Da über Verwandte von Max und Moritz nichts bekannt ist, kann nämlich nicht festgestellt werden, dass durch Meister Müller mit der pietätlosen Entenfütterung der Gewahrsam eines zur Totensorge Berechtigten gebrochen wurde. Dies ist aber zwingende Voraussetzung für eine Bestrafung nach § 168 StGB.[542]

Ergebnis:
Meister Müller hat sich keiner Störung der Totenruhe schuldig gemacht.[543]

II. Strafbarkeit des Bauern Mecke

1. Totschlag bzw. Mord, §§ 212 Abs. 1, 211 StGB

Bauer Mecke hat Meister Müller die in dem Sack zappelnden Lausbuben mit dem Auftrag zur Tötung in der Mühle übergeben:

541 Grundlegend zur Auslegung von Gesetzen Tibulski-Schribbeneck, Die Auslegungsmethoden der Juristen – Zwischen Genie und Wahnsinn, Köln/München 2019.

542 Fischer, StGB, § 168 StGB Rn. 8; s. zum Konkurrenzverhältnis zwischen Mord und anschließender Störung der Totenruhe BGH, NStZ 2016, 469.

543 Anderer Ansicht ist die Anklagebehörde bei Sauerbeck, Max und Moritz für die Schule, S. 60; s. zu § 168 StGB BGH, Beschluss v. 30.8.2018, 5 StR 411/18.

»Meister Müller, he, heran!
Mahl er das, so schnell er kann!«

Mit seinem Mahlauftrag hat Bauer Mecke in Meister Müller den Tatentschluss zur Tötung von Max und Moritz in der Mühle geweckt und ihn damit im Sinne des § 26 StGB zu dessen vorsätzlich begangener rechtswidriger Tat bestimmt. Er kann insofern wegen Anstiftung zum Mord gemäß §§ 212 Abs. 1, 211, 26 StGB bestraft werden.[544] Bauer Mecke hätte damit im Ergebnis das gleiche Strafmaß wie der Täter zu erwarten. Nicht zu verkennen ist indessen, dass eine Verurteilung als Anstifter lediglich den Vorwurf beinhaltet, Teilnehmer einer fremden Straftat zu sein. Sie bleibt damit – jedenfalls symbolisch – hinter einer Verurteilung als Täter zurück. Dies wirft die – juristisch delikate – Frage auf, ob man Bauer Mecke nicht stattdessen als Mittäter von Meister Müller anzusehen hat.[545] Der für die Mittäterschaft stets vorauszusetzende gemeinsame Tatplan kann hier darin gesehen werden, dass Bauer Mecke mit seinem Mahlauftrag den Vorschlag zur Tötung von Max und Moritz machte und Meister Müller diesen mit auftragsgemäßem Handeln akzeptierte. Fraglich ist allerdings, ob auch die weiteren Voraussetzungen der Mittäterschaft gegeben sind.

Nach Ansicht der Rechtsprechung zur Abgrenzung von Täterschaft und Teilnahme kommt es maßgeblich auf die innere

544 Für eine Anstifterrolle von Bauer Mecke: Sauerbeck, a.a.O.; vgl. in dem Kontext auch RGSt. 36, 405 (Anstiftung in Form eines Wunsches oder einer Anregung).

545 In der 1. Aufl. des Falles Max und Moritz habe ich noch angenommen, dass sich Bauer Mecke »nur« wegen der Anstiftung zur Ermordung von Max und Moritz strafbar gemacht hat, vgl. Jörg-Michael Günther, Der Fall Max und Moritz, 1. Aufl. 1988, S. 101 – an dieser Auffassung halte ich nicht mehr fest; s. zu den Anforderungen an eine mittäterschaftliche Tatbeteiligung BGH, NStZ 2018, 144 mit Anm. von Jäger; BGH, NStZ-RR 2018, 40.

Willensrichtung an.[546] Bauer Mecke müsste also mit Täterwillen (animus auctoris) gehandelt haben. Dieser lässt sich hier insbesondere aus dem erheblichen Umfang seiner Tatbeteiligung ableiten.

Indem Bauer Mecke die jugendlichen Intensivtäter in einem Sack einfing, zur Mühle verbrachte und sie dort unter Erteilung eines Mahlauftrags an Meister Müller übergab, nahm er sowohl in qualitativer als auch in quantitativer Hinsicht wesentliche Schritte zur Verwirklichung des tatbestandlichen Erfolgs selbst vor. Berücksichtigt man weiterhin, dass er den Mahlprozess bis zum Schluss begleitete und auf diese Weise sicherstellte, dass Max und Moritz tatsächlich in kleine Stücke zerlegt wurden, muss auch seine Tatherrschaft bejaht werden. So hatte es Bauer Mecke bis zuletzt in der Hand, etwa durch Rücknahme bzw. Stornierung seines tödlichen Mahlauftrags oder eigenhändiges Anhalten des Mahlvorgangs die Zerstückelung der beiden sicher abzuwenden. Stattdessen verfolgte er den Tötungsvorgang bis zum bitteren Schluss in geradezu freudiger Erregung mit. Angesichts dessen lässt sein Verhalten auch den Rückschluss auf seinen Willen zur Tatherrschaft zu. Vor diesem Hintergrund kommt es schließlich nicht mehr entscheidend darauf an, inwieweit bei Bauer Mecke, der selbst in vergleichsweise harmloser Form Opfer von Max und Moritz geworden war, das Eigeninteresse am Taterfolg ausgeprägt war. Legt man also die Rechtsprechungskriterien an, spricht vieles dafür, Bauer Mecke als Mittäter von Meister Müller zu behandeln. Da sich die Mittäterschaft aber immer nur auf die gemeinsame Tathandlung bezieht und die Vorstellung der Handelnden unberührt lässt[547],

546 Vgl. zur Abgrenzung von Täterschaft und Teilnahme Fischer, StGB, § 25 StGB Rn. 26; instruktiv Joecks/Jäger, Studienkommentar zum StGB, § 25 StGB Rn. 3 ff.; BGH, NStZ 2018, 144 mit Anm. von Jäger; BGH, NStZ-RR 2018, 40.

547 Frister, Strafrecht AT, Kap. 25 Rn. 21 ff.

muss die Anschlussfrage, ob sich die Tat für Bauer Mecke im Ergebnis ebenfalls als Mord oder nur als Totschlag darstellt, gesondert beantwortet werden. Zuvor ist allerdings ein Blick auf die Meinung des Schrifttums zur Abgrenzung von Täterschaft und Teilnahme zu werfen.

Nach der im Schrifttum vertretenen Tatherrschaftslehre ist allein danach zu fragen, ob Bauer Mecke den zur Tatbestandsverwirklichung führenden Geschehensablauf nach eigenem Willen hemmen oder ablaufen lassen konnte und sich so zur Zentralgestalt des Geschehens erhob. Zwar war es vorliegend Meister Müller, der eigenhändig die letzte, unmittelbar zur Herbeiführung des Todes von Max und Moritz notwendige Handlung – das Hineinwerfen in den Trichter des Mahlwerks – vornahm. Hierbei stand Bauer Mecke lediglich daneben. Gleichwohl zeigt der Umfang seiner Tatbeteiligung, namentlich die Übergabe der beiden Jugendlichen an den Müller, seine Beauftragung des Müllers zum Zermahlen der beiden und seine aktive Mitverfolgung des Mahlprozesses, dass Bauer Mecke einen bestimmenden Einfluss auf die Exekution der Jugendlichen nahm. Er war der geistige Urheber des Geschehens in der Mühle und trug auch intern die Entscheidungsverantwortung über dessen Durchführung.[548] Damit hielt er das Geschehen letztlich ebenso in den Händen wie Meister Müller. Dies rechtfertigt es, Bauer Mecke auch nach der Tatherrschaftslehre als Mittäter anzusehen. Zu diesem Ergebnis kommen auch Teile der neueren strafrechtlichen Literatur zu Max und Moritz.[549]

548 Vgl. zu den Anforderungen an die Täterschaft Jäger, Praxiskommentar zu BGH, NStZ 2018, 144 – in NStZ 2018, 146.

549 Ostendorf, Max und Moritz – Prototypen von Intensivtätern, S. 583; a.A. Honig, Die Sache mit Max und Moritz, NJW 2009, 736 (Bauer Mecke ist Täter, Meister Müller nur Teilnehmer der Tötung von Max und Moritz).

Zu prüfen bleibt jetzt noch, ob auch Bauer Mecke einen Mord begangen hat. Berücksichtigt man, dass er die Grausamkeit der Tötung in der Mühle selbst geplant und daran mitgewirkt hat, ist dies zu bejahen. Darüber hinaus könnte er – wie auch Meister Müller – aus »niedrigen Beweggründen« gehandelt haben. Dann müssten auch die Motive von Bauer Mecke besonders verachtenswert sein und sittlich auf tiefster Stufe stehen.[550]

Bauer Mecke hat wegen ihn treffender Bagatelltaten von Max und Moritz (Aufschneiden von zwei gefüllten Maltersäcken) aus Rache und in Selbstjustiz dafür gesorgt, dass deren von Kriminalität geprägte Leben in der Mühle ausgelöscht wurden. Solche Motive können niedrige Beweggründe sein.[551] Zugunsten von Bauer Mecke lässt sich zwar anführen, dass er – wie zuvor auch Meister Bäcker – Opfer einer Straftat von Max und Moritz geworden ist. Anders als Meister Bäcker, der spontan in der erlebten Opfersituation (affektive Erregung) die Lausbuben in den glühenden Ofen schob, hat Bauer Mecke aber sehr planvoll agiert. Er hat trotz längerer Überlegungszeit auf dem Weg zur Mühle seinen Plan zur grausamen Selbstjustiz erbarmungslos durchgezogen. Nach Abkühlen seiner Verärgerung über das Zerschneiden seiner Maltersäcke hatte er genügend Zeit, von seinem »Hinrichtungsplan« wieder Abstand zu nehmen und auf den Boden des Rechts zurückzukehren. Wenn Bauer Mecke gleichwohl und trotz des vergleichsweise bagatellhaften Anlasses den Mahlauftrag an Meister Müller erteilte und dessen direkte Umsetzung am Mühlentrichter begleitete, handelte er auf sittlich tiefster Stufe. Er hat sich bei der Voll-

550 BGH, NStZ-RR 2000, 168.

551 BGH, NStZ 2015, 392 (Das Mordmerkmal der niedrigen Beweggründe liegt bei Selbstjustiz nicht fern); BGH, Urt. v. 10.11.1993, 3 StR 476/93 (Selbstjustiz wegen Verteidigung der Familienehre); BGH, NStZ-RR 2010,175 (Selbstjustiz mit einer 70 cm langen Machete gegenüber störend parkendem Nachbarn).

streckung der Strafe über die Rechtsordnung und einen anderen Menschen erhoben.[552] Sein Nachtatverhalten im Dorf passt in das negative Bild von Bauer Mecke (»Doch der brave Bauersmann dachte: ›Wat geiht meck dat an?!‹«). Bei ihm liegt das Mordmerkmal der »niedrigen Beweggründe« vor. Wenn Max und Moritz auch der Schrecken der Dorfgemeinschaft waren, ist deren Tötung in der Mühle dennoch nicht durch Notwehr, Nothilfe etc. zu rechtfertigen.

Ergebnis:

Bauer Mecke hat gemeinsam mit Meister Müller aus niedrigen Beweggründen und auf grausame Weise Max und Moritz getötet. Er ist folglich wegen eines mittäterschaftlich begangenen Mordes gemäß §§ 212 Abs. 1, 211 Abs. 2, 25 Abs. 2 StGB zu bestrafen.[553]

2. Körperverletzung, §§ 223 ff. StGB

Die von Bauer Mecke mittäterschaftlich begangenen Körperverletzungsdelikte treten hinter dem an Max und Moritz begangenen Mord zurück.[554]

3. Sachbeschädigung, § 303 StGB

Ebenso wie Meister Müller hat auch Bauer Mecke eine strafbare Sachbeschädigung der Kleidung von Max und Moritz begangen (§ 303 Abs. 1 StGB). Auch sie tritt im Wege der Gesetzeskonkurrenz hinter § 211 StGB zurück.

552 Vgl. zu Aspekten der Selbstjustiz bei der Prüfung »niedriger Beweggründe« LG Essen, ZJJ 2018, 57.
553 So auch Müssig, Max und Moritz im Spiegel des Deliktsrechts, DVW 1/1988, 32 Fn. 90.
554 BGHSt. 16, 122; BGH, NStZ 2004, 684.

D. Strafrechtliches Gesamtergebnis des letzten Streiches

I. Strafbarkeit von Max und Moritz

Max und Moritz haben sich tateinheitlich wegen Hausfriedensbruchs und Sachbeschädigung gemäß §§ 123 Abs. 1, 303 Abs. 1, 52 Abs. 1 StGB strafbar gemacht. Die von ihnen zum Aufschneiden der Maltersäcke verwendeten Messer sind als Tatmittel nach § 74 Abs. 1 StGB einzuziehen.[555]

II. Strafbarkeit des Meisters Müller

Meister Müller hat als Mittäter von Bauer Mecke nach §§ 212 Abs. 1, 211, 25 Abs. 2 StGB tateinheitlich einen Mord an Max und Moritz begangen. Er hat die beiden aus niedrigen Beweggründen und grausam in seiner Mühle getötet. Hinzu kommt eine Sachbeschädigung der Kleidung der zerschredderten Lausbuben (§ 303 Abs. 1 StGB). Wegen des Deliktes der Störung der Totenruhe (§ 168 StGB) ist eine Anklage gegen Meister Müller als Enteneigentümer nicht zuzulassen.

III. Strafbarkeit des Bauern Mecke

Bauer Mecke hat als Mittäter von Meister Müller nach §§ 212 Abs. 1, 211, 25 Abs. 2 StGB tateinheitlich einen Mord an Max und Moritz begangen, weil er sie aus niedrigen Beweggründen und grausam tötete. Er hat sich ferner der Freiheitsberaubung an Max und Moritz gemäß § 239 Abs. 1 StGB schuldig gemacht. Diese steht im Verhältnis zum Mord in Tatmehrheit gemäß § 53 StGB.

555 Vgl. zum Rechtscharakter der Einziehung BGH, NStZ-RR 2018, 241; BGH, StV 2012, 595; Fischer, StGB, § 74 StGB Rn. 3.

Schluss

Als man dies im Dorf erfuhr,
war von Trauer keine Spur.

Witwe Bolte, mild und weich,
sprach: »Sieh da, ich dacht es gleich!«

»Ja, ja, ja!« – rief Meister Böck,
»Bosheit ist kein Lebenszweck!«

Drauf, so sprach Herr Lehrer Lämpel:
»Dies ist wieder ein Exempel!«

»Freilich!«, meint der Zuckerbäcker,
»warum ist der Mensch so lecker!«

Selbst der gute Onkel Fritze
sprach: »Das kommt von dumme Witze!«

Doch der brave Bauersmann
dachte: »Wat geiht meck dat an?!«

Kurz, im ganzen Ort herum
ging ein freudiges Gebrumm:

»Gott sei Dank! Nun ist's vorbei
mit der Übeltäterei!!«

Der Schluss der Geschichte von Max und Moritz

A. Die freudigen Äußerungen der Dorfbewohner zum Tod der Lausbuben in der Mühle

1. Billigung von Straftaten, § 140 StGB[556]

Am Schluss der Geschichte kommen einige Dorfbewohner noch einmal zu Wort. Keiner von ihnen verurteilt den brutalen Mord an Max und Moritz in der Mühle. Stattdessen wird die von Bauer Mecke und Meister Müller vorgenommene Ermordung von Max und Moritz als gerechte Folge und Bestrafung ihrer Übeltätereien betrachtet und ausdrücklich gutgeheißen[557]:

Drauf, so sprach Herr Lehrer Lämpel:
»Dies ist wieder ein Exempel!«

Und weiter heißt es in der Chronik von Wilhelm Busch:

Kurz, im ganzen Ort herum
Ging ein freudiges Gebrumm:

---

556 § 140 StGB Belohnung und Billigung von Straftaten: »Wer eine der in § 138 Absatz 1 Nummer 2 bis 4 und 5 letzte Alternative und in § 126 Abs. 1 genannten rechtswidrigen Taten oder eine rechtswidrige Tat nach § 176 Abs. 3, nach den §§ 176a und 176b, nach § 177 Absatz 4 bis 8 oder nach § 178, nachdem sie begangen oder in strafbarer Weise versucht worden ist,
1. belohnt oder
2. in einer Weise, die geeignet ist, den öffentlichen Frieden zu stören, öffentlich, in einer Versammlung oder durch Verbreiten von Schriften (§ 11 Abs. 3) billigt, wird mit Freiheitsstrafe bis zu drei Jahren oder mit Geldstrafe bestraft.«

557 Anke Dietzler, Max und Moritz, diese beiden …, in: Wilhelm Busch Museum Hannover, Braunschweig 1980, S. 63; vgl. zum Begriff des »Billigens« einer Straftat BGHSt. 22, 282 (positive Schilderung von politischen Sprengstoffattentaten in Südtirol).

»Gott sei Dank! Nun ist's vorbei
Mit der Übeltäterei!«

Indem sich die Dorfbewohner moralisch hinter Meister Müller und Bauer Mecke und die von ihnen verübte Selbstjustiz stellen, billigen sie deren schwere Straftaten an Max und Moritz.[558] Mord darf aber nach § 140 i.V.m. § 126 Abs. 1 Nr. 2 StGB nicht belohnt oder gebilligt werden.[559] Die Vorschrift dient dazu, einer Verbrechensbereitschaft in der Bevölkerung entgegenzuwirken.[560] Die Dorfbewohner können gleichwohl wegen ihrer übertriebenen »Law and Order«-Mentalität nicht bestraft werden.[561] Es steht nämlich nicht hinreichend sicher fest, dass die billigenden Äußerungen der Dorfbewohner zu den Tötungen in der Mühle – wie von § 140 StGB vorausgesetzt – in aller Öffentlichkeit oder in einer Versammlung[562] getätigt worden sind.[563] Der genaue Rahmen der Äußerungen der Dorfbewohner zur Selbstjustiz an Max und Moritz ist nicht bekannt. Im Zweifel sind die Dorfbewohner deshalb freizusprechen.[564]

558 Teilweise wird in der Literatur mit Recht davon gesprochen, dass Max und Moritz »von der Gesellschaft zermahlen« wurden, vgl. Luckhardt, in: »125 Jahre Max und Moritz«, S. 93.

559 Der Grund für diese Vorschrift liegt in der Gefährdung der Allgemeinheit durch die Schaffung eines psychischen Klimas, in dem neue Delikte gleicher Art gedeihen können, vgl. BGHSt. 22, 286 und BGHSt. 28, 314.

560 Manfred Heinrich, Die Delikte gegen den öffentlichen Frieden und die öffentliche Ordnung im Lichte des Medienstrafrechts – Teil 3: §§ 131 und 140 StGB, Zeitschrift für das juristische Studium (ZJS) 1/2018, 16.

561 Vgl. zu § 140 StGB die Erläuterung des gesetzgeberischen Ziels durch BGHSt. 22, 282: »Indessen will die Vorschrift nicht eine Gesinnung bestrafen.«

562 Vgl. dazu OLG Hamm, MDR 1980, 159.

563 Vgl. zum Begriff der Versammlung und deren (Mindest-)Größe Manfred Heinrich, Zeitschrift für das juristische Studium (ZJS) 1/2018, 19 – Heinrich weist auch darauf hin, dass ein »Billigen« nach § 140 StGB unter besonderen Umständen (wie sie hier wohl bei den zitierten Dorfbewohnern angenommen werden können) nicht die Eignung hat, den öffentlichen Frieden zu stören: »Zu verneinen ist eine solche Eignung i.d.R. dann, wenn die Billigung als Ausdruck eines persönlichen Konflikts des Billigenden mit dem Opfer der konkreten Tat zu verstehen ist und damit nicht verallgemeinerungsfähig erscheint.«

564 Für eine Anklage wegen Billigung von Straftaten aber Sauerbeck, Max und Moritz für die Schule, S. 65.

Ergebnis:
Den Dorfbewohnern kann keine strafbare Billigung von Straftaten nachgewiesen werden.

2. Öffentliche Aufforderung zu Straftaten, § 111 StGB

Die Dorfbewohner haben die finalen Straftaten von Bauer Mecke und Meister Müller positiv bewertet. Nach der Rechtsprechung ist aber das bloße Gutheißen von Straftaten keine Aufforderung zu Straftaten.[565] Eine Bestrafung nach § 111 Abs. 1 StGB scheidet also ebenfalls aus.

3. Verunglimpfung des Andenkens Verstorbener, § 189 StGB

Die selbstgerechten und bigotten Dorfbewohner haben sich alle negativ und pietätlos über die verstorbenen Max und Moritz geäußert. Eine für die Anwendung von § 189 StGB erforderliche besonders schwere Ehrenkränkung der Titelhelden ist aber nicht festzustellen.[566] Man hat schließlich zu berücksichtigen, dass es sich um jugendliche Intensivtäter handelte, die im beschaulichen Dorf vor schweren Gewalttaten nicht zurückschreckten (gefährliche Körperverletzung zulasten des Schneiders Böck, Sprengstoffattentat auf Lehrer Lämpel). Das gesamte kriminelle Leben von Max und Moritz war darauf gerichtet, die Erwachsenen der Dorfgemeinschaft zu schädigen und herabzuwürdigen.[567] Vor diesem Hintergrund ist eine Verunglimpfung des Andenkens der verstorbenen Lausbuben in

565 Fischer, StGB, § 111 StGB Rn. 4b; BGHSt. 32, 310; OLG Karlsruhe, NStZ 1993, 390.
566 Vgl. dazu Kißler, Die Beschimpfung Verstorbener, Strafrechtliche Abhandlungen, Heft 23, 1919; vgl. auch Tietz, Der Schutz der Toten im Recht der Gegenwart, Strafrechtliche Abhandlungen, Heft 23, 1931; aus neuerer Zeit s. Chen, Die Verunglimpfung des Andenkens Verstorbener (§§ 189 und 194 II S. 2 StGB), 1986; Rüping, Der Schutz der Pietät, GA 1977, 299.
567 Heinrich-Hoffmann-Museum (Hrsg.), Struwwelpeter trifft Max und Moritz, 1990, S. 32.

letzter Konsequenz nicht strafwürdig. Es ist legitim und von der Meinungsfreiheit des Grundgesetzes umfasst, dass sich zahlreiche Opfer von Max und Moritz in der Öffentlichkeit tief zufrieden über das Ende ihrer kriminellen Karrieren äußerten.[568] Man muss bedenken, dass Bosheit der Lebenszweck der beiden berühmtesten Buben der Literaturgeschichte war.

Max und Moritz haben sich in ihrem kurzen Leben ehrlos verhalten; dann konnten sie auch nicht erwarten, als Tote einen besonderen Anspruch auf den Schutz ihrer Ehre zu haben.[569] Bestraft werden bei § 189 StGB nur »ehrrelevante Verfälschungen des Persönlichkeitsbildes« Verstorbener.[570] Stellt man bei § 189 StGB auf das Pietätsgefühl ihrer Verwandten ab, kommt man ebenfalls nicht zur Strafbarkeit. Selbst ihr guter Onkel Fritze trauerte nämlich nicht um seine in der Mühle zermahlenen Neffen:

»Das kommt von dumme Witze!«[571]

Das Verhalten von zwei Dorfbewohnern bedarf besonderer Betrachtung: von Bauer Mecke und dem Zuckerbäcker. Sie haben den Lausbuben Leid angetan und sollten sich mit ehrverletzenden Äußerungen nach deren Versterben eigentlich beson-

568 Vgl. dazu Mitsch, Postmortales Persönlichkeitsrecht verstorbener Straftäter, NJW 2010, 3479.

569 Vgl. zum geschützten Rechtsgut Fischer, § 189 StGB Rn. 2; s.a. Kißler, Die Beschimpfung Verstorbener, Strafrechtliche Abhandlungen Heft 23, 1919; s. aber auch Diana zu Hohenlohe, Schutz der postmortalen Menschenwürde, der Totenfürsorge und der Trauerbewältigung: neue Ansätze in der Rechtsprechung, GewArch 2018, 169.

570 Joecks/Jäger, Studienkommentar zum StGB, § 189 StGB Rn. 1; vgl. zum Pietätsgefühl der Verwandten als mögliches geschütztes Rechtsgut bei § 189 StGB die Darstellung des Meinungsstandes von Fischer, StGB, § 189 StGB Rn. 2.

571 Offenkundig hat für Max und Moritz kein zu einem Strafantrag berechtigter Verwandter – falls es ihn gab – von einem nach § 77 Abs. 2 S. 2 StGB i.V.m. § 194 Abs. 2 S. 1 StGB bestehenden Strafantragsrecht Gebrauch gemacht.

ders zurückhalten. Bauer Mecke berücksichtigte dies, denn er äußerte sich nicht öffentlich zum Tod von Max und Moritz, obwohl er sie zum Exekutionsort getragen und ihre Tötung in der Mühle veranlasst hat:

Doch der brave Bauermann
Dachte: »Wat geiht meck dat an?!«[572]

Die zynischen und bösartigen Äußerungen des Zuckerbäckers über die beiden Toten könnten hingegen eine strafbare Verunglimpfung des Andenkens Verstorbener sein:

»Freilich!« meint der Zuckerbäcker,
»Warum ist der Mensch so lecker!«

Max und Moritz, die neben ihrer Täterrolle in der Backstube auch Opfer von Straftaten des Zuckerbäckers waren, sollen es also offenbar als »leckere Menschen« selbst schuld gewesen sein, dass er sie auf grausame Weise zu Brot verarbeiten wollte. Dies stellt die Dinge auf den Kopf, ist aber in der Viktimologie (Lehre vom Opfer) nicht unbekannt.[573] Man verweist dort zur Kennzeichnung dieses Phänomens auf den Romantitel von Franz Werfel: »Nicht der Mörder, der Ermordete ist schuldig« (1920). Innerpsychisch versucht ein Täter mit der Schuldzuweisung an das Opfer, seine Taten zu legitimieren. Die spöttische Äußerung des Zuckerbäckers übersteigt aber schon unter Berücksichtigung des von Max und Moritz versuchten Diebstahls

572 Selbst wenn Bauer Mecke sich öffentlich über die toten Max und Moritz pietätlos i.S.d. § 189 StGB geäußert hätte, käme dem angesichts seiner schweren Straftaten an den lebenden Lausbuben bei der nach § 54 Abs. 1 StGB zu bildenden Gesamtstrafe keinerlei Bedeutung zu.

573 Eisenberg/Kölbel, Kriminologie, 7. Aufl. 2017, S. 307.

seiner Zuckersachen nicht die Strafbarkeitsgrenze.[574] Versierte Strafverteidiger werden zugunsten des Zuckerbäckers auch die verfassungsrechtlich geschützte Meinungsfreiheit (Art. 5 Abs. 1 S. 1 GG) ins Feld führen.[575] Selbst wenn man beim Zuckerbäcker eine Straftat nach § 189 StGB annehmen würde, käme dem angesichts seiner schweren Straftaten an den lebenden Lausbuben bei der Gesamtstrafenbildung keine Bedeutung zu (§ 54 Abs. 1 S. 1 StGB).[576]

Ergebnis:

Die Dorfbewohner haben sich nicht nach § 189 StGB der Verunglimpfung des Andenkens der verstorbenen Max und Moritz schuldig gemacht.[577]

B. Strafrechtliches Gesamtergebnis des Schlusses

Die Dorfbewohner haben sich wegen ihrer Äußerungen über das grausame Ende von Max und Moritz nicht strafbar gemacht.

574 Vgl. zu Spott und der Verfolgung durch die Justiz in Deutschland, Frankreich, England und Amerika die Untersuchung von Uwe Wolf, Spötter vor Gericht, Diss. 1996.

575 Denkbar wäre auch der Einwand eines Strafverteidigers, die Äußerung von Meister Bäcker beziehe sich natürlich nur auf den Verzehr von Max und Moritz durch das Federvieh (nicht auf die Vorgänge in der Backstube), was gerade keinen ehrverletzenden Charakter wegen Verkehrung der Umstände habe.

576 § 54 Abs. 1 S. 1 StGB Bildung der Gesamtstrafe: »Ist eine der Einzelstrafen eine lebenslange Freiheitsstrafe, so wird als Gesamtstrafe auf lebenslange Freiheitsstrafe erkannt.«

577 Für eine Anklage der Dorfbewohner wegen der Verunglimpfung des Andenkens Verstorbener aber Sauerbeck, Max und Moritz für die Schule, S. 65.

Strafbarkeit der Eltern von Max und Moritz

A. Verletzung der Fürsorge- oder Erziehungspflicht, § 171 StGB

Man darf vermuten, dass die jeweiligen Eltern von Max und Moritz an deren Entwicklung zu minderjährigen Intensivtätern ein erhebliches Maß an Schuld haben.[578] Damit könnten sie sich auch strafbar gemacht haben.[579] Nach § 171 StGB ist u. a. zu bestrafen, »wer seine Fürsorge- oder Erziehungspflicht gegenüber einer Person unter sechzehn Jahren gröblich verletzt und dadurch den Schutzbefohlenen in die Gefahr bringt, (…) einen kriminellen Lebenswandel zu führen«. Da aber keine weiteren Informationen über die Identität der Eltern und die familiären Lebensumstände von Max und Moritz vorliegen[580], ist das Verfahren von der Staatsanwaltschaft einzustellen.

---

578 Annika von Walter, Upgrade: Max und Moritz 2.010, in Kerner/Marks (Hrsg.), Internetdokumentation des Deutschen Präventionstages. Hannover 2010, www.praeventionstag.de/Dokumentation.cms/959.

579 Vgl. in dem Kontext Neuheuser, Die Strafbarkeit von Eltern minderjähriger Mehrfachtäter, NStZ 2000, 174.

580 Nur das Vorhandensein ihres Onkels Fritz ist bekannt.

Das Schreiben, Verbreiten und Aufführen der Streiche von Max und Moritz

A. Strafbarkeit von Wilhelm Busch, seines Verlages, von Buchhändlern, Eltern, Pädagogen und Schauspielern

1. Verherrlichung von Gewalt, § 131 StGB[581]/Verstoß gegen das Jugendschutzgesetz

Die Frage nach einem Verbreitungsverbot für »Max und Moritz« wegen strafbarer Gewaltverherrlichung (§ 131 StGB) liegt nahe.[582] Schon früh nach Erscheinen von »Max und Moritz« im

581 § 131 StGB Gewaltdarstellung:
»(1) Mit Freiheitsstrafe bis zu einem Jahr oder mit Geldstrafe wird bestraft, wer
1. eine Schrift (§ 11 Absatz 3), die grausame oder sonst unmenschliche Gewalttätigkeiten gegen Menschen oder menschenähnliche Wesen in einer Art schildert, die eine Verherrlichung oder Verharmlosung solcher Gewalttätigkeiten ausdrückt oder die das Grausame oder Unmenschliche des Vorgangs in einer die Menschenwürde verletzenden Weise darstellt,
a) verbreitet oder der Öffentlichkeit zugänglich macht,
b) einer Person unter achtzehn Jahren anbietet, überlässt oder zugänglich macht oder
2. einen in Nummer 1 bezeichneten Inhalt mittels Rundfunk oder Telemedien
a) einer Person unter achtzehn Jahren oder
b) der Öffentlichkeit zugänglich macht oder
3. eine Schrift (§ 11 Absatz 3) des in Nummer 1 bezeichneten Inhalts herstellt, bezieht, liefert, vorrätig hält, anbietet, bewirbt oder es unternimmt, diese Schrift ein- oder auszuführen, um sie oder aus ihr gewonnene Stücke im Sinne der Nummer 1 Buchstabe a oder b oder der Nummer 2 zu verwenden oder einer anderen Person eine solche Verwendung zu ermöglichen.
In den Fällen des Satzes 1 Nummer 1 und 2 ist der Versuch strafbar.
(2) Absatz 1 gilt nicht, wenn die Handlung der Berichterstattung über Vorgänge des Zeitgeschehens oder der Geschichte dient.
(3) Absatz 1 Satz 1 Nummer 1 Buchstabe b, Nummer 2 Buchstabe a ist nicht anzuwenden, wenn der zur Sorge für die Person Berechtigte handelt; dies gilt nicht, wenn der Sorgeberechtigte durch das Anbieten, Überlassen oder Zugänglichmachen seine Erziehungspflicht gröblich verletzt.«

582 Scheffler, »Max-und-Moritz«-Fall, S. 28 ff.

Jahr 1865 brandmarkten Pädagogen der Bismarckzeit das Werk von Wilhelm Busch als »frivoles Werk mit jugendgefährdender Wirkung«.[583] Es sei unfassbar, dass (bis zum letzten Streich) »die holden Jungen stets ungeahndet davonkommen, obgleich ihre Streiche von der allerschlimmsten Art sind«.[584] Es handle sich bei der Kinderstuben-Lektüre um »äußerst gefährliches Gift«.[585] Die Jugend werde durch das Busch-Buch verdorben.

In der Zeitschrift »Didaskalia. Blätter für Geist, Gemüth und Publizität« (Unterhaltungsbeilage der Zeitung »Frankfurter Journal«) wurde im Dezember 1865 vor der Lektüre von »Max und Moritz« gewarnt.[586] Das Buch beinhalte »ausschließlich böse und dumme Streiche in geschmacklosen Reimen, illustriert durch die widerwärtigsten Carricaturen (...), welche den ästhetischen Sinn und die gesunden Anschauungen des Kindes zerstören«. Der Philosoph und Schriftsteller Julius Duboc schrieb als Zeitgenosse von Busch in seinem Buch »Die moderne Jugendliteratur« (1877/1884) zu »Max und Moritz«, dass durch das Werk bei Kindern »das schwankende sittliche Normalverhältnis zum Achtenswerten« ungeschützt erschüttert werde.[587] Es verwundert daher nicht, dass z. B. von der Steiermärkischen Landesregierung auf Betreiben der zuständigen Schulbehörde 1929 der Verkauf von »Max und Moritz« an unter 18-Jährige wegen der negativen Auswirkungen auf die noch nicht erwachsene Seele verboten wurde.[588] Das Werk durfte nicht in den Schaufenstern der Buchhandlungen ausgestellt werden.[589]

583 Eva Weissweiler, Wilhelm Busch, S. 132–133.
584 Vgl. den Nachweis bei Weissweiler, a.a.O.
585 So die Nachweise bei Weissweiler, Wilhelm Busch, S. 132.
586 Heinrich-Hoffmann-Museum (Hrsg.), Struwwelpeter trifft Max und Moritz, 1990, S. 20.
587 Julius Duboc, Die moderne Jugendliteratur, 1877/1884, S. 21.
588 Karl Anlauf, Der Philosoph von Wiedensahl, 1939, S. 54; Weissweiler, Wilhelm Busch, S. 132.
589 Anlauf, a.a.O.

Die Frage nach einem Verbot von »Max und Moritz« ist vor dem Hintergrund der Strafbarkeit der Gewaltverherrlichung weiterhin aktuell. Die Bildergeschichte »Max und Moritz« ist eine »Schrift« i.S.d. der §§ 131, 11 Abs. 3 StGB. Neben einem Text fallen unter den Begriff auch »Abbildungen«, zu denen anerkanntermaßen Zeichnungen zählen.[590] Wilhelm Busch schildert mit Illustrationen an mehreren Stellen der sich harmlos gebenden »Lausbubengeschichte« brutale, sadistisch anmutende Gewalttätigkeiten gegen Menschen.[591] Zu nennen sind das Hineinschieben der lebenden Max und Moritz in den glühenden Ofen von Meister Bäcker und deren »knackige« Ermordung in der Mühle.[592] Beides könnte durchaus auch als »dramaturgischer« Höhepunkt eines sogenannten »Horrorvideos« oder entsprechender Computerspiele dienen. Damit steht aber noch nicht automatisch fest, dass eine strafbare Verherrlichung von Gewalt vorliegt.

§ 131 StGB kann und will nämlich nicht erreichen, dass in Wort und Bild eine »heile Welt« ohne Gewalt und ohne Gewaltprobleme dargestellt wird.[593] Erfasst werden nur Schilderungen, die als solches grausam oder sonst unmenschlich sind, also Gewalt verherrlichen, verharmlosen oder in die Menschenwürde verletzender Form darstellen.[594] Alle gängigen Western,

590 Radtke in: Münchener Kommentar zum StGB, 3. Aufl. 2017, § 11 StGB Rn. 174; selbst die Darstellung von »Zombies« wird seit 2004 von § 131 StGB erfasst, da auch Gewaltdarstellungen gegen »menschenähnliche Wesen« in die Norm aufgenommen wurden.

591 Viele andere Geschichten von Wilhelm Busch enthalten übrigens ebenfalls gravierende Gewalttaten, vgl. nur die Hinweise von Walter Pape, Die Welt ist und wird nicht vernünftig, in: Museum, Wilhelm Busch Museum Hannover, S. 44: »Die fromme Helene endet gar in einer wahren Todesorgie.«

592 Vgl. in dem Kontext auch § 18 Abs. 1 Nr. 2 Jugendschutzgesetz, wonach Medien, »in denen Selbstjustiz als einzig bewährtes Mittel zur Durchsetzung vermeintlicher Gerechtigkeit nahegelegt wird«, in die Liste jugendgefährdender Schriften aufzunehmen sind.

593 Laufhütte, Viertes Gesetz zur Reform des Strafrechts, JZ 1974, 49 Fn. 42.

594 BGH, NJW 1978 (Bommi-Baumann-Fall); BVerfGE 87, 226.

Krimis und Comicstrips[595] erfüllen in der Regel diese Tatbestandsvoraussetzungen nicht; sie dürfen ungehindert verbreitet werden.[596] Was für Western, Krimis und Comicstrips gilt, muss an sich auch für die Geschichte von Max und Moritz gelten.[597] Sie genießt als deutsches Kulturgut von Weltrang noch weitaus mehr den Schutz von Art. 5 Abs. 3 S. 1 GG (Kunstfreiheit).[598] Auch dieser Schutz ist aber nicht schrankenlos.[599]

Den sechsten Streich wird man allerdings noch mit guten Gründen aus der Betrachtung ausscheiden können, weil Max und Moritz erstaunlicherweise den glühenden Ofen unbeschadet überstanden haben und sogar noch Appetit auf Brot zeigten. Der dargestellten Gewalttätigkeit des Bäckers wird so die entscheidende Spitze genommen.[600] Anders ist die Sachlage

---

595 OLG Koblenz, NJW 1986, 1700; krit. zu Comic-Filmen Fischer, StGB, § 131 StGB Rn. 6a: »Man wird kaum bezweifeln können, dass die Comic-Filme, die an Sonn- und Feiertagen ab 6 Uhr morgens den TV-Markt für Vorschulkinder bedienen, sich mit ›menschenähnlichen‹ Wesen beschäftigen, die sich *spaßeshalber* den Schädel einschlagen, gegenseitig in Brand setzen oder in die Luft sprengen. Die ›Kindgerechtheit‹ soll sich hier daraus ergeben, dass (immanent) auch der Schmerz noch Spaß macht und die Massakrierten sich alsbald unversehrt wieder erheben. Das könnte man freilich auch ›Verharmlosen‹ nennen.«

596 OLG Koblenz, NJW 1986, 1700; a. A. Schückler, Jugendgefährdung durch Comics, 1955.

597 Zumal Wilhelm Busch als Vater des modernen Comicstrips gilt; s. allerdings den Comic-Fall BGHSt. 8, 80, wo eine jugendgefährdende Schrift angenommen wurde – als Beispiele für nicht jugendgefährdende Schriften wurden vom BGH »die lustigen Micky-Maus-Bildstreifen, sogenannte klassische oder historische Bildgeschichten von der Art des ›Prinz Eisenherz‹ und die Kriminalerzählungen ›Nick Knatterton‹« angeführt; s.a. BT-Drs. 15/1642 – dort wird davor gewarnt, gegen »durch die Rechtsgemeinschaft weithin akzeptierte Produkte« wie »Road Runner« oder »Tom und Jerry« einzuschreiten, obwohl dort Gewalttätigkeiten »genüsslich« geschildert würden.

598 Scheffler, »Max-und-Moritz«-Fall, S. 28 ff.

599 Vgl. zum Jugendschutz als Schranke der Meinungs- und Kunstfreiheit Stern/Becker, Kommentar zum Grundgesetz, Art. 5 GG Rn. 179 ff.

600 Vgl. insoweit auch die Parallele zu OLG Köln, NJW 1981, 1458: »In einer echten Filmgroteske mag selbst eine grobe Aggression durch den weiteren Gang der Handlung, durch Übersteigerungen, Situationskomik oder andere Stilmittel so verfremdet sein, dass schon objektiv eine ›Gewalttätigkeit‹ nicht dargestellt ist, so z. B. wenn in einem Dick-und Doof-Film das ›Opfer‹ nach gröbster ›Gewalt‹ sofort wieder aufspringt und völlig unbe-

beim unbarmherzigen Zerschroten der beiden Jugendlichen in der Getreidemühle und dem Fressen von deren Kadavern durch das Federvieh von Meister Müller.[601] Durch die anschauliche verbale und zeichnerische Schilderung des Doppelmordes an Max und Moritz in der Mühle können irritierende, gewaltpreisende Botschaften beim kindlichen oder jugendlichen Leser ankommen. Brutale Selbstjustiz wird als positiv verklärt, eine abstoßende Tötungsart mit makabrem Ende der Opfer in Entenmägen vorgeführt.

Man fragt sich, warum das Werk nach dem Jugendschutzgesetz noch nicht auf den Index für jugendgefährdende Medien gesetzt wurde, so dass jede Herstellung, Verbreitung, Überlassung, Zugänglichmachung usw. strafbar wäre (§§ 27 Abs. 1 Nr. 1, 24 Abs. 3 S. 1, 18 Abs. 1, 15 Abs. 1 Nr. 1-6 Jugendschutzgesetz).[602] Nicht umsonst war 1954 das erste Objekt einer Indizierung durch die Bundesprüfstelle für jugendgefährdende Medien ein Comic mit Gewaltszenen (»Der kleine Sheriff«).[603] Das Jugendschutzgesetz (JuSchG) sieht eine Indizierung als jugendgefährdendes Medium vor, wenn es um Medien geht, »in denen Gewalthandlungen wie Mord- und Metzelszenen selbstzweckhaft und detailliert dargestellt werden oder Selbstjustiz als einzig bewährtes Mittel zur Durchsetzung der vermeintlichen Gerechtigkeit nahegelegt wird« (§ 18 Abs. 1 S. 2 Nr. 2 Jugendschutz-

eindruckt weiter agiert.« Vgl. auch Krauß in Leipziger Kommentar zum StGB, 12. Aufl. 2006 ff. (5. Bd. 2009), § 131 StGB Rn. 26.

601 Scheffler, »Max-und-Moritz«-Fall, S. 29 ff.

602 Vgl. zu den Anforderungen für eine Indizierung und Aufnahme in die Liste jugendgefährdender Medien die Broschüre der Bundesprüfstelle für jugendgefährdende Medien (MPjM) (Hrsg.), Jugendmedienschutz – Aufgaben und Arbeitsweise der Bundesprüfstelle für jugendgefährdende Medien, 2016.

603 Die Indizierung des Western-Comics »Verwegene Jagd« aus der Comicserie »Der kleine Sheriff« wurde am 14. Juli 1954 im Bundesanzeiger Nr. 132 verkündet.

gesetz).[604] Eine aktuelle Prüfung der Indizierung von Max und Moritz liegt vor diesem Hintergrund allein schon wegen der schauerlichen Schlussszenen in der Mühle nahe.

Der Bericht von Wilhelm Busch über die grausamen Straftaten bewegt sich haarscharf an der Grenze zur Strafbarkeit und Indizierung. Die Geschichte über die Streiche verlässt aber noch nicht den Schutzbereich der Kunstfreiheit.[605] Die Schilderung des Todes von Max und Moritz in der Mühle ist zwar sehr grausam, aber unter Berücksichtigung der Reichweite von Art. 5 Abs. 3 S. 1 GG, in dessen Licht hier die Auslegung und Anwendung des § 131 StGB zu erfolgen hat, nicht gewaltverherrlichend oder verharmlosend. Leidverzerrte Gesichter von Max und Moritz sucht man vergebens, und eine Gewaltverherrlichung würde voraussetzen, dass Bauer Meckes und Meister Müllers Handeln als etwas Großartiges, besonders Männliches oder Heldenhaftes erscheint. Derartiges wird niemand ernsthaft behaupten wollen.[606] Eine Gewaltverharmlosung dürfte ausscheiden, weil das Vorgehen von Bauer Mecke und Meister Müller von Wilhelm Busch bei genauerer Untersuchung weder bagatellisiert noch als ideale Lösung von Konflikten dargestellt wird.[607] Da deshalb bereits eine Strafbarkeit des Autors Wilhelm Busch nach § 131 StGB abzulehnen ist, gilt folgerich-

604 Eine solche Liste ist aber auch nicht unkritisch zu sehen, weil sie als Hinweis auf »spannende« Medien missbraucht werden kann – der »Index Romanus« (1559–1966) der katholischen Kirche soll durchaus solche ungewollten Wirkungen gehabt haben.

605 So auch Scheffler, »Max-und-Moritz«-Fall, S. 29 ff.; Fischer, StGB, § 131 StGB Rn. 20 ff.; grundlegend zur Kunstfreiheit: Stern, Die Freiheit der Kunst und der Wissenschaft, Staatsrecht Bd. IV/2, 2011, § 117.

606 Gegen den Rest der wissenschaftlichen Welt aber Tibulski-Schribbeneck, Ein Lob der Selbstjustiz, in: Die Bürgerwehr, Heft 8 1998, S. 15–59.

607 So heißt es im Vorwort der Geschichte von Max und Moritz:
– Aber wehe, wehe, wehe!
Wenn ich auf das Ende sehe!! –
– Ach, das war ein schlimmes Ding,
Wie es Max und Moritz ging.

tig Gleiches auch für eine etwaige Strafbarkeit von Verlegern, Buchhändlern, Eltern oder Pädagogen, die das Buch herstellen, abnehmen oder in Verkehr bringen. Auch bei Aufführungen der Streiche machen sich die Schauspieler nicht strafbar.

Eine ausdrücklichere Distanzierung von der gewalttätigen und gnadenlosen Selbstjustiz von Bauer Mecke und Meister Müller durch den Chronisten Busch wäre allerdings rechtspolitisch sehr wünschenswert gewesen.[608] Es ist in dem Kontext generell sehr bedenklich, dass in Schulen die Geschichte von Max und Moritz oft ohne begleitende juristische Hinweise für den Deutschunterricht verwendet wird.[609] Es gibt aber positive Ausnahmen: In einem Deutschbuch aus dem Jahr 1998 werden juristische Passagen aus dem »Fall Max und Moritz« zur Brotfalle neben Auszügen aus einem Werk Heinrich Bölls (»Die Waage der Baleks«) abgedruckt.[610] Sie dienen dort als Beispiele für das Thema »Recht und Gerechtigkeit in literarischen Texten«; auch in weiteren Deutschbüchern werden Passagen aus dem »Fall Max und Moritz« zitiert.[611]

---

608 Dies reicht nicht aus, um das Werk von Wilhelm Busch zu verbieten; es ist Scheffler zuzustimmen, wenn er bei seinem Gutachten zum »Max-und-Moritz«-Fall zu folgendem Ergebnis kommt (vgl. dort S. 33): »Es steht also sicherlich kaum zu erwarten, dass ›Max und Moritz‹ wegen des sechsten oder siebenten Streiches der Knaben mit ihren Gewaltdarstellungen in überschaubarer Zukunft irgendwelche Reglementierungen zu besorgen hat«; s.a. den Vortrag der Antragsgegnerin im Fall VGH München, Beschl. v. 24.10.2002, 7 CS 02.2192 (jugendgefährdende Freakshow im Fernsehen): »Der Vergleich zu literarischen Vorbildern, etwa zu ›Max und Moritz‹, könne so nicht einfach abgelehnt werden; dazu vertrete niemand ernsthaft die Auffassung, dass dieses Werk jugendgefährdend sei.«

609 Scheidweiler, Literaturprojekt Max und Moritz, 2009; Lischka, Max und Moritz frech aufgelesen, 2015.

610 Biermann/Schurf, Deutschbuch. Sprach- und Lesebuch 8, Berlin 1998, S. 109–111 (»Beschreibt die Wirkung, die die Untersuchung des Streichs von Max und Moritz in der Sprache des Rechts auf euch hat«); s.a. v. Schachtmeyer, topfit Deutsch, Lesekompetenz für die Jahrgangsstufen 7/8, 2008 – dort sind zur Lesekompetenzschulung die Ausführungen des Autors zu § 123 StGB beim ersten Streich abgedruckt.

611 Vgl. v. Schachtmeyer, a.a.O.

Im Zusammenhang mit der Frage der Gewaltverherrlichung durch das Kinderbuch von Wilhelm Busch erscheint schließlich erwähnenswert, dass sich wenigstens der ab sechs Jahren freigegebene Kinderfilm »Max und Moritz« auf der Feiertags-Zensurliste befindet.[612] Nicht zu Unrecht ist er hierbei z. B. in Gesellschaft mit ebenfalls an diesen Tagen untersagten Filmen wie »Mad Max I« und »Mad Max II«. Die filmische Lausbubengeschichte darf mangels Feiertagsfreigabe nicht an »stillen Feiertagen« wie dem Karfreitag oder dem Volkstrauertag aufgeführt werden.[613] Wegen der gezeigten Gewalt auf der Leinwand entspricht »Max und Moritz« nicht dem »ernsten Charakter« der Feiertage.[614]

Ergebnis:

Wilhelm Busch, sein Verleger, Buchhändler, Eltern[615] und Pädagogen haben sich wegen des Herstellens und/bzw. Verbreitens der Max-und-Moritz-Geschichte nicht nach § 131 StGB strafbar gemacht. Mangels Indizierung von »Max und Moritz« als jugendgefährdendes Medium scheiden auch Straftaten nach dem JuSchG aus.[616]

612 FSK-Liste der Filme, welche nicht zur Vorführung an »stillen Feiertagen« freigegeben sind, AZ 12812-b/K aus 1985.

613 Der ab sechs Jahren freigegebene Film »Max und Moritz« hat den Vermerk »Keine Feiertagsfreigabe«; s. a. Wagner, »Always look on the bright side of life« – Always? Zum Filmvorführungsverbot an Karfreitagen nach § 6 Abs. 3 Nr. 3 Feiertagsgesetz NRW, DVBl 2018, 1378.

614 Erst recht müsste dies für den erst ab 16 Jahren freigegebenen Film »Max und Moritz Reloaded« (2006) gelten.

615 Eine Straftat von Eltern, die ihren Kinder »Max und Moritz« vorlesen oder das Buch schenken, dürfte schon am sogenannten Erzieherprivileg des § 131 Abs. 3 StGB scheitern.

616 So auch Scheffler, »Max-und Moritz«-Fall, S. 29 ff.; ein Fall des § 15 Abs. 2 JuSchG liegt nicht vor.

2. Billigung von Straftaten, § 140 StGB

Nach der hier vertretenen Auffassung wird das Verhalten von Bauer Mecke und Meister Müller durch Wilhelm Busch, der ohnehin nur Chronist ihrer Straftaten ist, nicht wirklich gebilligt. Selbst wenn man anderer Auffassung sein sollte, scheitert eine Strafbarkeit nach § 140 StGB jedenfalls daran, dass die etwaige Billigung nicht geeignet ist, den öffentlichen Frieden zu stören.[617] Trotz unzähliger Auflagen der Max-und-Moritz-Geschichte gibt es glücklicherweise noch keine greifbaren und beweiskräftigen Anhaltspunkte dafür, dass durch sie das Vertrauen der Bevölkerung in die öffentliche Rechtssicherheit ernsthaft gefährdet worden ist.[618] Die Geschichte hat auch (noch) nicht ein »psychisches Klima« geschaffen, in dem potentielle Täter zur Ausübung gleichartiger Taten angeregt werden. Man muss aber angesichts der Gewalttaten in der Geschichte von Max und Moritz aufpassen, dass dies nicht künftig geschieht.

Ergebnis:

Wilhelm Busch hat sich mit der Geschichte von Max und Moritz nicht nach § 140 StGB der Billigung von Straftaten schuldig gemacht.

617 Vgl. zu der Problematik bzw. zu diesem Tatbestandsmerkmal den Bommi-Baumann-Fall, BGH, NJW 1978, 58.

618 Hierzu mag auch die juristische Max-und-Moritz-Forschung etwas beigetragen haben, die im »Verzeichnis der juristischen Literatur zu Max und Moritz« aufgelistet ist.

Fazit der Untersuchung und Vorschläge zur Aburteilung der Straftäter

»Spät erst mahlen die Mühlen der Gerechtigkeit, doch mahlen sie Feinmehl.«[619]

Die bedeutsamsten Rechtsfolgen einer Straftat sind die Strafen.[620] Schon im Vorwort wurde darauf hingewiesen, dass die Geschichte von Max und Moritz aus einer Aneinanderreihung von kriminellen Taten besteht, die in der Literatur ihresgleichen sucht.[621] Fast jeder der von Wilhelm Busch erwähnten Dorfbewohner kommt als Täter einer Straftat in Betracht, die Hälfte von ihnen hat tatsächlich eine Straftat begangen (Max, Moritz, Meister Bäcker, Bauer Mecke, Meister Müller). Umso mehr muss es verwundern, dass der Charakter der Max-und-Moritz-Geschichte als »Strafrechtsfall« über Fachkreise hinaus noch nicht weithin bekannt ist. Die umfangreichen Recherchen für die vorliegende Neuauflage haben aber ergeben, dass es schon vor mehr als 110 Jahren erste Ansätze gab, wenigstens für eine Bestrafung von Max und Moritz zu sorgen.[622]

Th. Th. Heine und (vermutlich) Ludwig Thoma (Jurist) berichten auf der Titelseite des »Simplicissimus« vom 15. April

619 Angelehnt an Sextus Empiricus, der um 200 nach Chr. lebte.

620 Kohlmann, Bewältigung strafrechtlicher Störfälle – Stichworte für den Ernstfall, S. 171.

621 Ein schönes Kompendium von Straftaten liefert auch das Werk von Karl May – vgl. dazu Kohl, Die Vermittlung von Rechtskenntnissen am Beispiel Karl Mays, Jahrbuch der Juristischen Zeitgeschichte 3 (2001/2002), S. 490 ff.; s. in dem Kontext die interessante vergleichende Betrachtung zu Wilhelm Busch und Karl May von Vormbaum, Filucius und Valerius. »Reichsfeinde« bei Wilhelm Busch und Karl May, JoJZG 2011, 1.

622 Heinrich-Hoffmann-Museum (Hrsg.), Struwwelpeter trifft Max und Moritz, 1990, S. 50.

1907, dass gegen die beiden kriminellen Jugendlichen nach dem Reichsstrafgesetzbuch die Verhängung von 40 Jahren Zuchthaus erfolgte.[623] Anlass war der 75. Geburtstag von Wilhelm Busch. Mildernde Umstände wurden damals abgelehnt.[624] Das rechtshistorisch faszinierende Dokument ist für die rechtsgeschichtlich Interessierten unter den Lesern in der Anlage abgedruckt.[625] Ein Notgeld der Gemeinde Gatersleben aus dem Jahr 1921 zeigt Max und Moritz in Handschellen in Begleitung eines Polizisten auf dem Weg zum »Karzer« (Gefängnis).[626]

Es blieb seitdem aber viel zu lange verschleiert, dass Wilhelm Busch zwar Straftaten in Hülle und Fülle geschildert hat, nicht aber für eine an Recht und Gesetz orientierte Bestrafung der Beteiligten sorgte.[627] Max und Moritz konnten sich zu Lebzeiten strafrechtlicher Verfolgung durch die Strafrechtsjustiz entziehen. Am Schluss werden sie grausam im Wege verbotener Selbstjustiz in der Mühle ermordet, was ebenfalls unbestraft bleibt. Bauer Mecke und Meister Müller ernten sogar für die brutale Exekution von Max und Moritz von den anderen Dorfbewohnern großen Zuspruch. Kindliche Leser der Geschichte können bei einem solchen Sachverhalt ohne begleitende Er-

623 Interessant sind die rechtshistorischen Ausführungen zum RStGB 1871 bei Ostendorf, Max und Moritz – Prototypen von Intensivtätern, S. 586; s.a. Jan Schady, Die Praxis des Jugendstrafrechts in der Weimarer Republik, 2003, S. 21 m.w.N.

624 Max und Moritz hatten als Ausdruck ihrer »moralischen Verkommenheit« Maikäfer auf die Richter des Hohen Gerichtes losgelassen; Heinrich-Hoffmann-Museum (Hrsg.), Struwwelpeter trifft Max und Moritz, 1990, S. 50.

625 Das Heinrich-Hoffmann-Museum (Hrsg.) vermutet mit Recht, dass mir diese Vorarbeiten zur juristischen Aufarbeitung des Falles Max und Moritz bei der 1. Auflage meines Werkes nicht bekannt waren, vgl. dazu Heinrich-Hoffmann-Museum (Hrsg.), Struwwelpeter trifft Max und Moritz, 1990, S. 50.

626 Vgl. die Abbildung in »125 Jahre Max und Moritz«, 1990, S. 106.

627 Erste neuere Ansätze – allerdings auf der Basis des österreichischen Strafgesetzbuches – fanden sich im Wiener Kurier vom 9. Februar 1987 in einem Beitrag von Ricardo Peyerl und Peter Pisa, »Max und Moritz – eine Prozessgeschichte in 3 Streichen«; Sauerbeck, Max und Moritz für die Schule, S. 21 ff.

klärungen ein falsches Straf- und Wertesystem vermittelt bekommen.[628] Hier gegenzusteuern und vorbeugend – über juristische Informationen für Eltern und Pädagogen – einzugreifen war eines der Ziele meiner strafrechtlichen Untersuchung. Die offizielle Justiz muss endlich zum Zuge kommen, ein Prozess in Sachen Max und Moritz ist überfällig.[629] Er dürfte schnell Eingang finden in eine Neuauflage des sehr lesenswerten Buches von Walter Skaupy mit dem Titel »Große Prozesse der Weltgeschichte«.[630]

Zum Schluss soll in groben Zügen aufgezeigt werden, wie die Beteiligten bei der gebotenen Anwendung rechtsstaatlicher Grundsätze zu bestrafen wären.[631] Fragen des Täter-Opfer-Ausgleichs bleiben dabei aus Platzgründen ausgespart.[632] Die Umstände, die für und gegen die Täter sprechen, sind bei der Strafzumessung gegeneinander abzuwägen (§ 46 Abs. 2 StGB).[633] Für die beiden jugendlichen Täter ist im Hinblick auf das Jugendgerichtsgesetz in erster Linie in den Blick zu nehmen, welche Strafe aus erzieherischen Gründen angemessen

628 Die Gefahren sind groß, weil gerade die Wilhelm-Busch-Geschichten Kinder in ihren Bann ziehen – vgl. hierzu Schmidt-Kaspar, Was ist so komisch an Wilhelm Busch – Der Meister deutscher Schadenfreude, Westermanns Monatshefte 11/1982, S. 40: »Wer erinnert sich nicht, als Neun- oder Elfjähriger nachttagelang im Album des ›Humoristischen Hausschatzes‹ geschmökert zu haben? Man empfand jeden Ruf zu einer Mahlzeit, jede Aufforderung sich an die Schulaufgaben zu machen, als banausische Störung.«

629 Schon bei Konfuzius heißt es: »Vergeltet Böses mit Gerechtigkeit – und Gutes mit Gutem.«

630 Skaupy, Große Prozesse der Weltgeschichte, 1976.

631 Dem Autor ist bewusst, dass auf der Basis des § 46 StGB (Grundsätze der Strafzumessung) die gesamten Grundlagen für eine konkrete Strafzumessung nur in einem ordentlichen Gerichtsverfahren gegen Max, Moritz und andere erarbeitet werden können; die Ausführungen verstehen sich daher nur als erste grobe Einordnung.

632 Für einen Täter-Opfer-Ausgleich im Fall Max und Moritz plädiert Ostendorf, Max und Moritz – Prototypen von Intensivtätern, S. 589; grundlegend: Michaelis, Mediation im Strafrecht – der Täter-Opfer-Ausgleich, JA 2005, 828.

633 Jung, Was ist eine gerechte Strafe? JZ 2004, 1155; grundlegend: Dölling, Über die Höhenbemessung bei der Freiheits- und Jugendstrafe, Schreiber-FS (2003), 55; Wehnert, Erschütterung der Rechtsüberzeugung und Rechtstreue der Bevölkerung durch unangemessen milde Sanktionen?, in: Widmaier-FS (2008), 813.

ist.[634] Die Strafrahmen des allgemeinen Strafrechts gelten für sie als Jugendliche nicht (§ 18 Abs. 1 S. 3 JGG).[635]

I. Bestrafung von Max und Moritz

Max und Moritz waren sicher keine »Genies des Verbrechens«.[636] Anfangs, als sie noch mit einer gewissen Nonchalance ihre Straftaten begehen, mag man Max und Moritz bei ihren Straßenjungen-Frechheiten nicht so recht böse sein. Das ändert sich aber schnell. Von Streich zu Streich wird aus Sicht des Strafrechtlers der Ruf nach Justitia lauter. Max und Moritz wären ihrem gesetzlichen (Jugend-)Richter zuzuführen und nach Maßgabe des StGB und Jugendgerichtsgesetzes (JGG) zu behandeln.[637] Angesichts der Schwere und Fülle der von ihnen begangenen Straftaten (Mordversuch, Herbeiführung einer Sprengstoffexplosion, gefährliche Körperverletzung, Diebstähle, Sachbeschädigungen, Hausfriedensbrüche usw.) ist allein eine Jugendstrafe schon vor dem Hintergrund ihrer schweren Schuld angemessen.[638] Max und Moritz sind typische Beispiele jugendlicher Intensivtäter, die auch vor der Begehung von Kapitaldelikten nicht zurückschrecken.[639] Ihre kriminelle Fehl-

634 Vgl. § 18 Abs. 2 JGG; Pedal, JuS 2008, 416.

635 Dies berücksichtigt z. B. Sauerbeck in seinem ansonsten sehr lesenswerten Werk »Max und Moritz für die Schule« nicht, wenn er auf S. 45 bezüglich des Sprengstoffattentats auf Lehrer Lämpel von einer lebenslangen Freiheitsstrafe für Max und Moritz ausgeht – § 18 Abs. 1 JGG steht dem entgegen (Höchststrafe 10 Jahre).

636 Vgl. dazu Grube, »Genies des Verbrechens« – Prof. Moriaty, Fantomas, Doktor Mabuse, NJW 2011, 708.

637 Zuständig wäre nach § 41 JGG die Jugendkammer; im vorliegenden Kontext rechtshistorisch interessant ist das Werk von Appelius, Die Behandlung jugendlicher Verbrecher und verwahrloster Kinder, 1892.

638 Bei der Bemessung der Jugendstrafe nach § 17 Abs. 2 JGG spielen neben dem zentralen Erziehungsgedanken bei Kapitalverbrechen auch der Sühnegedanke und das Erfordernis gerechten Schuldausgleiches eine Rolle, vgl. BGH, NStZ 2017, 648; Mösl, Verhängung und Bemessung von Jugendstrafe, NStZ 1981, 428; s. zum »Jugendstrafrecht im 21. Jahrhundert« die gleichnamige BT-Drs. 16/13142.

639 Vgl. Ostendorf, Max und Moritz – Prototypen von Intensivtätern, S. 579; Annika von Walter, Upgrade: Max und Moritz 2.010, in Kerner/Marks (Hrsg.), Internetdokumen-

entwicklung ist erschreckend, war aber wahrscheinlich wegen hoher kriminogener Risiken vorgezeichnet. Max und Moritz werden z. B. wohl wenig sozialen Halt in ihren Familien gehabt haben.[640] Ein Mangel an emotionaler Wärme und inkonsistente Erziehung können bei ihnen als zentrale Ursachenfaktoren für ihre verheerende kriminelle Entwicklung vermutet werden.[641] Schon Wilhelm Busch wies auf die Gefahren einer Vernachlässigung von Kindern durch Eltern hin:

Zwar man zeuget viele Kinder,
Doch man denket nicht dabei,
Und die Kinder werden Sünder,
Wenn's den Eltern einerlei.

Das soziale Umfeld von Max und Moritz dürfte allgemein schwierig und von wenig Unterstützung geprägt gewesen sein.[642] Das begünstigt frühe kriminelle Karrieren. Der Etablierung jugendlicher Gewaltkultur ist nach dem Jugendstrafrecht entschieden mit erzieherischen Mitteln entgegenzutreten. Wer als Schüler Lehrer in die Luft sprengt, hat allerdings besonders

---

tation des Deutschen Präventionstages. Hannover 2010, www.praeventionstag.de/Dokumentation.cms/959.

640 Annika von Walter, Upgrade: Max und Moritz 2.010, in Kerner/Marks (Hrsg.), Internetdokumentation des Deutschen Präventionstages. Hannover 2010, www.praeventionstag.de/Dokumentation.cms/959; s.a. Bannenberg/Rössner, »Ach, was muss man oft von bösen Kindern hören oder lesen!« Wie wird man kriminell und was lässt sich dagegen tun? Vortrag auf dem 12. Deutschen Präventionstag, Wiesbaden 2007.

641 Vgl. zu den Risikofaktoren bei kindlicher Entwicklung und Ursachen für Verhaltensstörungen Sarah Günther, Musikpädagogisches Konzept für eine Schulband an einer Förderschule, S. 19 ff.; im Kontext des musikpädagogischen Ansatzes von S. Günther sei auf einen interessanten Beitrag von Florian Knauer verwiesen: »I Shot a Man in Reno, Just to Watch Him Die.« Überlegungen zum Verhältnis von Strafrecht und Musik, vertieft am Beispiel zeitgenössischer Populärmusik von Johnny Cash, ZJS 2012, 413.

642 S. zur Frage, ob die Mutter von Moritz in der Schwangerschaft Alkohol getrunken hat, den Pflegeelternrundbrief I/2017, Pflege und Adoption, »Fetale Alkoholspektrumstörungen (FASD)«, der Landeshauptstadt München, Stadtjugendamt, S. 21; s.a. Annika von Walter, Upgrade: Max und Moritz 2.010.

schwere Schuld auf sich geladen, was sich auch in der Dauer der Jugendstrafe niederschlagen muss. Aus einem Urteil des Bundesgerichtshofs[643]: »Die Jugendstrafen dürfen nicht so gering bemessen sein, dass das Maß der Schuld verniedlicht wird; sonst verfehlen sie die erzieherischen Zwecke des § 18 Abs. 2 JGG.«

Nach § 17 Abs. 2 JGG ist eine Jugendstrafe zu verhängen, »wenn wegen der schädlichen Neigungen des Jugendlichen, die in der Tat hervorgetreten sind, Erziehungsmaßregeln oder Zuchtmittel zur Erziehung nicht ausreichen oder wenn wegen der Schwere der Schuld Strafe erforderlich ist«.[644] Die Straftaten von Max und Moritz und ihre allgemeine Boshaftigkeit deuten stark auf erhebliche Anlage- oder Erziehungsmängel hin, deren Beseitigung sinnvoll nur im Rahmen eines längeren Jugendstrafvollzugs versucht werden kann.[645] Abschließend ist die Frage ihrer »schädlichen Neigungen« aber nur im eigentlichen Gerichtsverfahren zu beantworten.[646] Hier wäre die Lebensgeschichte von Max und Moritz ebenso zu betrachten wie ihr Elternhaus und soziales Umfeld. Schon wegen der besonderen Schwere ihrer Straftaten liegt allerdings – unabhängig von dem wahrscheinlichen Vorhandensein schädlicher Neigungen bei den beiden – eine Jugendstrafe sehr nahe.[647] Die Gerech-

---

643 BGH, NStZ-RR 1996, 120; s. zu dem erzieherischen Ansatz des Jugendstrafrechts Schlüchter, De nihilo nihil – oder: Der Erziehungsgedanke im Jugendstrafrecht, GA 1988, 110.

644 Vgl. dazu BGH, NStZ 2017, 648 (Der Erziehungsgedanke ist bei der Jugendstrafe auch dann vorrangig zu berücksichtigen, wenn die Jugendstrafe wegen der Schwere der Schuld verhängt wird); BGH, NStZ 2016, 681; Pedal, JuS 2008, 414.

645 Vgl. dazu BGH, NStZ 2016, 681; vgl. auch BGH, NStZ 2017, 648.

646 Zur Definition »schädlicher Neigungen« von Jugendlichen vgl. BGHSt. 11, 169; BGH, NStZ 1981, 250; § 43 JGG verlangt eine eingehende Erforschung u. a. der Lebens- und Familienverhältnisse beschuldigter Jugendlicher; Brunner/Dölling, § 17 JGG Rn. 22.

647 Dagegen aber mit übergroßer und mir angesichts der schweren Straftaten von Max und Moritz unverständlicher Vehemenz Ostendorf, Max und Moritz – Prototypen von Intensivtätern, S. 589; Ostendorf favorisiert trotz schwerster Straftaten der beiden einen Täter-Opfer-Ausgleich und eine Weisung, bei einer Familie zu wohnen (§ 10 Abs. 1 S.

tigkeit fordert nämlich bei schwerster Kriminalität, wie sie z. B. mit dem Mordversuch an Lehrer Lämpel vorliegt[648], eine Kriminalstrafe: »Der sühnebereite Jugendliche erwartet sie, der uneinsichtige Jugendliche legt den Verzicht auf Strafe als Schwäche und Aufmunterung zu neuen Straftaten aus.«[649]

Wie hoch die Jugendstrafe gegen Max und Moritz auszufallen hätte, kann wegen der Besonderheiten des Jugendgerichtsverfahrens nur ganz grob geschätzt werden.[650] Die Jugendstrafe ist nach § 17 Abs. 2 JGG so zu bemessen, dass »die erforderliche erzieherische Einwirkung möglich ist« und gleichzeitig andere Strafzwecke – bei Kapitalverbrechen (Streich vier) der Sühnegedanke – beachtet werden.[651] Der Erziehungsbedarf erscheint bei Max und Moritz sehr hoch, ihre Kriminalprognose sehr schlecht.[652] Der Verfasser hält wegen des Sprengstoffattentats (versuchter Mord an Lehrer Lämpel) und der weiteren Straftaten – Ostendorf bezeichnet Max und Moritz zu Recht als »Prototypen jugendlicher Intensivtäter«[653] – unter Berücksichtigung von § 18 JGG insgesamt eine Jugendstrafe im Bereich von ca.

---

3 JGG), bzw. Hilfen zur Erziehung (§ 12 JGG); s. aber bei Tötungsdelikten Jugendlicher die härtere und richtige Linie des BGH, NStZ 2002, 89.

648 Gegen die Annahme eines Mordversuchs an Lehrer Lämpel: Ostendorf, Max und Moritz – Prototypen von Intensivtätern, S. 581-582 – immerhin nimmt Ostendorf offenbar aber eine Straftat nach § 308 StGB an.

649 Brunner/Dölling, Kommentar zum JGG, § 17 JGG Rn. 29 und § 18 JGG Rn. 13; Diemer/Schatz/Sonnen, Jugendgerichtsgesetz, § 17 JGG Rn. 21.

650 S. in dem Kontext Pedal, Die Voraussetzungen der Jugendstrafe, JuS 2008, 414; die Jugendkammer würde in ihrem Urteil wahrscheinlich auch die Einziehung der von Max und Moritz verwendeten Tatmittel (Angel, Säge, Flintenpulverflasche, Messer) nach § 74 StGB anordnen – vgl. dazu auch die Gesamtliste der im Fall Max und Moritz einzuziehenden Tatmittel.

651 Vgl. aber die realistische Einschätzung von Erwin Frey, Möglichkeiten und Grenzen der Therapie bei Frühkriminellen, Heilen statt Strafen, v. Bittner (Hrsg.), 1957, S. 309 ff.; grundlegend zur Bemessung der Jugendstrafe bei Schuldschwere BGH, NStZ 2017, 648; Brunner/Dölling, § 17 JGG Rn. 28 ff.

652 So auch Ostendorf, Max und Moritz – Prototypen von Intensivtätern, S. 589.

653 A.a.O.

3 Jahren für unbedingt erforderlich, aber auch ausreichend.[654] Ob Max und Moritz im Strafvollzug wirklich zu einem rechtstreuen Lebenswandel erzogen werden könnten, erscheint allerdings wegen der Verfestigung ihrer kriminellen Neigungen fraglich.[655] Sie hätten aber jedenfalls eine solche Chance verdient (gehabt).

II. Bestrafung von Meister Bäcker

Meister Bäcker hat sich des versuchten Mordes an Max und Moritz schuldig gemacht. Da keine vollendete Tötung vorliegt, kann er nach § 23 Abs. 2 StGB milder bestraft werden als in § 211 Abs. 1 StGB vorgesehen. Die Bestrafung wegen der von ihm an Max und Moritz begangenen vollendeten Freiheitsberaubung nach § 239 StGB und wegen des Verstoßes gegen das Lebensmittel- und Futtermittelgesetzbuch (verbotenes Verbacken der Lausbuben zu Brot) erfolgt nicht gesondert. Da die Taten in Idealkonkurrenz stehen, wird nur auf eine Strafe erkannt (§ 52 Abs. 1 StGB). Für Meister Bäcker ist ungeachtet seiner affektiven Erregung als Opfer einer Straftat eine Freiheitsstrafe in einer Größenordnung von sieben bis acht Jahren angemessen. Außerdem wäre vom Strafgericht nach § 70 StGB ein Berufsverbot auszusprechen, weil Meister Bäcker unter grober Verletzung von Berufspflichten im Bäckergewerbe den betrieblichen Backofen benutzt hat, um unter Verstoß gegen

654 S. dazu die sehr krit. Einschätzung meines früheren (milderen) Strafvorschlags durch Ostendorf, Max und Moritz – Prototypen von Intensivtätern, S. 589: »Auch Jörg-Michael Günther greift bei Zugrundelegung schwerer Vorwürfe – so unter anderem Mordversuch im Fall des Lehrers Lämpel – »ins Volle«, er hält eine Jugendstrafe von 2–3 Jahren für erforderlich.« Soweit in dem Theaterstück von Franzi Klingelhöfer »Die Akte Max und Moritz« für Max und Moritz ein Jugendarrest von nur einem Monat verhängt wird (S. 17), ist dies eine unverhältnismäßige und absurd niedrige und nicht von strafrechtlicher Sachkunde (vgl. z. B. § 18 Abs. 1 JGG: Das Mindestmaß der Jugendstrafe beträgt sechs Monate) geprägte Strafe.

655 Die Rückfallquote inhaftierter Jugendlicher ist leider sehr hoch, zumal in Zeiten knapper Kassen im Jugendstrafvollzug das Spannungsfeld zwischen Sein und Sollen groß ist; s. zum Risiko negativer Auswirkungen des Strafvollzugs (sogenannte Prisonisierungsfolgen) Diemer/Schatz/Sonnen, Jugendgerichtsgesetz, § 17 JGG Rn. 19.

zentrale lebensmittelrechtliche Vorschriften Max und Moritz zu Brot zu verarbeiten. Er hat die ihm durch seinen Beruf gegebene Möglichkeit zum Versuch der Herbeiführung eines Verbrennungstodes von Max und Moritz bewusst und planmäßig ausgenutzt.[656] Es kommt bei Meister Bäcker in Betracht, bei ihm das Berufsverbot für immer anzuordnen (§ 70 Abs. 1 S. 2 StGB).

III. Bestrafung von Bauer Mecke und Meister Müller

Bauer Mecke und Meister Müller haben gemeinsam Max und Moritz grausam und aus niedrigen Beweggründen ermordet. Mörder werden nach § 211 Abs. 1 StGB mit lebenslanger Freiheitsstrafe bestraft. Die Voraussetzungen für eine Ausnahme von der absoluten Strafdrohung liegen nicht vor. Der BGH erkennt zwar bei außergewöhnlichen Umständen eine übergesetzliche Strafmilderung an, begrenzt das aber auf Fälle des Heimtücke-Mordes.[657] Nach 15 Jahren Haft kommt bei Meister Müller und Bauer Mecke eine Entlassung aus dem Gefängnis auf Bewährung in Betracht. Dies gilt nur, falls das Strafgericht nicht nach § 57a Abs. 1 S. 1 Nr. 2 StGB die besondere Schwere ihrer Schuld feststellt.[658] Das Schwurgericht wird hier eine sorgfältige Gesamtwürdigung von Tat und Persönlichkeit dieser beiden Dorfbewohner vorzunehmen haben.[659] Bei Meister

656 Vgl. zu dieser Tatbestandsvoraussetzung für Berufsverbote Fischer, StGB, § 70 StGB Rn. 4 – Fischer nennt als Beispiel »Verfehlungen nach §§ 58, 59 LFGB« (Lebensmittel-, Bedarfsgegenstände- und Futtermittelgesetz).

657 BGH, NStZ 1982, 69 (Türkische Rache); s. dazu H. L. Günther, Lebenslang für heimtückischen Mord?, NJW 1982, 353; Fischer, StGB, § 211 StGB Rn. 101 ff.

658 In einer Gesamtabwägung dürften wohl die Voraussetzungen der Annahme einer besonders schweren Schuld, die einer Bewährungsaussetzung entgegensteht (§ 57a Abs. 1 S. 1 Nr. 2 StGB), wegen des kriminellen Vorverhaltens von Max und Moritz im Zweifel eher nicht vorliegen; vgl. dazu Blanke-Roeser, Die besondere Schwere der Schuld iSd § 57a I 1 Nr. 2 StGB, JuS 2017, 826.

659 Blanke-Roeser, a.a.O.

Müller wäre vom Strafgericht – wie bei Meister Bäcker – nach § 70 Abs. 1 S. 2 StGB ein dauerhaftes Berufsverbot zu prüfen, weil er unter Missbrauch seines Gewerbes als Müller und unter Verletzung der damit verbundenen Berufspflichten Max und Moritz in seiner Mühle zermahlen hat.[660] Eine Verletzung berufsspezifischer Pflichten ist hingegen bei den Straftaten von Bauer Mecke nicht zu erkennen.

660 Vgl. zu Berufsverboten nach § 70 StGB den Beitrag von Spohr, Die strafrechtliche Untersagung der Berufsausübung, GS 105, 71.

Die Einziehung der Tatmittel im Fall Max und Moritz (§ 74 StGB)

A. Erläuterung

Das zuständige Strafgericht hat im pflichtgemäßen Ermessen über die Anordnung der Einziehung von Tatmitteln zu entscheiden. Die Anordnung erfolgt im Tenor des Strafurteils. Für alle wesentlichen Tatwerkzeuge im Fall Max und Moritz liegen die gesetzlichen Voraussetzungen des § 74 StGB vor.[661] Bei den strafrechtlichen Ergebnissen der Streiche sind diese einzuziehenden Tatmittel aufgeführt. Für den eiligen Leser findet sich nachfolgend ein Gesamtüberblick. Da unklar ist, ob die im zweiten und sechsten Streich erkennbaren Leitern von Max und Moritz jeweils zur Tatdurchführung mitgebracht wurden oder ob sie der Witwe Bolte bzw. Meister Bäcker gehörten und vor Ort herumstanden, finden sich diese nicht in der Liste der einzuziehenden Tatmittel.

Das Mühlengrundstück von Meister Müller, auf dem der Mord an Max und Moritz geschah, findet sich aus guten Gründen ebenfalls nicht in der Liste. Es unterliegt nämlich nicht der Einziehung. Es können zwar auch unbewegliche Sachen wie Grundstücke nach § 74 StGB eingezogen werden.[662] Hier ist aber das Tatmittel weniger das Grundstück des Müllers als solches gewesen (anders als z. B. beim Anbau verbotener Be-

661 Das Federvieh des Meisters Müller ist zwar als solches grundsätzlich einziehungsfähig, hier aber kein Tatmittel, sondern nach der Tat nur ein Mittel zur Beweismittelvernichtung, welchem kein gesonderter Unrechtswert zukommt.

662 Fischer, StGB, § 74 StGB Rn. 14; LG Kleve, NStZ 2013, 167; s. aber OLG Köln, NStZ 2006, 225 mit Anm. von Burr.

täubungsmittel auf einem Grundstück[663]), sondern das auf dem Grundstück befindliche Mühlenwerk.[664] Das Grundstück von Meister Müller ist Tatort, nicht Tatmittel.

B. Liste der nach § 74 StGB[665] einzuziehenden Tatmittel

1. Max und Moritz

1 Brotfalle (ohne Brot)
1 Angel
1 Säge
1 Flintenpulverflasche
2 Papiertüten
2 Messer

2. Meister Bäcker

1 Brotschieber
1 Backofen

3. Bauer Mecke

1 Holzschaufel
1 Maltersack

4. Meister Müller

1 Mühlentrichter/Mahlwerk der Mühle

663 LG Kleve, NStZ 2013, 167.

664 Die amerikanische Rechtspraxis (»zero tolerance«) ist nach einem Hinweis von Burr, NStZ 2006, 227 (und Arzt, Schweiz. ZStrR Bd. 106 (1989), 160, 164 f.) wesentlich härter: Dort ist es den Justizbehörden möglich, z. B. eine Luxusjacht einzuziehen, »wenn in einem der Bordaschenbecher eine Marihuanazigarette sichergestellt wird«.

665 § 74 StGB Einziehung von Tatprodukten, Tatmitteln und Tatobjekten bei Tätern und Teilnehmern:
»Gegenstände, die durch eine vorsätzliche Tat hervorgebracht (Tatprodukte) oder zu ihrer Begehung oder Vorbereitung gebraucht worden oder bestimmt gewesen sind (Tatmittel), können eingezogen werden.«

Das letzte Wort

Der Mensch mag über das Recht lachen,
aber das Recht lacht zuletzt.[666]

666 Ausspruch des großen englischen Rechtsgelehrten Lord Mildew im Fall »The Dukeries«, zitiert nach Alan Patrick Herbert, Rechtsfälle – Linksfälle (Juristische Phantasien), 1980, S. 74.

Anhang I

A. Gesamtliste verwirklichter Straftaten im Fall Max und Moritz

I. Angeklagte Max und Moritz

1. Der erste Streich

Ungenehmigtes Betreten des Hofs der Witwe Bolte (§ 123 StGB, Hausfriedensbruch)

Auslegen der tödlichen Brotfalle für das Federvieh (§ 303 StGB, Sachbeschädigung/§ 17 TierSchG)

2. Der zweite Streich

Steigen auf das Dach des Hauses von Witwe Bolte (§ 123 StGB, Hausfriedensbruch)

Herausangeln und Verzehr ihres gebratenen Federviehs (§ 242 StGB, Diebstahl)

3. Der dritte Streich

Bezeichnung des Böck als »Ziegenböck« und Abgabe verspottender Tierlaute (§ 185 StGB, Beleidigung)

Das Verursachen des Sturzes von Schneider Böck von der angesägten Brücke in den Bach (§ 304 StGB, gemeinschädliche Sachbeschädigung/§§ 223, 224 StGB, gefährliche Körperverletzung)

4. Der vierte Streich

Das heimliche Betreten des Hauses von Lehrer Lämpel (§ 123 StGB, Hausfriedensbruch)

Das Sprengstoffattentat auf den Lehrer Lämpel (§§ 212, 211, 22, 23 StGB, Mordversuch/§§ 306a, 306b, 22, 23 StGB, versuchte schwere und besonders schwere Brandstiftung/§§ 223, 224 gefährliche Körperverletzung/§ 308 StGB, Herbeiführung einer Sprengstoffexplosion/Verstoß gegen das Sprengstoffgesetz)

Die Zerstörung der Meerschaumpfeife und der Brille von Lehrer Lämpel (§ 303 StGB, Sachbeschädigung)

5. Der fünfte Streich

Das unerlaubte Betreten der Wohnräume von Onkel Fritz zum Zwecke der Maikäferattacke (§ 123 StGB, Hausfriedensbruch)

Das Platzieren der Maikäfer im Bett von Onkel Fritz (§ 223 StGB, Körperverletzung)

6. Der sechste Streich

Das Eindringen in die Backstube zum Zwecke des Entwendens von Backwaren (§ 123 StGB, Hausfriedensbruch)

Der Griff nach den Brezeln (§§ 242, 22, 23 StGB, versuchter Diebstahl)

7. Der letzte Streich

Das unerlaubte Betreten des Getreidespeichers von Bauer Mecke (§ 123 StGB, Hausfriedensbruch)

Das Schneiden von Löchern in die Getreidesäcke von Bauer Mecke (§ 303 StGB, Sachbeschädigung)

II. Der Angeklagte Meister Bäcker (Tatkomplex sechster Streich)

Das Hineinschieben von Max und Moritz in den glühenden Ofen (§§ 212, 211, 22, 23 StGB, versuchter Mord/§ 239 StGB, Freiheitsberaubung)

Das Verbacken von Max und Moritz zu Brot (Verstoß gegen §§ 58, 5 Lebensmittel- und Futtermittelgesetzbuch)

III. Der Angeklagte Bauer Mecke (Tatkomplex letzter Streich)

Das Verbringen von Max und Moritz zu Meister Müller in einem Maltersack (§ 239 StGB, Freiheitsberaubung)

Der Mahlauftrag an Meister Müller (§§ 212, 211 StGB, Mord/ § 303 StGB, Sachbeschädigung der Kleidung)

IV. Der Angeklagte Meister Müller (Tatkomplex letzter Streich)

Das Zermahlen von Max und Moritz in der Mühle (§§ 212, 211 StGB, Mord/§ 303 StGB, Sachbeschädigung der Kleidung)

Anhang II – Rechtshistorisches

Titelblatt des »Simplicissimus« vom 15. April 1907 (Der Fall Max und Moritz)

Wilhelm Busch-Nummer

München, 15. April 1907 — 12. Jahrgang No. 3

SIMPLICISSIMUS

Liebhaberausgabe — Herausgeber: Albert Langen — Abonnement halbjährlich 15 Mark

(Alle Rechte vorbehalten)

Der Fall Max und Moritz

(Zeichnungen von Th. Th. Heine)

Das Urteil: Fall Bolte, Sachbeschädigung und Bandendiebstahl, §§ 303, 243 des R.St.G.B., Gefängnisstrafe von 2 Jahren und Zuchthausstrafe von 8 Jahren, zusammengezogen in 9 Jahre Zuchthaus. — Fall Böck, Körperverletzung, § 223 des R.St.G.B., 3 Jahre Gefängnis. — Fall Zuckerbäcker, Einbruchsdiebstahl, § 243 des R.St.G.B., 10 Jahre Zuchthaus. — Fall Lämpel, Verbrechen gegen § 6 des Sprengstoffgesetzes, 9 Jahre Zuchthaus. Schwere Körperverletzung, §§ 225, 229 des R.St.G.B., 10 Jahre Zuchthaus. — Insgesamt 38 Jahre Zuchthaus und 3 Jahre Gefängnis, zusammengezogen in 40 Jahre Zuchthaus.
Trotz der glänzenden Verteidigungsrede Wilhelm Buschs mußten leider mildernde Umstände versagt und fast durchgängig auf die Maximalstrafe erkannt werden, da die Angeklagten ihre moralische Verkommenheit dem hohen Gerichtshof aufs neue vor Augen führten, indem sie wilde Maikäfer, welche sie sich auf unbegreifliche Weise zu verschaffen gewußt hatten, auf die Richter hetzten.

Zur Feier des fünfundsiebzigsten Geburtstages Wilhelm Buschs ist durch einen Gnadenakt des Landesfürsten den Büßern Max und Moritz gestattet worden, dem Jubilar persönlich ihre Glückwünsche darzubringen. Unter sicherer Begleitung erscheinen sie dort in ihrer schmucken Zuchthauskleidung. Fast ist zu befürchten, daß Meister Busch sich im Laufe der Jahre selbst von der Schuld der Verbrecher überzeugt hat und über das Wiedersehen nicht recht erfreut sein mag.

Das Urteil gegen Max und Moritz aus dem Jahr 1907 (Original-Prozessbericht im Simplicissimus 1907, Heft 3):

Fall Bolte, Sachbeschädigung und Bandendiebstahl, §§ 303, 243 des RStGB, Gefängnisstrafe von 2 Jahren und Zuchthausstrafe von 8 Jahren, zusammengezogen in 9 Jahre Zuchthaus

Fall Böck, Körperverletzung, § 223 des RStGB, 3 Jahre Gefängnis

Fall Zuckerbäcker, Einbruchdiebstahl, § 243 des RStGB, 10 Jahre Zuchthaus

Fall Lämpel, Verbrechen gegen § 6 des Sprengstoffgesetzes, 9 Jahre Zuchthaus, schwere Körperverletzung, §§ 223, 229 des RStGB, 10 Jahre Zuchthaus

Insgesamt 38 Jahre Zuchthaus und 3 Jahre Gefängnis, zusammengezogen in 40 Jahre Zuchthaus

Trotz der glänzenden Verteidigungsrede Wilhelm Buschs mußten leider mildernde Umstände versagt und fast durchgängig auf die Maximalstrafe erkannt werden, da die Angeklagten ihre moralische Verkommenheit dem hohen Gerichtshof aufs neue vor Augen führten, indem sie wilde Maikäfer, welche sie sich auf unbegreiflich Weise zu verschaffen gewußt hatten, auf die Richter hetzten.

Abkürzungsverzeichnis

a.A.	anderer Ansicht
a.a.O.	am angegebenen Ort
Abs.	Absatz
AcP	Archiv für civilistische Praxis
AG	Amtsgericht
Alt.	Alternative
apf	ausbildung.prüfung.fachpraxis (Zeitschrift)
Art.	Artikel
AT	Allgemeiner Teil
Aufl.	Auflage
amtl.	amtliche
Anm.	Anmerkungen
BArtSchV	Bundesartenschutzverordnung
BayObLG	Bayrisches Oberstes Landesgericht
BeamtVG	Beamtenversorgungsgesetz
BeckRS	Beck online Rechtsprechung
BGB	Bürgerliches Gesetzbuch
BGBl.	Bundesgesetzblatt
BGH	Bundesgerichtshof
BGHSt.	Entscheidungen des BGH in Strafsachen (amtl. Sammlung)
BJagdG	Bundesjagdgesetz
BNatG	Bundesnaturschutzgesetz
brit.	britisch
BSG	Bundessozialgericht
BT	Besonderer Teil
BT-Drs.	Bundestagsdrucksache
BVerfG	Bundesverfassungsgericht
bzw.	beziehungsweise
ders.	derselbe (Autor)
Diss.	Dissertation
DPT	Deutscher Präventionstag
DVBl	Deutsches Verwaltungsblatt
DVJJ	Deutscher Verein für Jugendgerichte und Jugendgerichtshilfe
DVW	Der Verwaltungswirt
EG	Europäische Gemeinschaft
Ent.	Entscheidung
ErsK	Die Ersatzkasse (Zeitschrift)
f.	für
f.	folgende
ff.	fortfolgende (s. dazu Schnapp, ff. = vom Feinsten?, Jura 2012, 16)
FASD	Fetale Alkoholspektrumstörungen
Festg.	Festgabe
Festschr.	Festschrift
Fn.	Fußnote
FS	Festschrift
GA	Goltdammers Archiv für Strafrecht
GBl.	Gesetzblatt
GG	Grundgesetz
GRUR	Gewerblicher Rechtsschutz und Urheberrecht (Zeitschrift)
HansOLG	Hanseatisches Oberlandesgericht
h.M.	herrschende Meinung
Hrsg.	Herausgeber
HRRS	Höchstrichterliche Rechtsprechung zum Strafrecht
i.S.	im Sinne
i.S.d.	im Sinne des
i.V.m.	in Verbindung mit
JA	Juristische Arbeitsblätter
Jg.	Jahrgang
JGG	Jugendgerichtsgesetz
jM	juris – Die Monatszeitschrift
JoJZG	Journal der Juristischen Zeitgeschichte
jurisPR-SozR	juris Praxisreport Sozialrecht
JR	Juristische Rundschau
JuS	Juristische Schulung
JZ	Juristenzeitung

KriminalAbh.	Kriminalistische Abhandlungen
KriPoZ	Kriminalpolitische Zeitschrift
krit.	kritisch
LBG NRW	Landesbeamtengesetz Nordrhein-Westfalen
LG	Landgericht
LFGB	Lebensmittel- und Futtermittelgesetzbuch
MaiKäfBekV	Maikäferbekämpfungsverordnung
MedR	Medizinrecht
MDR	Mitteilungen für deutsches Recht
m.w.N.	mit weiteren Nachweisen
NJW	Neue Juristische Wochenschrift
NJW-RR	Neue Juristische Wochenschrift Rechtsprechungsreport
Nr.	Nummer
NStZ	Neue Zeitschrift für Strafrecht
NuR	Natur und Recht
NVwZ	Neue Zeitschrift für Verwaltungsrecht
OLG	Oberlandesgericht
PKR	Pflege- und Krankenhausrecht (Zeitschrift)
RG	Reichsgericht
RGSt.	Entscheidungen des Reichsgerichts in Strafsachen (amtl. Sammlung)
RpflStud	Rechtspfleger Studienhefte
Rn.	Randnummer
RStGB	Reichsstrafgesetzbuch
RTierSchG	Reichstierschutzgesetz
RW	Die Rechtswissenschaft
S.	Seite
s.	siehe
s.a.	siehe auch
s.d.	siehe dort
SprengG	Sprengstoffgesetz (Gesetz über explosionsgefährliche Stoffe)
SprengV	Sprengstoffverordnung (2. Verordnung zum Sprengstoffgesetz)
StGB	Strafgesetzbuch
StPO	Strafprozessordnung
StV	Strafverteidiger (Zeitschrift)
TierSchG	Tierschutzgesetz
TierSchNutztV	Verordnung zum Schutz landwirtschaftlicher Nutztiere
Urt.	Urteil
u.U.	unter Umständen
v.	von
Var.	Variante
VB	Versicherungsbetriebswirt (Zeitschrift)
VersR	Zeitschrift für Versicherungsrecht
vgl.	vergleiche
Vol.	Volume
WaffenG	Waffengesetz
WorldCat	World Catalogue
ZBR	Zeitschrift für Beamtenrecht
ZJJ	Zeitschrift für Jugendkriminalität und Jugendhilfe
ZJS	Zeitschrift für das juristische Studium (online)
ZRP	Zeitschrift für Rechtspolitik
ZStW	Zeitschrift für die gesamte Strafrechtswissenschaft

Allgemeines Literaturverzeichnis

Amelung, Knut	Der Hausfriedensbruch als Missachtung physisch gesicherter Territorialität, ZStW 1998, 355
Anlauf, Karl	Der Philosoph von Wiedensahl, 1939
Appelius, Hugo	Die Behandlung jugendlicher Verbrecher und verwahrloster Kinder, Berlin 1892
Arntz, Thomas	Das Schmerzensgeld im Lichte der empirischen Glücksforschung, NJW 2017, 3329
Bannenberg, Britta	Preventing Crime: What works, what doesn't, what's promising? Der »Sherman-Report« und seine Bedeutung für die deutsche Kriminalprävention, ZJJ 2003, 111
Bär, Susanne	in: Wilhelm-Busch-Gesellschaft (Hrsg.), 125 Jahre Max und Moritz, 1990, S. 128 (Max und Moritz im Rampenlicht)
Baumert, Eberhard	Der wirkliche Hund, in: Hucko (Hrsg.), Warum heißt der Palandt Palandt?, Köln 1994
Beaumont, Werner	Rechthabereien, Herne/Berlin 1997
Becker, Hans-J.	Das Gewaltmonopol des Staates und die Sicherheit des Bürgers. Der Ewige Landfriede vor 500 Jahren, NJW 1995, 2077
Behme, Caspar	Der Beitrag der Rechtswissenschaft zum Verständnis der Bühnenwerke Richard Wagners, NJW 2014, 730
Bernhard, Thomas	Ist es eine Komödie? Ist es eine Tragödie? in: Prosa, Frankfurt a. M. 1967
Bernsmann, Klaus	Tatbestandsprobleme des Hausfriedensbruchs, Jura 1981, 340
Biermann/Schurf	Deutschbuch. Sprach- und Lesebuch 8, Berlin 1998
Biletzki, Gregor C.	Amok und »Vergeltungsangriff« – Zur Auslegung des § 31 IV 1 BeamtVG, NVwZ 2010, 423
Blanke-Roeser, Constantin	Die besondere Schwere der Schuld i.S.d. § 57a I 1 Nr. 2 StGB, JuS 2017, 826
Bloch, Marc	Avènement et Conquête du Moulin à Eau, Annales 1935
Blume, Wilhelm v.	Fragen des Totenrechts, AcP 112, 367
Bohne/Boxleitner	Eins vor und zwei zurück. Wie das deutsche Recht Straftätern weiterhin die Tatbeute belässt, NStZ 2007, 552
Bohnert, Joachim	Strafmündigkeit und Normkenntnis, NStZ 1988, 249
Bote, Hermann	Ein kurzweiliges Buch von Till Eulenspiegel, 1510/11, Neudruck 2. Aufl. 1981 (Hrsg. Siegfried H. Sichtermann), Frankfurt a. M.
Braun, Edith	Geheimsache Max und Moritz – Wilhelm Buschs bester Streich, 2005

Bregenzer	Tierisches Sittlichkeits- und Rechtsgefühl, Separatdruck aus: Deutscher Tierfreund, Jahrgang 1901. Heft 5, Leipzig 1901
Brehm, Peter	Dein Hund im Recht, Diss., Bonn 2018
Britz, Guido	Schafft die Beleidigung ab! jM 2016, 436
Brunner/Dölling	Kommentar zum JGG, 13. Aufl., München 2018
Brutalsky, Agros	Handbuch der tausend Tötungsarten – eine Typologie von Mord und Totschlag, Köln 1893
Bund für Lebensmittelrecht und Lebensmittelkunde (Hrsg.)	Richtlinie für Brot und Kleingebäck, Schriftenreihe des Bundes für Lebensmittelrecht und Lebensmittelkunde e.V., Heft 105, 1984
Bundeskriminalamt Wiesbaden (Hrsg.)	Highlights der Arbeit des Kriminaltechnischen Institutes des BKA – Von der Untersuchung des Turiner Grabtuchs bis zur Dokumentenprüfung der Taufurkunden von Max und Moritz, Wiesbaden 2017
Bundesprüfstelle für jugendgefährdende Medien (MPjM) (Hrsg.)	Jugendmedienschutz – Aufgaben und Arbeitsweise der Bundesprüfstelle für jugendgefährdende Medien, 2016
Buri, Maximilian v.	Ueber Causalität und deren Verantwortung, 1873
Carlen, Louis	Recht zwischen Humor und Spott, Berlin/New York 1993
Caspar, Johannes	Der vernünftige Grund im Tierschutzgesetz, NuR 1997, 577
Chen, Tze-Lung	Die Verunglimpfung des Andenkens Verstorbener (§§ 189 und 194 II S. 2 StGB), 1986
Coduro, Erich	Zur Frage der Zusammensetzung von Brot, ZLR 1988, 33
Danwitz, Klaus-Stephan v.	Die Tötung eines Menschen mit gemeingefährlichen Mitteln, Jura 1997, 569
Dessecker, Axel	Zur Konkretisierung des Bandenbegriffs im Strafrecht, NStZ 2009, 184
Diederichsen, Uwe	Juristische Strukturen in den Kinder- und Hausmärchen der Brüder Grimm, 2008
Diemer/Schatz/Sonnen	Jugendgerichtsgesetz, 7. Aufl. 2015
Dietzler, Anke	Max und Moritz, diese beiden ..., in: Wilhelm Busch Museum Hannover, Braunschweig 1980
Dinzelbacher, Peter	Das fremde Mittelalter. Gottesurteil und Tierprozess, 2006
Dölling, Dieter	Über die Höhenbemessung bei der Freiheits- und Jugendstrafe, Schreiber-FS (2003), 55
Einstein, Albert	Die Relativitätstheorie und ihre praktische Anwendung für den Geflügelzüchter – Chancen und Gefahren, in: Unser Geflügel und Wir, Jahrgang 1953, Heft 11, 5-25
Eisele, Jörg	Strafrecht BT: Beisichführen eines gefährlichen Werkzeugs, JuS 2017, 369
Eisenberg, Ulrich	Jugendgerichtsgesetz, 20. Aufl., München 2018

Eisenberg/Kölbel	Kriminologie, 7. Aufl. 2017
Eisenberg, Ulrich	Horror-Video-Konsum und Voraussetzungen von § 3 JGG bzw. §§ 20, 21 StGB, NJW 1997, 116
Engisch, Karl	Die Kausalität als Merkmal der strafrechtlichen Tatbestände, 1931
Erb, Volker	Die Neuinterpretation des Bandenbegriffs und des Mitwirkungserfordernisses beim Bandendiebstahl – Eine Besprechung von BGH, Beschluss vom 22.3.2001 – GSSt 1/00
Esser/Gerson	Castle Doctrine oder Alter schützt vor Strafe nicht, JA 2015, 662
Feldmann, Reinhold	Das fetale Alkoholsyndrom in der Kunstgeschichte, Zeitschrift für praktische Augenheilkunde, Heft 1/2011, 21-22
Fischer, Thomas	Kommentar zum StGB, 65. Aufl., München 2018
Fitzpatrick, J.	My court is my castle, Oxford 1899
Freud, Sigmund	Die Traumdeutung, Leipzig/Wien 1922
Freudjung, S. G.	Der Zitaterich und sein Überich, Zur Psychopathologie des akademischen Imponiergehabes, Habilitation, Köln 2017
Frey, Erwin	Möglichkeiten und Grenzen der Therapie bei Frühkriminellen, in: Wilhelm Bitter (Hrsg.), Heilen statt Strafen. Tagungsbericht über Behandlung und Vorbeugung jugendlicher Kriminalität, Göttingen 1957, S. 309 ff.
Frings, Heinz-Albert	Der Sachverhalt geht aus dem Fall nicht heraus – Juristische Stilblüten, 1996
Frister, Helmut	Strafrecht AT, 7. Aufl., München 2015
Frustnik, Stefan	Die Subkultur der Schule, Berlin 1968
Furtner, Georg	Der schwere, besonders schwere und minder schwere Fall im Strafrecht, JR 1969, 11 ff.
Gaul/Haeloff/Zapf	Ende eines Hundelebens, JA 2011, 672
Geißbock, Leo	Eierlegen in jeder Lage – Hinweise zur Optimierung der Eierproduktion bei der Legehennenhaltung, in: Die Legehenne, Heft 5 2017, S. 28 ff.
Gercke/Julius/Temming	Strafprozessordnung, 5. Aufl. 2012
Gergen, Thomas	Tiere in der deutschen Rechtsgeschichte und im geltenden bürgerlichen Recht, NuR 2007, 463
Görlach, Manfred	Max und Moritz in aller Munde, 1997
Gramm, Christof (Hrsg.)	Kleine Fehlerlehre für Juristen nach Dr. Julius Knack, 1989
Graul, Eva	Zum Tier als Sache im Sinne des StGB, JuS 2000, 215
Großfeld, Bernhard	Zauber des Rechts, 1999
Großfeld, Bernhard/Möhlenkamp, Andreas	Die Mühle in Märchen und Recht – Zur Verknüpfung von Wirtschaft, Kultur und Recht, NJW 1996, 1103

Großknecht-Bauermann, Hubertus	Täter oder Teilnehmer der Tötung – Täterschaftsformen als Phänomene? Tatsachen und Thesen zu den Tattheorien, in: Festschrift für Uwe Rosendahl zum 60. Geburtstag, Köln/New York 2018, S. 123-199
Grube, Andreas	Genies des Verbrechens – Prof. Moriaty, Fantomas, Doktor Mabuse, NJW 2011, 708
Grzimek, Bernhard	Geleitwort zu Ennulat/Zoebe, Das Tier im neuen Recht, Stuttgart u. a. 1973, S. 3
Guder, Petra	Da hilft nur noch Knast – Lassen wir unsere Kinder sitzen?, DVJJ 1998, 140
Günther, H. L.	Lebenslang für heimtückischen Mord?, NJW 1982, 353
Günther, Janna	Die Gefühlslage eines Täters beim Eindringen in fremde Herrschaftsbereiche i.S.d. § 123 StGB unter besonderer Berücksichtigung der modernen Gehirnforschung, Köln 2018
Günther, Jörg-Michael	Hausverbote für öffentliche Gebäude im Spiegel der Rechtsprechung, DVBl 2015, 1147
Ders.	Dienstunfallrechtliche Fragen bei »schockierenden« Personalgesprächen und Mobbing, ZBR 2015, 404
Ders.	Rechtlicher Spielraum bei Gastronomiebewertungen – zwischen Meinungsfreiheit und Schmähkritik, NJW 2013, 3275
Ders.	Die freie Entfaltung der Persönlichkeit im Dienst – »Piercings«, ein (Schein-)Problem des öffentlichen Dienstrechts?, ZBR 2000, 401
Ders.	Der mutige Müller, in: Jörg-Michael Günther, Justitia in Nöten, Frankfurt a. M. 1998, S. 72
Ders.	Justitia in Verlegenheit, Frankfurt a. M. 1995
Ders.	BGB in Reimen. Richter als Dichter und Advokaten als Literaten, Frankfurt a. M. 1994
Ders.	Kommunales Baumschutzrecht, München 1994
Ders.	Der Fall Rotkäppchen, Frankfurt a. M. 1990
Ders.	Der Fall Struwwelpeter, Frankfurt a. M. 1989
Ders.	Der Fall Max und Moritz, 1. Aufl. Frankfurt a.M. 1988
Günther, Jörg-Michael/Höwer, Britta	Zivil- und strafrechtliche Fragen beim Befestigen sog. Liebesschlösser an Brücken, apf 2012, 114
Günther, Sarah	Musikpädagogisches Konzept für eine Schulband an einer Förderschule, Hamburg 2011
Hammer, Wilhelm	Eigentum an Wildtieren, NuR 1992, 62
Handel, Gerald	The Psychological Interior of the Family, Chicago 1967
Harrison, E.	Die zerrüttete Generation, Hamburg 1962
Heinrich-Hoffmann-Museum (Hrsg.)	Struwwelpeter trifft Max und Moritz, Frankfurt a. M. 1990

Heinrich, Manfred	Die Delikte gegen den öffentlichen Frieden und die öffentliche Ordnung im Lichte des Medienstrafrechts – Teil 3: §§ 131 und 140 StGB, Zeitschrift für das juristische Studium (ZJS) 1/2018, 8
Heinze, Meinhard	Der ungeliebte Jurist, Baden-Baden 1991
Helmers, Gunnar	Zum Mordmerkmal der niedrigen Beweggründe (§ 211 Abs. 2 StGB), HRRS 2016, 90
Henschel, Emma	Tierischer Hunger – Jenseits von Freiheit und Würde, Köln 2017
Henschel, Julius	Die Verwendung juristischer Termini im Werk von Wilhelm Busch – eine wissenschaftliche Chimäre?, Köln 2015
Henseler, Sven	Die Geringwertigkeit im Sinne der §§ 243 Abs. 2 und 248 a StGB, StV 2007, 323
Herbert, Alan Patrick	Rechtsfälle – Linksfälle. Eine Auswahl juristischer Phantasien, Göttingen 1980
Hertel, Florian	Von Kanarienvögeln und Schnapsdrosseln, Jura 2011, 391
Hippokrates, Heinrich	Max & Moritz als Patienten, Frankfurt a. M. 1991
Hirt/Maisack/Moritz	Kommentar zum Tierschutzgesetz, 3. Aufl. 2015
Hirtz, Herbert	Die Selbsthilfe im deutschen Strafrecht, Diss., Gummersbach 1931
Hohenlohe zu, Diana	Schutz der postmortalen Menschenwürde, der Totenfürsorge und der Trauerbewältigung: neue Ansätze in der Rechtsprechung, GewArch 2018, 169
Hohn, Elfriede / Redlich, Julius	Das Seelenleben des Schülers, Düsseldorf/Haan 2014
Hohnel, Andreas	»Doppelvogel« und andere Beleidigungen – Ungebührliches vor Gericht. Eine Auswahl von Entscheidungen zu § 185 StGB, Heidelberg 1997
Horn, Eckhard	Strafrechtliche Haftung für die Produktion von und den Handel mit vergifteten Gegenständen, NJW 1986, 153
Hübbenet, Svea v.	Von verrückten Weihnachtsgänsen, Jura 2005, 268
Hülle, W.	Von Tierprozessen im deutschen Recht, DRiZ 1990, 135
Iburg, Ulrich	Mängel des geltenden Tierschutzstrafrechts aus der Sicht der Staatsanwaltschaft, NuR 2010, 395
Jacob, E.	6000 Jahre Brot, Hamburg 1954
Jäger, Christian	Praxiskommentar zu BGH, NStZ 2018, 144 – in NStZ 2018, 146
Ders.	Der Kannibale aus dem Erzgebirge, JA 2016, 629
Jäger, Friedhelm	Unterschiedliches Legeverhalten von unter verschiedenen Bedingungen gehaltenen Legehennen, Vortrag auf der 28. Jahrestagung der Europäischen Vereinigung für Geflügelzucht und Eierproduktion, Tagungsband Brüssel/Düsseldorf 2018, S. 111 ff.
Joachimides/Milling/Müllner/Thöne (Hrsg.)	Opfer Beute Hauptgericht – Tiertötungen im interdisziplinären Diskurs, Bielefeld 2016

Joecks/Jäger	Studienkommentar StGB, 12. Aufl. 2018
Joecks/Miebach (Hrsg.)	Münchener Kommentar zum StGB, 3. Aufl. 2017
Jung, Heike	Was ist eine gerechte Strafe? JZ 2004, 1155
Jurakido, J. (Hrsg.)	Der Weg in die Gewalt gegenüber Lehrkräften – Geistige, gesellschaftliche und schulische Ursachen, Frankfurt a. M. 2008
Kant, Immanuel	Kritik der reinen Vernunft, Hamburg 1955
Katzenmeier, Christian/ Achterfeld, Claudia	Referendarexamensklausur – Zivilrecht: Neue Behandlungsmethode, JuS 2018, 601
Keller, R.	Beleidigung mit der Anrede »Du«, JR 1990, 345
Kindhäuser/Neumann/ Paeffken	Kommentar zum StGB, 5. Aufl. 2017
Kirschbaum, Klaus	Der Ring im »Ring«, NJW 2002, 557
Kißler, Otto	Die Beschimpfung Verstorbener, Strafrechtliche Abhandlungen, Heft 23, 1919
Klingelhöfer, Franzi	Die Akte Max und Moritz, Theaterstück, erschienen im Theaterverlag (Theaterbörse.de), Braunschweig
Klosinski, Gunther	Zu den Voraussetzungen des § 3 JGG aus jugendpsychiatrischer Sicht, INFO 2008, 7
Knecht, Thomas	Kannibalismus – Grundlagen zum Verständnis einer menschlichen Verirrung, Kriminalistik 2004, 489
Knirsch, Kunibert	Irrungen und Wirrungen des BGH in seiner Irrtumsrechtsprechung, in: Der kritische Jurist, 2015, Heft 12, 13
Koch, Arnd	Grundfälle zur mittelbaren Täterschaft, § 25 I Alt. 2 StGB, JuS 2008, 399
Koch, W.	Brückenbau – Massiv- und Stahlvollwandbalkenbrücken, Düsseldorf 1969
Köhler, Marcus	Die Reform der strafrechtlichen Vermögensabschöpfung – Teil 1/2, NStZ 2017, 498
Kohl, Gerhard	Die Vermittlung von Rechtskenntnissen am Beispiel Karl Mays, Jahrbuch der Juristischen Zeitgeschichte 3 (2001/2002), 490
Kohlmann, Günter	Bewältigung strafrechtlicher Störfälle – Stichworte für den Ernstfall, 1997
Koller, Siegmund	Die Schuldfrage aus der Sicht des Psychiaters, NJW 1960, 2232
König, René	Sozialpsychologie der gegenwärtigen Familie, in: Universität (Zeitschrift), 1957, 1245 ff.
Koriath, Heinz	Zum entschuldigenden Notstand, JA 1998, 250
Kowalski, Kurt	Handbuch der Konkurrenzen im deutschen Strafrecht, München/ Köln/New York 2015, Band XII
Krause, Friedrich-W.	Notwehr bei Angriffen Schuldloser und bei Bagatellangriffen, in: Hans J. Hirsch/Günther Kaiser/Helmut Marquardt (Hrsg.), Gedächtnisschrift für Hilde Kaufmann, S. 673

Krause-Wloch, Petra	Brandverletzt – Ein Leitfaden, 2004
Krüger, Mathias/ Maurer, Sophia	20 Jahre Sechstes Strafrechtsreformgesetz (Teil I: Körperverletzungs- und Brandstiftungsdelikte), JA 2018, 321
Krüger/Ströhlein	20 Jahre Sechstes Strafrechtsreformgesetz (Teil II: Eigentumsdelikte), JA 2018, 401
Kudlich/Noltensmeier/ Schuhr	Die Behandlung geringwertiger Tatobjekte im Strafrecht, JA 2010, 342
Kudlich, Hans	Die Unterstützung fremder Straftaten durch berufsbedingtes Verhalten, 2004
Kühl, Kristian	Referendarexamensklausur – Strafrecht: Probleme aus dem Allgemeinen Teil – Ein rabiater Metzgermeister, JuS 2007, 745
Ders.	Das leidige Thema der Konkurrenzen, JA 1978, 475
Ladenthin, Volker	Recht und Gerechtigkeit in Märchen, NJW 1994, 1928
Ders. (Hrsg.)	Märchen von Mördern und Meisterdieben, 1990
Landeshauptstadt München	Pflegeelternrundbrief I/2017, Pflege und Adoption, »Fetale Alkoholspektrumstörungen (FASD)«, der Landeshauptstadt München, Stadtjugendamt, S. 21
Lange, Heinrich	Herrschaft und Zerfall der Lehre vom adäquaten Kausalzusammenhang, AcP 156, 114
Lange, Manfred/ Dittmann, Klaus/ Holthausen, Hubert	Max und Moritz – Eine humorvolle »versicherungsrechtliche« Betrachtung, Karlsruhe 2007
Laufhütte, Heinrich (et. al.)	Leipziger Kommentar zum StGB, Band 5, 2009
Laufhütte, Heinrich Wilhelm	Viertes Gesetz zur Reform des Strafrechts, JZ 1974, 49
Leipold/Tsambikakis/ Zöller	Anwaltskommentar StGB, 2. Aufl. 2015
Lemm, Caroline	Die strafrechtliche Verantwortlichkeit jugendlicher Rechtsbrecher, 2000
Letzgus, Klaus	Strafbare Beteiligung durch »berufstypisches« Verhalten?, JA 2001, 986
Liermann, Hans	Also werd' ich ein Juriste – Briefe an einen angehenden Juristen, 2. Aufl., Köln 1962
Lindenau, H.	Verbrechertypen in der modernen Literatur (William Shakespeare/ Thomas Mann/Gerhart Hauptmann), DJZ 1925, 555
Linne, K. v.	Systema Naturae, Edition LX. (1758), Faksimile-Nachdruck, Brit. Museum, London 1956
Lischka, Angela	Max und Moritz frech aufgelesen, 2015

Liszt, Franz v.	Die Behandlung des dolus eventualis im Strafrecht, Ges. Aufsätze, 1898, Band II
Lorenz, Aida	Warum schwänzen Kinder die Schule?, FPR 2007, 482
Lorz, Albert	Das Recht der Schädlingsbekämpfung, NuR 1990, 254
Ders.	Kommentar zum Naturschutzrecht, 3. Aufl. 2013
Lorz/Metzger	Kommentar zum Tierschutzgesetz, 6. Aufl. 2008
Lotze, Barbara und Dieter P.	Durchweg lebendig – Wilhelm Busch und die Physik, in: Wilhelm-Busch-Jahrbuch 1985, Hannover 1986, S. 7 ff.
Lüderssen, Klaus	Produktive Spiegelungen – Recht und Kriminalität in der Literatur, NJW 1992, 1298
Luther, Gerhard	Die technische und wirtschaftliche Entwicklung des Mühlengewerbes im 19. Jhdt., 1909
Magnus, Dorothea	Anforderungen an die Beweiswürdigung beim bewussten Mitsichführen von Waffen und gefährlichen Gegenständen, JR 2018, 437
Malenko, Elvira	§§ 958, 959 BGB und ihre praktische Bedeutung für Kinder in Kindertagesstätten – Rechtsgeschäft und Realakt aus der Sicht der Kindergärtnerin, in: Probleme der Kindergartenpraxis, 1987, Heft 2, S. 23 ff.
Martinek, Michael/ Omlor, Sebastian	Grundlagenfälle zum BGB für Anfänger – Die Wilhelm-Busch-Fälle, 3. Aufl. München 2017
Matill, Friedrich	Zeit und materielles Strafrecht, GA 1965, 129
Mauz, Gerhard	Das alltägliche Brot des Strafrichters, Der Spiegel 1987, Heft 11, S. 100
Mavany, Markus	Zwei wie Pech und Schwefel, JA 2015, 823
May, Artur	Literaturfriedhöfe in Gerichtsentscheidungen, DRiZ 1989, 458
McCruel, George	Fifty ways to kill a hen, Arizona 1967
McDonalds, John B.	Juvenile Crime against Bridges, in: Journal of Research in Crime and Delinquency, Vol. 4, 2013, 345
Meden von der, Philip	Objektive Zurechnung und mittelbare Täterschaft, JuS 2015, 22
Metzger, Walter-Theo	Vom Sinn der strafbaren Handlung, Zeitschrift für Jugenddelinquenz 2017, 35
Meyer-Goßner/ Schmitt	Kommentar zur StPO, 61. Aufl., München 2018
Meyer/Streinz	Kommentar zum LFGB.BasisVO.HCVO, 2. Aufl. München 2012
Meyers (Lexikon)	Band 8, 1983
Michaelis, Lars Oliver	Mediation im Strafrecht – der Täter-Opfer-Ausgleich, JA 2005, 828
Mitsch, Wolfgang	Postmortales Persönlichkeitsrecht verstorbener Straftäter, NJW 2010, 3479
Ders.	Besorgter Brief an einen künftigen Wohnungseinbrecher, KriPoZ 2017, 180

Mitsch, Wolfgang	Strafrechtsverschärfung bei Wohnungseinbruchsdiebstahl, KriPoZ 2017, 21
Mitteis/Lieberich	Deutsche Rechtsgeschichte, 1991
Müller-Dietz, Heinz	Kulturelle Verarbeitung von Kriminalität und Kriminalitätskontrolle, JoJZG 2016, 25
Ders.	Grenzüberschreitungen. Beiträge zur Beziehung zwischen Recht und Literatur, Baden-Baden 1990
Neugebauer	Mord durch Ertränken, in: Kriminalistik 1959, S. 63 ff.
Neuheuser, Stephan	Die Strafbarkeit von Eltern minderjähriger Mehrfachtäter, NStZ 2000, 174
Nolting/Renzikowski	Eine metaphysische Theorie der Kausalität: Michael Moores »Causation and Responsibility«, Rechtswissenschaft 2011, 452
Obergfell, Eva I.	Tiere als Mitgeschöpfe im Zivilrecht. Zwischen Rechtsobjektivität und Schadensregulierung, RW 2016, 388
Oberhauser, Anette	Außenseitermethoden in der ärztlichen Behandlung, PKR 2015, 79
Oellers, Bernd	»Der Hehler ist schlimmer als der Stehler«, GA 1967, 6
Ostendorf, Heribert	Justiz und Kinder-/Jugendhilfe im Dienste für eine kooperative Kriminalprävention, ZKJ 2014, 348
Palandt	Kommentar zum BGB, 78. Aufl. 2019
Pape, Walter	Die Welt ist und wird nicht vernünftig, in: Museum, Wilhelm-Busch-Museum Hannover, S. 44
Pardon, Jean	Le Grand Malheur, Paris 2015
Pedal, Andreas	Die Voraussetzungen der Jugendstrafe, JuS 2008, 414
Peter-Röcher, Heidi	Mythos Menschenfresser. Ein Blick in die Kochtöpfe der Kannibalen, 1998
Pidde, Ernst v.	Richard Wagners »Ring des Nibelungen« im Lichte des deutschen Strafrechts, 1982
Pieroth, Bodo	Recht und Literatur. Von Friedrich Schiller bis Martin Walser, München 2015
Pietzcker, Frank	Symbol und Wirklichkeit im Werk Wilhelm Buschs – Die versteckten Aussagen seiner Bildgeschichten, Frankfurt a. M. 2002
Pollmann, Antonius	Fünf Wandlungsphasen in fünf Streichen – Grundprinzipien der Chinesischen Medizin am Beispiel der Geschichten von Max und Moritz, Stuttgart 2004
Pöschl, Thomas	Max und Moritz 2.0 – Streiche der Neuen Generation, 2017
Precht, Richard David	Tiere denken. Vom Recht der Tiere und den Grenzen des Menschen, 2. Aufl. 2016
Puppe, Ingeborg	Die Lehre von der Tateinheit, JuS 2017, 503

Putzke, Holm	Körperverletzungen mit Zustimmung des Geschädigten im Lichte der Strafbarkeit nach den §§ 223 ff. StGB – unter besonderer Berücksichtigung ärztlicher Heileingriffe, RpflStud 2012, 65
Putzo, Hans	Anmerkung zum Urteil des AG München vom 11.11.1986, NJW 1987, 1426
Radbruch, Cuno	Der »öffentliche Nutzen« – Erkundungen zu einem amorphen Thema, in: Schöngeist, Julius (Hrsg.), Der Staat sind Wir, Gelsenkirchen 1989, S. 25
Radbruch, Gustav	Das Strafrecht der Zauberflöte, 1948
Ders.	Die Justiz V/III (1929)
Ransiek, Andreas	Die Examensklausur im Strafrecht, JA 2018, 481
Rauch, Josef	Rickeracke – Ein »Max und Moritz«-Krimi, 2008
Reinbacher, Tobias	Die Anwendbarkeit des deutschen Strafrechts auf Auslandstaten gem. § 7 StGB, ZJS 2/2018, 141
Remschmidt, H.	Der Zappelphilipp und die Kriminalität, Kriminalistik 1987, 168
Ries, Hans	Der Weg des Bösen, in: Wilhelm-Busch-Gesellschaft (Hrsg.), 125 Jahre Max und Moritz, 1990, S. 12 ff.
Rieß, Peter	Vorstudien zu einer Theorie der Fußnote, Berlin 1983/1984
Roellecke, Gerd	Das Du im Recht, NJW 1999, 999
Rousseau, J. J.	Emil oder über die Erziehung, Paderborn 1983
Rowenta, Magdalena	Brandverletzungen durch Bügeleisen – eine empirische Studie über Ursache, Anzahl und Auswirkungen, in: Schriften des Instituts für angewandte Hauswirtschaft, Köln 2011, Band IV, S. 4711 ff.
Roxin, Claus	Täterschaft und Teilnahme, 9. Aufl. München 2017
Rüping, Hinrich	Der Schutz der Pietät, GA 1977, 299
Ruppert, Felix	Zur Vergeistigung der Körperverletzung – Schutz der Psyche auf Grundlage eines uferlosen Körperverletzungstatbestandes, JR 2016, 686
Sailer, Christian	Straffreie Qualzucht für Feinschmecker?, NuR 2005, 507
Schachtmeyer, Christiane v. (Hrsg.)	topfit Deutsch, 2008
Schady, Jan	Die Praxis des Jugendstrafrechts in der Weimarer Republik, 2003
Scheidt, J. vom	Freud und das Kokain – die Selbstversuche als Anstoß zur »Traumdeutung«, München 1973
Scheidweiler, Melanie	Literaturprojekt Max und Moritz, 2009
Schiemann, Anja	Der Entwicklungsroman »Tschick« und das Jugendstrafrecht, NJW 2018, 739
Dies.	Der »Zitronensaftfall« – Die ärztliche Aufklärungspflicht bei der Anwendung von Außenseitermethoden, NJW 2011, 1046
Schindler, Wolfgang	Die Henne, das Ei und die europäische Kulturordnung, NJW 1996, 1802

Schlobinski, Peter	*Knuddel-zurueckknuddel-dich ganzdollknuddel*. Inflektive und Inflektivkonstruktionen im Deutschen, Zeitschrift für germanistische Literatur 2001, 192 ff.
Schlüchter, Ellen	De nihilo nihil – oder: Der Erziehungsgedanke im Jugendstrafrecht, GA 1988, 110
Schmidt/Schmidt (Hrsg.)	Juristen im Spiegel ihrer Stärken und Schwächen, Köln 1998
Schmidt, Hans Martin	Juristen sind gar nicht so, 7. Aufl. 1994
Schmidt-Kaspar, Herbert	Was ist so komisch an Wilhelm Busch – Der Meister deutscher Schadenfreude, Westermanns Monatshefte 11/1982, S. 40
Schmitt, Walter	Neue Erkenntnisse der Psycho-Traumatologie, 2004, 49 (Mainzer Schriften zur Situation von Kriminalitätsopfern, Band 37)
Schmitt-Leonardy, Charlotte	Warum waren wir nochmal gegen die Todesstrafe?, JuS 2018, 848
Schnapp, Friedrich E.	ff. = vom Feinsten?, Jura 2012, 16
Schneider, Gina	Die E-Zigarette im Fokus des Strafrechts, Diss., Baden-Baden 2018
Schneider, Hartmut	Anmerkungen zu BGH, NStZ 2008, 29 in NStZ 2008, 30
Schneider-Danwitz/ Glaeske	Die schillernde Welt der Wunderheiler und Scharlatane – Unkonventionelle Heilmethoden in der Krankenversicherung, ErsK 1996, 353
Schöckel, Gerhard	Die Entwicklung des strafrechtlichen Rückwirkungsverbotes bis zur Französischen Revolution, 1968
Schönfelder, Ralph	Gehn' mer Tauben vergiften im Park? Zum Umgang mit Tauben aus strafrechtlicher Sicht, NuR 2017, 26
Schönke/Schröder/ Stree/Hecker	StGB, 29. Aufl., München 2014
Schrapper, Ludger/ Günther, Jörg-Michael	Kommentar zum LBG NRW, 2. Aufl., München 2017
Schröder, Horst	Die Irrtumsrechtsprechung des BGH, ZStW 1965, 178
Schröder-Schönke, Adalbert	Kausal, nicht-kausal, egal? Die Kausalitätstheorien und das Problem ihrer Beachtung in der täglichen Praxis überforderter Strafgerichte, in: Festschrift für G. Hermanski, Leverkusen 2016, S. 278
Schroeder, Friedrich-Christian	Wie hat sich Jago strafbar gemacht?, JZ 2016, 1050
Schuck, Marcus	Bundesjagdgesetz, 2. Aufl. 2015
Schückler, Georg	Jugendgefährdung durch Comics, 1955
Schulz-Merkel, Philipp	Grenze der Geringwertigkeit einer Sache, juris-PR-StrafR 2/2017, Anm. 5
Schulze-Oldem, B.	Der Maikäfer – ein Stiefkind der Zoologie?, Stuttgart 2008.
Schumacher, Katrin	Alternativmedizin. Arzthaftungsrechtliche, arzneimittelrechtliche und sozialrechtliche Grenzen ärztlicher Therapiefreiheit, Diss. 2017

Seher, Gerhard	Herstellung oder Vertrieb gesundheitsgefährdender Produkte: Der Fall des § 314 StGB? – Versuch der Aufhellung der neu gefassten »Dunkelnorm«, NJW 2004, 113
Seiler, Stefan	Das Delikt als Handlungselement in Richard Wagners »Ring des Nibelungen«, Diss. 1993
Sickor, Andreas	Das Festnahmerecht nach § 127 I 1 StPO im System der Rechtfertigungsgründe, JuS 2012, 1074
Simitis, K.	Gute Sitten und Ordre public, 1960
Simrock, Karl	Die deutschen Sprichwörter, 1988
Skaupy, Walter	Große Prozesse der Weltgeschichte, 1976
Spiel, Christian	Menschen essen Menschen – Die Welt der Kannibalen, Frankfurt a. M. 1974
Spickhoff, Andreas	Medizinische Aufklärungspflicht bei Anwendung einer »Außenseitermethode«, MedR 2008, 89
Spitaler, Justus	Wie können wir das Elend von Kettenhunden lindern? Recht der Tiere. Heft 1/2 1996, S. 8
Spohr	Die strafrechtliche Untersagung der Berufsausübung, GS 105, 71 (1935)
Spranger, Tade Matthias	Auswirkungen einer Staatszielbestimmung »Tierschutz« auf die Forschungs- und Wissenschaftsfreiheit, ZRP 2000, 285
Sprenger, Gerhard	»Man ist ja von Natur kein Engel« – Recht und Gerechtigkeit bei Wilhelm Busch, in: Sprenger (Hrsg.), Literarische Wege zum Recht, 2012, S. 77 ff.
Stader, Heinrich	Kurze Einführung in den Juristenhumor, 1996
Stark, Vito	Der Ofentod, in: Schriften des Kölner Instituts für Rechtsmedizin, Köln 1853
Steinmetz, B.	Hausfriedensbruch bei Räumen mit genereller Zutrittserlaubnis, JuS 1985, 94
Stellpflug, Martin H.	Der strafrechtliche Schutz des menschlichen Leichnams, Diss., Freiburg 1996
Stentenbach, Berthold	Der strafrechtliche Schutz der Leiche, Diss., Köln 1992
Stern, Jaques	Über den Wert der dichterischen Behandlung des Verbrechens für die Strafrechtswissenschaft, ZStW 26 (1906), 145 ff.
Stern, Klaus/Becker, Florian	Kommentar zum Grundgesetz, 3. Auflage 2018
Stern, Klaus	Die Freiheit der Kunst und der Wissenschaft. Das Staatsrecht der Bundesrepublik Deutschland, Bd. IV/2, München 2011
Stree, Walter	Gefährliche Körperverletzung, Jura 1980, 289
Streng, Franz	Jugendstrafrecht, 4. Aufl. 2016

Stucki, Saskia	Die Nutzung kommt vor dem Schutz – und andere Lehren aus der neuen Küken-Rechtsprechung, RW 2016, 521
Studen, Andrej	Ein angeblicher Kannibale vor dem Schwurgericht – der berüchtigte Fall Bratuscha zu Beginn des 20. Jahrhunderts, Archiv für Kriminologie 236 (2015), S. 173
Stupperich, Alexandra	Vom Tierquäler zum Serienmörder? Tierquälerei als »rote Flagge«, Kriminalistik 2007, 512
Summerset-Neil, Alexander	Kids in Schools as Victims of Teachers, 13. Aufl., Boston 1985
Tallarek, Theodorus	Wie sieht der Jurist das Tierschutzgesetz bei Erziehungsmaßnahmen?, in: Unser Rassehund, Heft 2/2017, S. 23 ff.
Teuber, Oliver	fasel beschreib erwähn – Der Inflektiv als Wortform des Deutschen, Germanistische Linguistik 1998, 7 ff.
Teubner, Ernst	Satirisches Rechtswörterbuch, 2. Aufl. Köln 1992
Teufel, Hein-Fritz	Conditio sine qua non – was ist das schon?, in: Der kritische Kausalist, Berlin 1968, Heft 1, S. 12 ff.
Theile, Hans	Der bewusste Notwehrexzess, JuS 2006, 965
Thomas, Christian	Lebensmittelrechtliche Anforderungen bei der Herstellung von Fleischerzeugnissen, NVwZ 2016, 28
Thomas, Sven	Die Geschichte des Mordparagraphen, 1985
Thorwald, Jürgen	Das Jahrhundert der Detektive, Zürich 1966
Tibulski-Schribbeneck, Hubert	Die Auslegungsmethoden der Juristen – Zwischen Genie und Wahnsinn, Köln 2019
Ders.	Hundeerziehung oder Tierfolter – animalische Strafmaßnahmen für tierisches Fehlverhalten und die Grenze zur Strafbarkeit, Leichlingen 2017
Ders.	Haus und Hof im Schutze des deutschen Strafrechts, Rotenburg ob der Tauber 2016
Ders.	Ein Lob der Selbstjustiz, in: Die Bürgerwehr, Heft 8 1998, S. 15–59
Tietz, Walter	Der Schutz der Toten im Recht der Gegenwart, Strafrechtliche Abhandlungen, Heft 291, 1931
Tomaschek, Wilhelm	Androphagoi, in: Paulys Realencyclopädie der classischen Altertumswissenschaft, Band I (2), Stuttgart 1894
Towfigh, Katharina	Nichts zu lachen: Recht – eine ernste Angelegenheit? in: Gordon Kampe (Hrsg.), Zum Brüllen!: Interdisziplinäres Symposium zum Lachen, 2016, S. 88
Trabandt, Joachim	Der kriminalrechtliche Schutz des Hausfriedens in seiner geschichtlichen Entwicklung, Diss. 1970
Unger, Benjamin	Möglichkeiten und Grenzen der Anfechtbarkeit juristischer (Staats-) Prüfungen, Berlin 2016

Uranow, Vladimir	Die Ausstrahlungstheorie in der Praxis, Moskau 1987
Valentin, H. E.	Brezen, Kletzen, Dampedei. Brot im süddeutschen und österreichischen Volksbrauch, Regensburg 1978
Vanzetti, A.	Handbuch der Anarchie – Stichwort »Sprengstoffattentate«, Raubdruck, Berlin 1883
Verband für Bildung und Erziehung e. V. (Hrsg.)	Das Tabu brechen – Gewalt gegen Lehrkräfte, 2017
Vergho, Raphael	Lebensmittelstrafrecht, 1. Aufl. 2018
Vogt, Marcus J./ Seul, Jürgen	Old Shatterhand vor Gericht, Bamberg 2009
Vormbaum, Thomas	Filucius und Valerius. »Reichsfeinde« bei Wilhelm Busch und Karl May, JoJZG 2011, 1
Vormbaum/Reiß/ Weber	Reale und fiktive Kriminalfälle als Gegenstand der Literatur, 2003
Wacholz, Leo/Horosakiewicz, Stefan	Experimentelle Studien zur Lehre vom Ertrinkungstod, Vierteljahresschrift für gerichtliche Medizin, Bd. 28, 1904
Wacke, Andreas	Wer zuerst kommt, mahlt zuerst – Prior tempore potior iure, JA 1981, 94
Wagner, Stephan	»Always look on the bright side of life« – Always? Zum Filmvorführungsverbot an Karfreitagen nach § 6 Abs. 3 Nr. 3 Feiertagsgesetz NRW, DVBl 2018, 1377.
Wagner, Markus	Das allgemeine Festnahmerecht gem. § 127 Abs. 1 StPO, ZJS 2011, 465
Wallau, Rochus	Lebensmittelstrafrecht – eine kursorische Kursbestimmung, ZLR 2015, 520
Walter, Annika von	Upgrade: Max und Moritz 2.010, in Kerner, Hans-Jürgen/Marks, Erich (Hrsg.), Internetdokumentation des Deutschen Präventionstages. Hannover 2010, www.praeventionstag.de/Dokumentation.cms/959
Walter, Michael	Über Karl May und sein Werk – einige kriminologische Gedanken, GA 2006, 389
Walz, Ursula	Eselsarbeit für Zeisigfutter. Die Geschichte des Lehrers, 1988
Wassermann, Adalbert	Brett, Steg, Brücke – eine Gesetzeslücke? ZRP 2012, 147 f.
Weber, Hermann	Der Sonnenwirt, der klassische Roman eines klassischen Kriminalfalls, NJW 1982, 619
Wehner-Davin, Wiltrud	Kinder- und Jugenddelinquenz – Vorzeichen krimineller Manieren, Kriminalistik 1985, 500
Wehnert, Anne	Erschütterung der Rechtsüberzeugung und Rechtstreue der Bevölkerung durch unangemessen milde Sanktionen?, in: Widmaier-FS (2008), 813

Wehrenberg, W.	Die Conditio-sine-qua-non-Formel – eine pleonastische Leerformel?, MDR 1971, 900
Weiß	Die Hehler, KriminalAbh. 1930, Heft 13, S. 23
Weissweiler, Eva	Wilhelm Busch. Der lachende Pessimist. Eine Biographie, Köln 2007
Weitnauer, Hermann	Zur Lehre vom adäquaten Kausalzusammenhang – Versuch einer Ehrenrettung, Festg. für K. Oftinger, 1969, S. 231 ff.
Wengler, Wilhelm	Über die Unbeliebtheit des Juristen, NJW 1959, 1705
Werfel, Franz	Nicht der Mörder, der Ermordete ist schuldig, 1920
Westermann, Harm Peter	Über Unbeliebtheit und Beliebtheit von Juristen, 2. Aufl., Köln 1987
Wieser, Eberhard Erwin	Der Ring des Nibelungen im Licht des Zivilrechts, in: Avenarius/Engelhard/Heussner/Zerzschwitz (Hrsg.), Festschrift für Erwin Stein zum 80. Geburtstag, Bad Homburg 1983, S. 383-394
Wieser, Raimund	Verfolgung von Lebensmittelverstößen, 5. Aufl. 2017, S. 8 ff.
Wilhelm-Busch-Gesellschaft (Hrsg.)	125 Jahre Max und Moritz – Entstehung und Wirkung des berühmten Buches, Stuttgart 1990
Winkler, Michael	Pädagogik und Kriminalität – Überlegungen zum Sinn der Erziehung bei jungen Mehrfachauffälligen, ZJJ 2014, 16
Wohlers, Wolfgang	Tierschutz durch Strafrecht? – zur Legitimation tierschutzstrafrechtlicher Normen, RW 2016, 416
Wolf, Uwe	Spötter vor Gericht, Diss. 1996
Wolfslast, G.	Strafrecht für Kinder? Zur Frage einer Herabsetzung der Strafmündigkeitsgrenze, Festschrift für Günter Bemmann, 1997, S. 272
Wüterich, Hugo M.	Kriminologische Studien über die Tatwerkzeuge Hammer, Meißel und Säge, in: Der kritische Kriminologe, Heft 7 1998, 23 ff.
Ziemann/Ziethen	Der ärztliche Heileingriff als »Heilangriff« – die medizinische Außenseitermethode als gefährliche Körperverletzung, HRRS 2011, 394

Verzeichnis der juristischen Literatur zu »Max und Moritz«

Bannenberg, Britta/ Rössner, Dieter	»Ach, was muss man oft von bösen Kindern hören oder lesen!« Wie wird man kriminell und was lässt sich dagegen tun? Vortrag auf dem 12. Deutschen Präventionstag, Wiesbaden 2007, DPT-Dokumentation, www.praeventionstag.de, Vorträge
Günther, Dirk-Carsten	Max & Moritz in der Sachversicherung, Versicherungs-Betriebswirt 4/2010, 122
Ders.	Die Streiche von Max und Moritz – Was die Sachversicherer womöglich hätten zahlen müssen, VW 2010, 158
Ders.	Max und Moritz. Eine humorvolle »versicherungsrechtliche« Betrachtung, VersR 2008, 334
Günther, Jörg-Michael	Der Fall Max & Moritz, 1. Aufl., Frankfurt a. M. 1988
Ders.	Recht und Gerechtigkeit in literarischen Texten. »Max und Moritz« – juristisch gelesen, in: Biermann/Schur (Hrsg.), Deutschbuch 8, 1. Aufl. 1998, Berlin, S. 109 ff.
Heine, Thomas Theodor/Thoma, Ludwig	Der Fall Max und Moritz, Simplicissimus v. 15.4.1907 (Jg. 12), Heft 3, Titelblatt
Honig, Gerhart	Die Sache mit Max und Moritz, NJW 2009, 734
Jahn, Ralf	Rezension zum Fall Max und Moritz, NJW 1989, 377
Martinek, Michael/ Omlor, Sebastian	Grundlagenfälle zum BGB für Anfänger. Die Wilhelm-Busch-Fälle – 18 Fälle mit Lösungen zum Bürgerlichen Vermögensrecht (Fall 16: Witwe Boltes Fallobst; Fall 18: Meisters Müllers Maltersäcke), 3. Aufl. München 2017
Müssig, Peter	Rechtsgutverletzungen und ihre Folgen im Recht der unerlaubten Handlungen – Max und Moritz im Spiegel des Deliktsrechts, DVW 1987, Nr. 6, 25 (Teil 1)
Ders.	Rechtsgutverletzungen und ihre Folgen im Recht der unerlaubten Handlungen – Max und Moritz im Spiegel des Deliktsrechts, DVW 1988, Nr. 1, 25 (Teil 2)
Osenberg, Ralph	Markenschutz für urheberrechtlich gemeinfreie Werke (Max und Moritz), GRUR 1996, 101
Ostendorf, Heribert	Max und Moritz – Prototypen von Intensivtätern, in Safferling/Kett-Straub/Jäger/Kudlich, Festschrift f. F. Streng zum 70. Geburtstag, 2017, S. 579

Ostendorf, Heribert/ Drenkhahn, Kirsten	Jugendstrafrecht, 9. Aufl. 2017
Peyerl, Ricardo/ Pisa, Peter	Max und Moritz – eine Prozessgeschichte in 3 Streichen in: Wiener Kurier vom 8. Februar 1987, S. 14 (Bericht über einen Gerichtsprozess gegen Max und Moritz in Österreich und Kurzgutachten zu einigen ihrer Straftaten nach dem österreichischen StGB)
Sauerbeck, Klaus	Max und Moritz für die Schule. Möglichkeiten der praktischen Behandlung im täglichen Unterricht, im Planspiel, im Projekt (Planspiel: Gerichtsverhandlung in Sachen Max und Moritz), 2002
Scheffler, Uwe	»Max-und-Moritz«-Fall – Materialien zu der Ausstellung der Viadrina-Universität aus dem Jahr 2013 »Kunst und Strafrecht« (Ausstellungstafel Kunst und Gewaltverherrlichung), abrufbar auf der Internetseite Kunstundstrafrecht.de (http://54418078.swh.strato-hosting.eu/Max-und-Moritz-Fall.pdf)
Stern, der (Zeitschrift)	Großschadensfall Max und Moritz – Abschlussbericht eines Schadensprüfers über die Folgen der weltberühmten Bubenstreiche, Heft 1/1967, Stern-Journal, S. 108 ff.